中国古建筑测绘实习实录

义县奉国寺

丁垚 编著

天津大学出版社
TIANJIN UNIVERSITY PRESS

实习成员合影

2023年8月

实习现场见面会，咸熙旅舍
2023年8月13日

现场绘图

在七佛殿内的现场讨论

补充进行仪器测量

冯江老师现场指导

分组现场总结

大家在午餐中

晚间讲座

咸熙绘图之夜

七佛殿西檐旁低垂的北斗

实习现场总结会，咸熙旅舍
2023年8月27日

序

天津大学建筑学院师生，以长期坚持古建筑测绘实习教学而闻名。从卢绳先生、王其亨先生到丁垚教授，代代相传。

丁垚老师有计划、成建制地组织测绘，也联合其他国内外高校的师生们，到奉国寺考察，一做就坚持了二十来年。在四季轮回中，不间断地播下种子，必有所收获。此图书的编著出版，就是以丁老师为代表的天大师生耕耘多年所结出的丰硕果实之一。

记得听罗哲文先生讲过，他的老师梁思成与林徽因两位先生未曾亲自走进奉国寺，在《中国建筑史》中只能用一句话概括性地赞叹“奉国寺盖辽代佛殿之最大者也”，并简洁阐述了大雄殿建筑外观、转角铺作等几个特色。实际上梁先生一直重视、关注和想念奉国寺，几次计划行程，都因故错过了。丁老师带领一届又一届的建筑学子调查研究奉国寺，继承弘扬营造学社之道，也算是对梁思成先生未竟夙愿的一种回应吧。

回想起和丁垚老师开始密切合作，是在我们初识一年后，在 2007 年 4 月初春的辽西。那时丁老师风华正茂，我是义县文化旅游局的副局长兼义县文物保管所所长，我们与天津大学建筑学院等单位于2007年开始合作，共同编著中国传统建筑经典图书《义县奉国寺》。丁老师组织了义县奉国寺的全面测绘调查，还与当时的研究生成丽合作撰写了《义县奉国寺大雄殿调查报告》，成果均汇于书中。以此为契机，奉国寺成了天大建筑学院莘莘学子的“中国古代建筑测绘研究基地”。从那时开始，丁老师与我亦师亦友的情谊，随着时间的流转而愈加浓醇。诸多美好的回忆，深深地印刻在我的脑海里。

丁老师特别顾及在基层做文物保护工作的朋友，天大建筑学院及丁老师个人每每出版著作和发表文章都会赠予我，例如，《历史建筑测绘五校联展——上栋下宇》、整理补注陈明达先生的遗稿《〈营造法式〉辞解》等。我有一套早年日本出版的义县万佛堂石窟《北魏元景造窟题记》，就是丁老师在日本购买并赠送给我收藏的。在业务工作中凡有疑惑，或需要帮忙的，我会第一时间想到丁老师和他的学生们，每次求援都能得到真诚、细致入微的回应。

在奉国寺，我与丁老师有过无数次交流，已记不清丁老师来过多少次奉国寺了。丁老师也说记不得来奉国寺多少次了。但是，丁老师以及他所带领的学生们，考察测绘、学习研究刻苦认真，干起工作来舍身忘我的身影在我的记忆中依然无比清晰。无论是寒冷还是炎热的天气，同学们都会爬六七米高的梯子或脚手架，即使是纤弱的女同学也毫不退缩，不能不让人佩服。也许是梁思成、林徽因等先辈榜样般的身影，已融入他们的思想意识之中，引领着建筑学子不畏艰难地前行。

丁老师的儒雅、注重仪式秩序，是大家的共识。也有人说丁老师古怪。我说丁老师有诗人的风度、学者的严谨、匠人的耿直，是学生们的严师。我总和丁老师说起早年亲眼所见的情景，当时他刚开始在奉国寺做工作，一天在奉国寺大雄殿月台上，年轻气盛的丁老师，一个人生气地边走圈边训斥学生。被他批评的同学则在一旁一动不动，低着头听着老师的教诲。儒雅好理解，说丁老师古怪，我理解就是在丁老师的眼中、脑海中只有他所研究的建筑史、建筑学，而其他，都次之。不忘初心、坚定目标，一步一个脚印；向前辈学习，向书本学习，更加注重向实物学习，注重到现场调查了解观察测绘；打好根基，学到古建筑、古代匠师、建筑文化大家的精髓，这是丁老师的知与行、教与学的写照。

早年在奉国寺举办的一个古建筑沙龙上，一位建筑学博士生曾对奉国寺属于哪一种建筑类型表示疑惑，直到现在，仍有很多学建筑的大学生与建筑遗产的爱好者，存在类似的疑问，我想他们还是缺乏长时间在古建筑现场的浸润。说的不如写的，写的不如画的（测绘），画的不如摸的（现场实际测量、感受），摸的不如做（干）的。将古建筑技术、技艺都装进了脑子，融进了血液中，才是继承乃至弘扬古代建筑遗产的根基。我想，这就是丁垚老师这么多年坚持长时间现场测绘调查的动力基准点吧。

丁老师与许多古建筑所在文保单位，都有良好的合作与情谊。在中国北方，凡是在古建筑文物保护单位、文博机构工作的同仁一聊起古建筑的调查测绘与研究，没有人不会提及天大的丁垚老师。并且大家都视他为互相支持、帮助的好朋友。丁老师与义县文保单位乃至义县数届党委政府的同志们一直都保持着纯真的友谊，从当年分管文化旅游工作的义县人民政府副县长蒋立新（现为锦州市人民政府副市长），到现任的中共义县县委书记郭廓，他们都是古代建筑历史文化的爱好者，也可以说都是被丁老师的专业素养和风范魅力所吸引的粉丝。

我认为，丁老师为奉国寺的保护研究与活化利用，打开了新时代的一扇大门；为奉国寺在全国高校、文博界乃至全社会的知名度，砌筑了基础。

天津大学建筑学院为奉国寺带来了许多第一次：奉国寺第一次与高校联盟，合作编著了中国古建筑传统经典图书《义县奉国寺》；天津大学建筑学院第一次利用先进仪器设备为奉国寺实施全方位的扫描测量测绘，并持续补充完善；奉国寺第一次成为高校“中国古代建筑测绘基地”。

基于古代建筑考察测绘与发现，形成建筑文化艺术的创新衍生作品，无疑是文物保护与活化利用的一条好途径。奉国寺的旅游宣传标识之一大雄殿外轮廓剪影加如意祥云的样式，就是丁老师的学生杨帆为奉国寺设计的。奉国寺的文创产品（例如梁架上的辽代彩绘纹样）、景观纪念物的设计、研究保护理念的形成、文物保护的立项及编制方案等，很多都得益于天大建筑学院的测绘、临摹还原等基础性工作。

多年来，以丁老师为首的天大师生，尽心尽力支持义县文旅发展。2024 年是中国营造学社成立 95 周年。丁老师等牵头，偕有关机构单位分别在独乐寺、奉国寺、佛光寺、隆兴寺等重要遗产地，举办了“营造学社之道”展览。每一处展览设计都独具匠心，真挚地向营造学社的前辈们以及营造学社之道表达最虔诚的敬意。奉国寺院落内由丁老师指导、刘可南建筑师和李桃等同学设计布展的“营造学社之道”展览，现已成为奉国寺古建筑参观游览的打卡地。心若不诚，哪有此等敬业。

因为有天津大学建筑学院对奉国寺长期的研究成果和师生的推举，奉国寺走上了 2025 年的央视春晚。天大建筑学院师生用勤奋和挚爱除去了历史的尘埃，擦亮了奉国寺的名片。历史文化深邃、古建筑璀璨的奉国寺，也成了天大建筑学院一批批建筑历史研究与建筑规划设计学子的圣地。沿着建筑前辈们的指引，走他们未经之路，完成他们的未竟事业，继承并弘扬之。

对天大建筑学院的师生而言，奉国寺大雄殿是古建筑中的神圣存在。当然，辽宋以前的古建筑在研学者的心中都是至高无上的。梁思成先生总结——辽代木构是无上国宝，罕有的宝物。丁老师曾形象俏皮地比喻——奉国寺大雄殿在辽构中的价值与地位，就像熟透的西瓜。我理解熟透的西瓜就是糖（唐）味道正浓时；未熟的西瓜是火候未到、味道很淡；过了最佳时段变成沙瓤，味道就败落了。有了这样的铺垫，就容易理解丁老师所归纳提炼的“盛极辽时”了。

奉国寺给天大的同学们打开了穿越时空的大门，使他们真切地看到和触摸到了中华多民族交往、交流、交融所凝结成的千年不朽的伟大木构建筑。奉国寺是建筑学子向事业高峰攀登的梯子，它给予有激情、有热爱的中国建筑学人以滋润、以智慧、以觉悟、以自信、以动力，也将化作新时代中国建筑设计创作的源泉。这样的古建筑启蒙，其意义无疑是深远且巨大的。

奉国寺是古建筑文化、中华民族诸多文化的有形载体。对奉国寺来说，天大师生的考察研学实习，是阐发其建筑文化遗产价值的最佳途径。天大师生是奉国寺建筑文化遗产之美的发掘者、发现者，学子们也必将是建筑文化遗产的继承者、弘扬者和创新者，并可成为时代文化艺术发展的源头动力。

天大师生，是将蕴含古建、雕塑、壁画、彩绘、石雕、碑刻等诸多中国历史文化的奉国寺在 21 世纪推向中国社会各界并走向世界的桥梁。丁垚老师编辑了这本 2023 年天大师生在义县的学习生活实录，既有高校学生学习借鉴的教材功能，又是古建筑爱好者的入门通俗读物。

在书中，可以深切地感受到学子的精神世界与横溢的才华，他们既画得好又写得好。在书中，每个学生都有金句迸发，或随笔记录或描述观察，把对奉国寺景观、建筑内外空间，乃至附属文物的小构件、小细节的感知和发现，都质朴真实地记录下来，写出有温度的语句，我非常认同和欣赏。摘要列举一二。

在略带狼狈地交完图后，我没有和奉国寺告别，也许我们还会再见面，但在与这里的日落重逢前，请等我先塑造一下自己。（董晋瑄）

奉国寺激发了我对自身无知的认知，也激发了我对无限未知的渴求。（王文锐）

不用尺，用自己的眼、足来丈量；不用电脑，用自己的手来绘图；不用相机，用自己的眼睛来感受；不打字，用自己的笔来记录……这种看似最笨的方式却最好地调动了人的心、脑、眼、手，回归了营造学社先辈的传统，也拉近了我们与古建筑和历史的距离。（胡佳熠）

重复是一种万能的方法，在反反复复的过程中，我的脚步慢下来了，渐渐沦陷在巨大的辽构里。（李之扬）

殿内无形画框的高度和宽度，七尊佛像巨大的面部，清晰的表情和被放大的手势和姿态……千年前的设计师建造出一个巨幕般的容器，是对佛教义理抽象概念的具象呈现。（吴佳忆）

七尊面容相似的巨佛形成了一个30余米长、10米高的巨屏，人在里面好似置身IMAX影院。（赵宇涵）

建筑应该是动态的音乐，它虽然静止地存在，等待着被阅读，但当人们去阅读的时候，建筑从来没有静止过。（吴佳忆）

走进屋子之前，一定会被檐下的斗栱留住脚步……斗栱的形态和排列，常常呈现出一种对宇宙秩序和平衡哲学的追求，从下往上看，好像一个个力士用双手托举住更高一层的重量，像叠罗汉一般，却重心均质，处于一个平衡态，层层叠叠，依序递增，稳稳地托举住了大殿屋顶乃至屋顶上方的天空。（吴佳忆）

建筑不仅是物质的堆砌，更是文化、历史和哲学的表达。（吴佳忆）

测绘古建筑是与之在更具象层面的亲密接触。通过一次次邂逅和“耳鬓厮磨”，测绘者对古建筑本身愈发熟悉，建立起一种亲密无间的关系。然而，我们必须铭记在心，建筑远非冰冷无声的木材石块，它冷漠、沉默、无声地度过蹉跎岁月。测绘的意义远不止于对冰冷建筑的尺度观测，它是时空层面上的一次遇见，我们邂逅了漫漫岁月的记录者，遇见了百千年前的创造家。在这次遇见中，我们交谈、闲聊，思绪纷飞，穿梭于过往时光之中。（赵云帆）

在奉国寺的一周时间无疑给了我在未来相当长一段时间里面对裹挟、抵抗裹挟继续走下去的更大勇气，它于我而言是一次关键的自我发觉，也是一个新的参

考系和立足点，往后再做些什么的时候大概都会带着这种印记。（吴昊）

或许当踏足义县的时候，我们就已经开始阅读奉国寺了，这样说来，入寺的节点应当前移到入县。（吴佳忆）

晚上和朋友们遛弯到奉国寺前，发现有跳广场舞的，一时兴起，加入其中，竟被老师们发现，感觉有些尴尬。最后一次去的时候，竟被奶奶们邀请到了第一排领舞。临走时一个奶奶拉着我的手，让我们明天再来，我们说实习完要离开了，她们就反反复复祝我们学业有成，身体健康，心想事成。我笨嘴拙舌，不知该祝福些什么，只得连连道谢，心中激荡，那日晚霞极美。……已经到了快闭殿的时候……我把对义县的感激和祝福虔诚地留在了菩萨面前。……凡此种种都构成了这段时光，像是霞光，就这样每天无声无息地出现，又消失，但是确实存在过，也确实让人感受到了什么。就算过了很久，我也一定会怀念这里吧。（顾咏善）

从学子的文字中，我感受到了他们激扬的青春气息以及初学乍练的情绪波动，奉国寺对他们正似洗心的道场、耕心的试验田，这让曾在奉国寺工作二十多年的我备感温暖和亲切。学子们给予奉国寺激情和热爱，奉国寺回馈学子以觉悟力量和智慧通达。愿千年奉国寺能成为学子心路升华之地，愿奉国寺文化遗产的光芒能温暖学子的身心，愿天大建筑学院、天大的学子能成为高校的楷模，愿天大建筑学院古建筑测绘实习的旗帜永远飘扬。

这本图文并茂的小书，是由丁垚老师组织指导，由众多青涩的学生共同画出来、写出来的。年轻的学子从忐忑、惶恐、不安、迷茫、困惑，到觉醒、感悟、坚定，如沐雨露春风，渐入佳境。很多同学都经历了初见奉国寺所带来的震撼与冲击，产生了疑惑、紧张与不自信的心理，从心理和专业上的不确定性，到心灵上的放松、解脱、稳定，并爱上奉国寺的古建筑，奉国寺成了学子观察、思考、试错、研究、立论的美妙地方。人性成熟、专业进步就是由矛盾、冲突、平衡、升华等因素促成的。穿越历史，遨游古建筑所存在的时空。学子沉浸式的观察测绘，每一天，每个人都有发现，有时甚至是全新的发现。

此书是窥探当代建筑学子内心世界的窗口，是建筑青年初入社会实习所留下的稚嫩印迹，也是大众借学子清澈之目看深邃奉国寺的特别之眼。

王飞（文博研究员、辽宁省省级文物专家）

2025 年 4 月

目 录

前言：卢星野在义县

丁 垚

1977年8月30日，卢绳（字星野）先生辞世。今天（2023年8月30日）是纪念日。

前天夜里，我们刚结束义县两周多的古建筑测绘实习现场工作回津，思绪还没有完全从义县的日子抽离，就像卢先生1954年结束承德测绘实习回到天津时的感觉一样，虽然人回到了七里台，但心似乎还在承德。

他7月10日的日记结尾写道：

> 传达毕，余等乘公共汽车返家，小孩绕余喧闹。此二十余日的测绘工作即告结束。回首钟亭夕照、八庙云山，又不啻梦中境地矣。

确实如此，从日复一日去七佛殿徜徉观摩，远望周围的燕山、闾山，到突然一天回到关内，真像做梦一样。

卢先生奠基和开创了天津大学（后简称“天大”）的古建筑测绘实习事业，1954年的承德实习又是肇始阶段最具标志性的一次。院系调整后入学的第一届同学已就读两年，参

卢绳（1918—1977）

加实习，系里教师以徐中先生为首，几乎全体出动到现场指导，新影厂（中央新闻纪录电影制片厂）专门来拍了纪录片。片子虽然不长，但徐中、卢绳、林兆龙等老师都有出镜，很幸运今天还能看到。

避暑山庄和七里台的差别太大，这一年，卢先生第一次记下了暑期在外测绘后初返天大的如梦感。

二十多年来，这样的感觉几乎每个夏天我都能体验一次，不管是张掖、曲阜、介休或者颐和园、清西陵，还是蔚县，今年则是义县。

这个月跟义县的几位同事数次谈起卢先生 1954 年来到义县测绘的事，也把卢先生当时拍摄的几幅照片打印出来放在食堂给同学们看看。当然和现在是很不一样了，大佛寺内外都还没有修，还是和 1932 年关野贞来的时候比较接近。回来后，就把相关的材料在这里简单介绍一下，供实习同学们和义县同事们了解，也作为对卢先生的纪念。

1954 年天大建筑系很忙，卢先生也很忙，承德测绘实习是这年的一件大事。春季学期初，卢先生提前 3 个月就来承德“打前站”，为夏天实习做准备，联系学生食宿地点，走访地方领导、文物单位同仁，到测绘现场踏勘，确认测绘内容。

这一趟承德之行，2 月 28 日从天津出发，3 月 6 日回到天津，正好一个星期。在从承德返津的途中，3 月 5 日清晨五点多，卢先生在义县火车站下车，在义县停留了差不多一整天。这一天他的日记全文，我们初步识读作：

> 入城后，至（坐马车）十字街上，问大佛寺，在东街路北，门前挂义县文化馆牌。
>
> 内一大院，寺在院内，四面空临。
>
> 前为山门，中门一，硬山顶，两侧有二旁门，门上及门间均有清水脊。
>
> 门内有木牌坊一，后有台略高，上建一歇山式“无量殿”。殿后，经长甬路面达奉国寺大殿。
>
> 余等先至古迹保管所，托保管同志代存小包，又

出去步行至西街头，见西门内路南有一砖塔，顶部近残，似是十三层者。下层八面有佛像，旁二胁侍，上具宝盖飞天，下面栏杆莲座已残，下每面有三小佛像，作舞姿。塔建于高台上，前有数碑，乃清及伪满时建，类叙砖塔建造事及佛寺始末。

西门外有土瓮城，作半圆形，南面开门，亦拱形。

返来吃早饭，至县府（在东街东端路南胡同内）文教科开证明，又至奉国寺测绘、照相。午间再至大塔参观，回十字街口午饭。

小空回奉国寺又看一阵，再取行李，至车站才四时。等至五时三刻，登车赴锦州，七时许抵，在车站小坐，换乘三棵树开天津车，九时半来站。

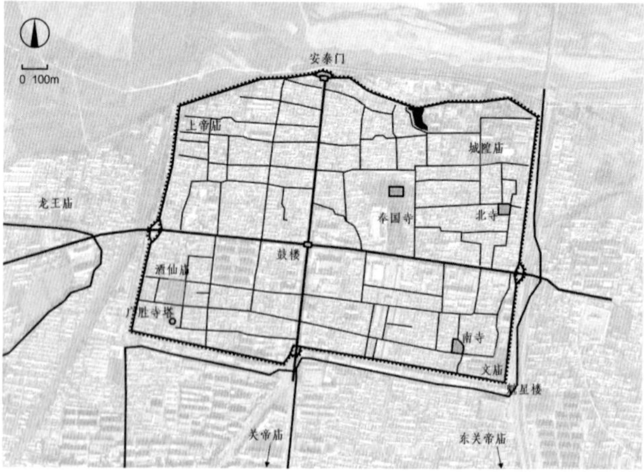

义县县城简图（党晟 2017年绘）

卢先生这一天往返于火车站、奉国寺、西门、鼓楼、辽塔等几处地点之间。他出行调查的日记风格一贯如此，既记物，又记人，言简意赅但很有内容。

卢先生是诗人，一生所作的纪行诗很多。现在还留存下来最早的，是他在营造学社工作时写的从李庄往成都参加永陵测绘，曾发表在当时成都的报刊上，极有特色。1954 年因为有两次承德之行，一次春天“打前站”，一次夏天测绘实习，所以也作有两组诗，春天这组有一首是写义县的。二十几年后他自己抄汇诗集时，这首诗的面貌是这样的：

承德纪行（1954 年春）

料峭春寒雪降初，　一肩又上北征车，
匆匆行过唐山市，　犹籍昏灯认旧居。

遮天风雪到榆关，　万里长城入海湾，
忽听驿传人告语，　漫抬倦眼看河山。

白雪枯松遍土岗，　望中风物识辽疆，
伤心多少年来事，　暴骨荒原尽战场。

师溃松山甲不收，　蓟辽经略竟降鞬，
如今呜咽凌河水，　似为行人哭锦州。

凤翼高檐入眼来，　义州古刹傍城隈，
劫余好比灵光殿，　不似鱼虫早化灰。

车过朝阳夜已阑，　　喧声始觉寝难安，
纷纷人送劳军使，　　说是总分第七团。

平泉北去是宁城，　　曾此辽家筑一京，
千载闾阎今麦秀，　　两三古柏待流莺。

只为安边营八庙，　　岂因避暑建山庄，
康乾事业归何处？　　雪霁锤峰映旭阳。

但实际上，1954 年春他作诗时 —— 应该是在火车上写的 —— 原稿的面貌是右页这样的。

原稿的趣味就是可以看到作者的构思，看到推敲，看到运动的思绪。所以其实诗也好，文章也好，总是写不完的，总是可以再改，因为作者创作着，就已不是原来的他了。而后当然还有诗友之间的酬唱、切磋，就可能又是一番修改。前些年，因为和朱光亚老师回溯他和卢先生二十世纪六十年代在赵县的经历，所以注意到了卢先生当时与呼延老师唱和的行为，在“四清”时，他们都挺忙的，但还是在写诗，在玩味推敲汉语的音乐美、形式美。

1954 年夏天，承德测绘结束，卢先生第二次来到义县。这一次应该是建筑系全体都来了，一起在义县下车，一起参观了大佛寺。徐中、庄涛生、沈玉麟诸先生先行去往沈阳，其他师生又继续随卢先生参观辽塔，在十字街吃过午饭后才乘下午的火车经锦州返津。聂兰生先生曾回忆起这个夏天，

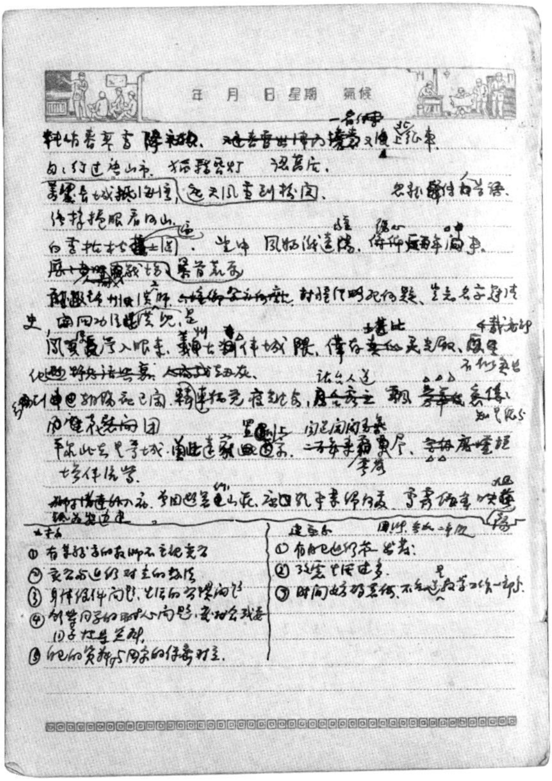

卢先生《承德纪行》原稿（1954年春）

她从东北工学院毕业刚到八楼报到，但发现楼内皆空，一问才知道全系老师都去承德测绘了。

今年在义县，天气都很好，总共二十天差不多只下了一次雨。雨后即逢七夕，天气极好，夜空和大凌河像刚擦过的显示器和镜子。奉国寺夜间免费开放，灯光效果尚佳。七佛殿内外都挺梦幻的，出殿北望，天上有北斗西垂，刚好挂在大殿屋檐旁。

南望更是群星璀璨，土星都不显得很突出。手机举过头顶，如果能坚持两三秒，河鼓一、三都能拍得很清楚。七十年前的夜空亦当如是美丽，肯定能让人想起古诗的“迢迢”“皎皎”这样的词。

卢绳先生义县考察笔记

（1954年3月5日）

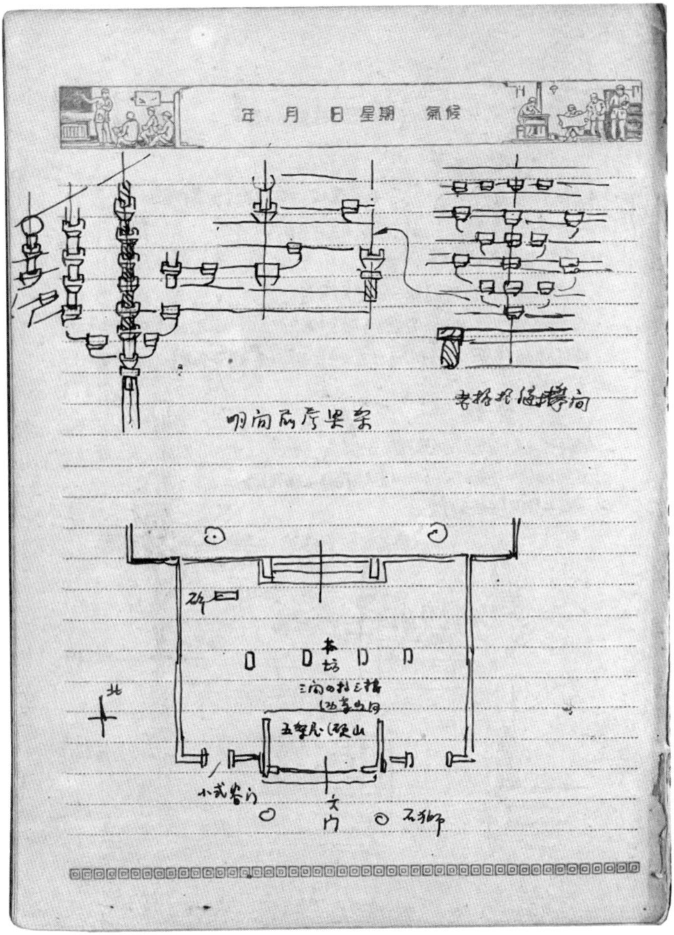

奉国寺测绘草图——明间前檐梁架、
主建筑群总平面前部（内山门、木牌坊）

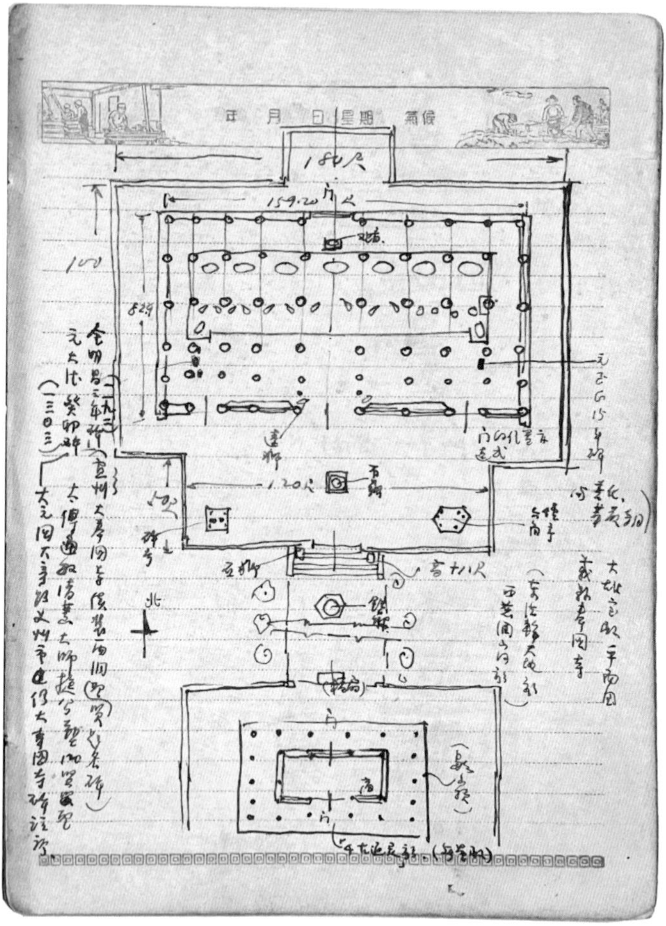

主建筑群总平面后部（大殿、无量殿）

（部分数据参考关野贞、竹岛卓一测绘）

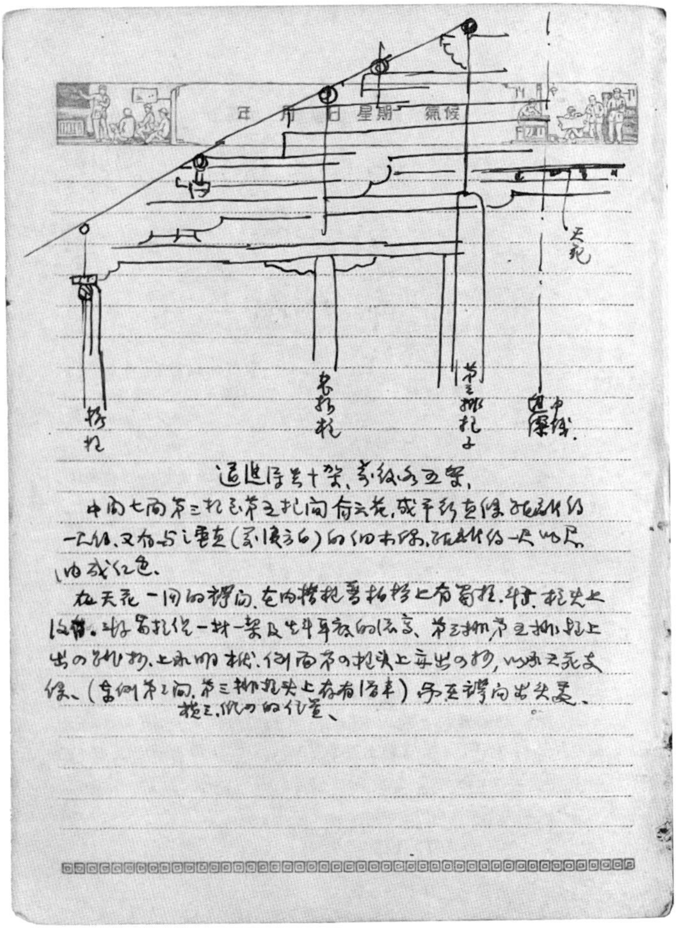

大殿进深方向梁架前部及笔记

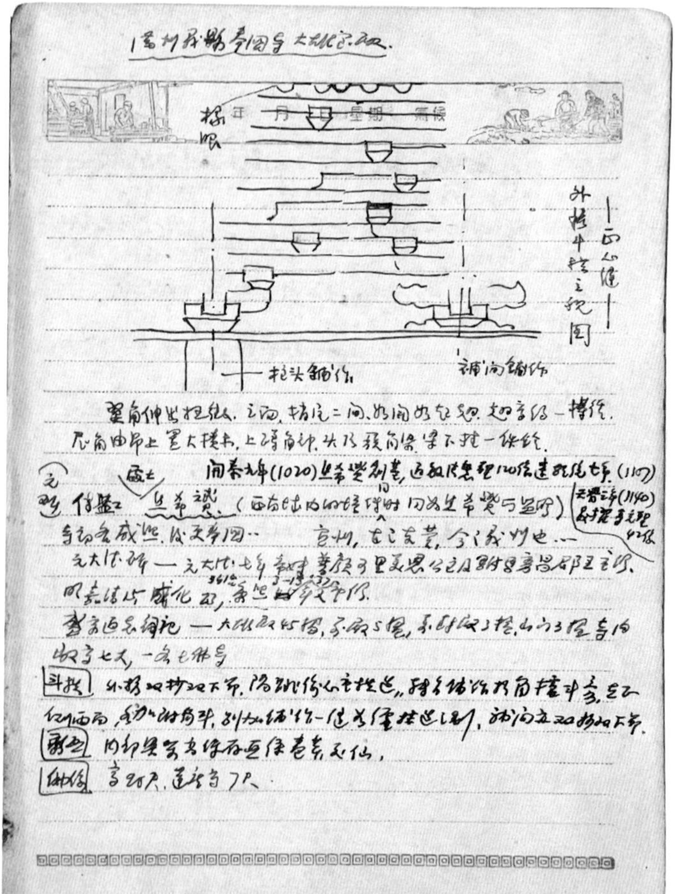

正心缝外檐斗栱主视图及笔记

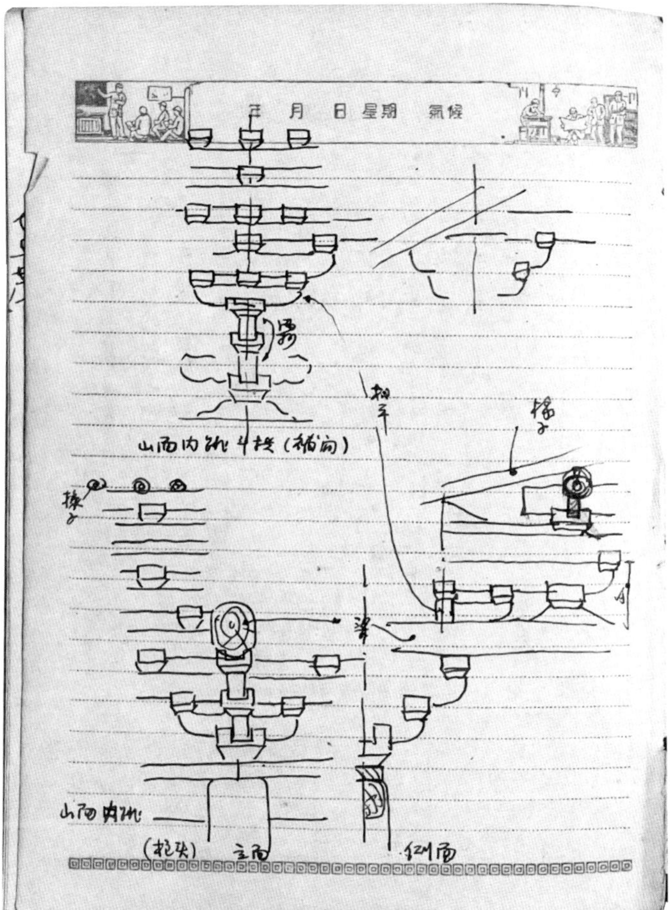

大殿山面内跳补间斗栱、山面内跳柱头斗栱

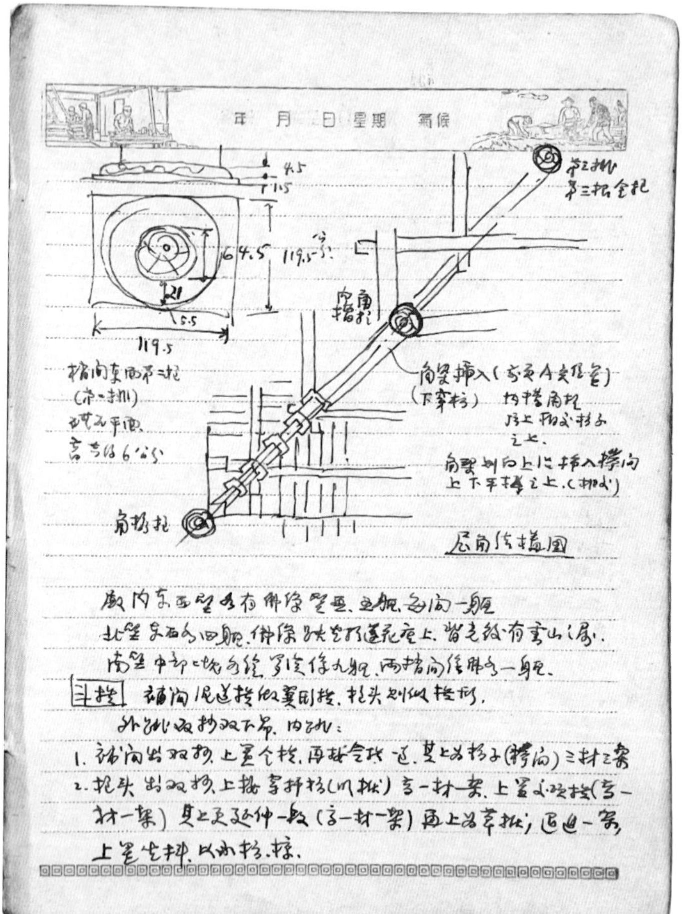

础石平立面图、屋角结构图及笔记

奉国寺无梁殿和七佛殿，东南向西北望

中央佛像正面

西二佛像前东胁侍

佛坛西端天王像与胁侍

佛坛东端天王像与胁侍

七佛殿西南内柱处仰视

七佛殿内斗栱仰视

七佛殿西窗内，东向西

七佛殿内西端，南向北

七佛殿东南内柱柱础，东南向西北

七佛殿西端南二内柱柱础，西向东

七佛殿佛像前次间内柱柱础，西南向东北

七佛殿内西石狮，东向西

广胜寺塔及远处城墙，东南向西北

广胜寺塔近景，西南向东北

广胜寺塔近景，西南向东北

广胜寺塔塔身，西北向东南

广胜寺塔塔身仿木斗栱仰视，西南向东北

课程概况

时间 2023 年 8 月 13 日至 9 月 10 日

地点 辽宁义县

指导老师

丁 垚

教学组与研究生

鲍国庆 李 桃 李 晓 刘锦文 陈克澂 陈舜杰

实习学生

董晋瑄 顾咏善 胡佳希 胡佳熠 黄俊婷 李全智
李欣翼 李易璋 李之扬 梁芷清 马 昊 潘欣然
吴佳忆 闫奕成 杨丹宁 许家畅 王国琴 王伊莹
王文锐 赵宇涵 赵云帆 郑宇扬 董渠成 张诗韵
黄晨浩 黄震霖 卢虹匀 陆映琛 张振杰 高 靖
何曼琪 欧亚美 乔 慧 滕文皓 张双羽 张亦弛
张墨润 鄢倩倩 贾聿哲 付逸凝 陈 涣 李沧海
张 榜 吴 旻

教学观摩

冯 江 董一平 姚 栋 张 斌 张 早 郭廖辉

课程内容

8 月 13 日	集合
8 月 14 日至 17 日上午	奉国寺现场绘图
8 月 17 日下午	广胜寺塔现场绘图
8 月 18 日至 20 日	奉国寺现场绘图
8 月 21 日至 27 日	图纸成果整理
8 月 28 日	返程
8 月 28 日至 9 月 10 日	撰写实习总结

实习现场集合

2023 年 8 月 13 日　　晴

义县的天气和通往东北的铁道两旁的玉米地一样开阔明朗。同学们大半已经提前一两天到达集合点“咸熙旅舍”，在丁老师那里拿到了他亲笔写的铭牌、笔记本与帆布包。

今晚在旅舍院内大家第一次全体集合，李桃主持，丁老师以“沉浸”为主题向大家介绍了此次实习的课程目标与注意事项，董一平老师分享了曾经参加测绘实习的感受。之后大家各自简单自我介绍，特别是被要求讲讲自己是如何到达义县的，因此，我们听到了来自天津大学、华南理工大学、重庆大学等不同大学的本科生、研究生们，或顺利或坎坷地奔赴义县的故事，算是一个小小的破冰活动，大家开始拉近距离。

天色渐暗，奉国寺大殿黑色的屋檐悬浮在夜空中，似乎笼罩着一个巨大的谜团，过后的两周里我们要每天见到它，想到它，在这样的期待中，大家散会休整，待朝而发。

实习第一天

2023 年 8 月 14 日　　晴

实习正式开始的第一天，上午八点同学们于奉国寺入口处集合后统一进入。同学们按照名单划分为“咸”“熙”“奉”“国”四组，在整体参观后，上午“咸”“熙”两组由刘锦文、陈克溦带队在大殿室内观察并描绘香炉、佛座纹样等；“奉”“国”两组则由李晓、陈舜杰带队先在西宫院内观摩经幢碑刻等。与此同时，研究生们还要兼顾实习期间的科学调查。中午在旅舍食堂统一用餐，午休过后，下午两点继续入寺学习，四组同学交换室内外观察对象。

第一天同学们刚刚开始熟悉，组长们在间隙给大家评图，提醒大家注意线条的准确性与清晰性，切忌反复涂抹等问题。晚上六点左右用餐，没有会议，大家自行整理消化今日所见所记，安排休息。

实习第二天

2023 年 8 月 15 日　　晴

时间安排同前日，上午“咸”“熙”两组在大殿月台绘制柱础、石狮、钟亭等，“奉”“国”两组则在寺院东侧文物展厅内描摹十八罗汉壁画。上午结束前，丁老师在大殿内讲解万历重修义州奉国禅寺碑及乾隆义州城工碑的优劣，引导大家从比例与线条等方面认识文物。

短暂的午休后，下午一点四十丁老师在大殿内给同学们分享七佛塑像群的整体设计、殿内空间特征及两者间的关系，因此下午大家就在殿内集中观察佛像与空间，吸收整理知识点；其间，李晓、陈舜杰、陈克澂则在殿内使用手持式 X 射线荧光（XRF）分析仪，采集柱础化学成分数据。

郭廖辉老师及其工作室的同学也在今天陆续到达义县，参与到现场观察学习中来。晚上没有会议总结，大家晚饭后依然自行安排，总结休整。

实习第三天

2023年8月16日　　晴

实习进入第三天，同学们经历了两天对纹样及雕刻等对象的绘图学习，对测绘实习流程及内容有了一定的认识，因此各组开始了对建筑的观察图绘。“咸”“熙”两组观察内山门并绘图，“奉”“国”两组则学习无量殿斗栱、雀替等内容。上午结束前，丁老师召集部分同学到大殿碑亭处观察大殿补间铺作的翼型栱，指导同学们观察其轮廓线并通过线绘确认自己的观察是否准确。

下午同学们继续上午的任务，李晓、陈舜杰、陈克潵继续采集大殿柱础以及殿内外各座石碑的化学成分数据。

晚上丁老师在旅舍二楼授课，以“中国古代的科学调查”为题，梳理国际视角下的建筑测绘历程，介绍中国营造学社前辈的测绘成果，指导大家关注绘图的比例、线型等问题。讲座后丁老师简要回顾自己的学术经历，用“熟透的西瓜”的比喻帮助大家了解辽代建筑的风格特点。

实习第四天

2023 年 8 月 17 日　　晴

上午大家仍在寺内，补充前一天对建筑的整体认知，尝试掌握观察分析建筑并绘制完整平立剖面图的方法，锻炼对建筑尺度与构造的感知。下午同学们随丁老师去广胜寺观摩辽塔，丁老师分析了塔的造型及含义，提及了塔上铜镜及铺作中斜栱的放射性等问题。

李晓、陈舜杰和陈克澂上午在奉国寺内补测石碑的化学成分，下午在广胜寺测过仅存的石碑后，回到奉国寺收集无量殿柱础的化学成分数据。

傍晚五点奉国寺大殿关门后，丁老师与鲍工，带李桃、李晓、陈舜杰、陈克澂、付逸凝等同学到殿内拍摄佛像。晚上没有会议，大家自行整理一日成果，安排休息。

实习第五天

2023 年 8 月 18 日　　阵雨

第五天，建立了对单体建筑的认知之后，大家开始观察绘制奉国寺整体院落，绝大多数同学选择通过脚步丈量来理解奉国寺院落的尺度与空间安排。

下午义县迎来了一场淅淅沥沥的小雨，尽管时间不长，还是带来了些秋的气息。雨水刚过，就已经有同学到寺里画图了，这天下午寺里格外宁静清爽，与同学们忙碌的身影相得益彰。

傍晚大殿关门后，丁老师与鲍工及部分同学继续到殿内补拍佛像及部分梁架，此外，陈克澂、付逸凝尝试用 X 射线荧光分析仪选择点位，收集塑像颜料的化学成分数据，李晓补拍附属文物照片。晚上大家自行整理一天的收获，安排休息。

实习第六天

2023 年 8 月 19 日　　晴

今天同学们仍然继续昨天的任务，通过步测的方式了解整个院落的布局。提前完成任务的同学则开始绘制场地纵剖草图、单体建筑及建筑组群的鸟瞰或者轴测图，尝试进一步理解奉国寺的空间格局。

在同学们室外工作的间隙，丁老师与李桃、李晓、付逸凝、陈舜杰、陈克微等同学则在殿内观察倒坐观音及十八罗汉壁画，用 X 射线荧光分析仪探测金属元素构成。

冯江老师下午到旅舍和华南理工大学的同学们会合，晚上在旅舍二楼，丁老师、冯老师等老师与研究生同学踊跃交流，也讨论了建筑专业的就业现状等问题。本科生们则自行安排学习、休息。

实习第七天

2023 年 8 月 20 日　　晴

今天是同学们在寺内现场观察并绘制草图的最后一天，因此各组没有分配具体的任务，同学们根据自己的情况在寺内查漏补缺。室外工作的最后一天，同学们既因临近结束而心情激动，又害怕有所缺漏而不敢怠慢，寺内身影来来往往，忙得不亦乐乎。

下午丁老师在奉国寺东路的鹤年书院以“盛极辽时：在辽西发现古代中国的景观与建筑艺术”为题做讲座，详细介绍了奉国寺大殿的建筑特色与佛教艺术。

晚上大家整理前面七天的绘图成果。

实习第八天

2023 年 8 月 21 日　　雨

今天起同学们正式从“测”转为“绘”，从室外转向室内，需要整理小绿本上的记录，形成六张硫酸图，“熙”组同学在旅舍一楼大厅绘图，其他三组同学则集中在食堂。

同学们先通过梁思成的《图像中国建筑史》与营造学社《未完成的测绘图》了解排版与绘图，然后根据小绿本整理这几天绘制的草图，在 A3 的草图纸上确定主题，安排内容，确定每张图的排版框架。丁老师也到大厅和食堂观看同学们的排版，提醒注意事项，提出修改意见。

晚上丁老师在旅舍二楼公共空间讲授“华严的美术”，主要阐述了辽代建筑空间及造型艺术的特点，最后落脚在应县木塔空间塑造与佛教理论的关联上。郭廖辉老师也在席间发表了自己的一些看法。会议结束较晚，散会后同学们旋即休息，为明天的奋战“充电”。

实习第九天

2023 年 8 月 22 日　　晴

上午同学们将排版初稿铺在地上或桌子上，互相观览交流，各组组长给出修改意见，同学们讨论修改方法。排版基本确定的同学开始深化细节并加入文字，深化整体效果。其间，大家陆续扫描小绿本的草图留作备份。食堂与大厅里摆上奉国寺测绘图版，供同学们参考修改自己草图的比例及细节。

晚上奉国寺因为七夕节的原因免费开放夜场，丁老师及部分研究生同学到寺内参观。其余同学则因为继续作图而错失机会。当晚的义县县城，或许就只有奉国寺与咸熙旅舍还灯火通明吧。

实习第十天

2023 年 8 月 23 日　　晴

今天同学们基本上完成了草图的排版绘制，有的同学与组长再次讨论了排版与草图细节。重庆大学、兰州理工大学的研究生们因为要提前离开，已经开始了硫酸纸正图的绘制。奉国寺里穿梭的身影早已不在，有的只是咸熙旅舍内默默计算着时间的同学们，在翻飞的草图纸与已经开始泛旧的小绿本里寻回前几日的记忆。

实习第十一天至第十三天

2023 年 8 月 24 日至 26 日　　晴

后面几天同学们开始着力绘制正图，尽管时间不算紧迫，但仍需充分利用，同学们每天的工作时间也都肉眼可见地增加了不少。绘制硫酸图的要点在于区分线条粗细和平稳控制笔与线条，这关系到图纸的清晰度和对所绘制图像的理解程度。

在营造学社前辈们的图纸熏陶下，在丁老师的教诲与各组组长的帮助下，同学们逐渐熟练并且开发了适合自己的绘图方式与表达效果。精雕细琢的，舒展灵动的，同学们真的把自己对奉国寺的理解与感情融入了图纸当中。

实习第十四天

2023 年 8 月 27 日　　晴

最后一天绘图，下午五点就是截止时间，大家手上的笔挥舞得更快了。不出所料，同学们都准时上交了草图、硫酸图及小绿本，旅舍内的气氛逐渐由紧张转向活跃。

下午的晚霞极美，在旅舍三楼的窗户可以望见一片火红中的奉国寺大殿。远山与义县老城交织成一片，大殿则鹤立其中，仿佛辽时的一瞥。丁老师和同学们都上来拍了照，美景转瞬即逝，天空渐渐黑下来，在义县最后的夜降临了。

晚上七点半在旅舍院内召开了总结会，大家又一次围坐在院子里。在义县灿烂的星空下，李桃主持，先是由郭廖辉老师及其工作室同学分享了几天的感想与收获。接下来同学们轮流分享自己的所见所感，两周以来默默无闻穿梭于旅舍与奉国寺的同学们竟有那么多有趣的见闻与深刻的思考，同学们在欢声笑语中结束了在义县的学习。

经过一晚上的整顿之后，第二天同学们陆续返程。

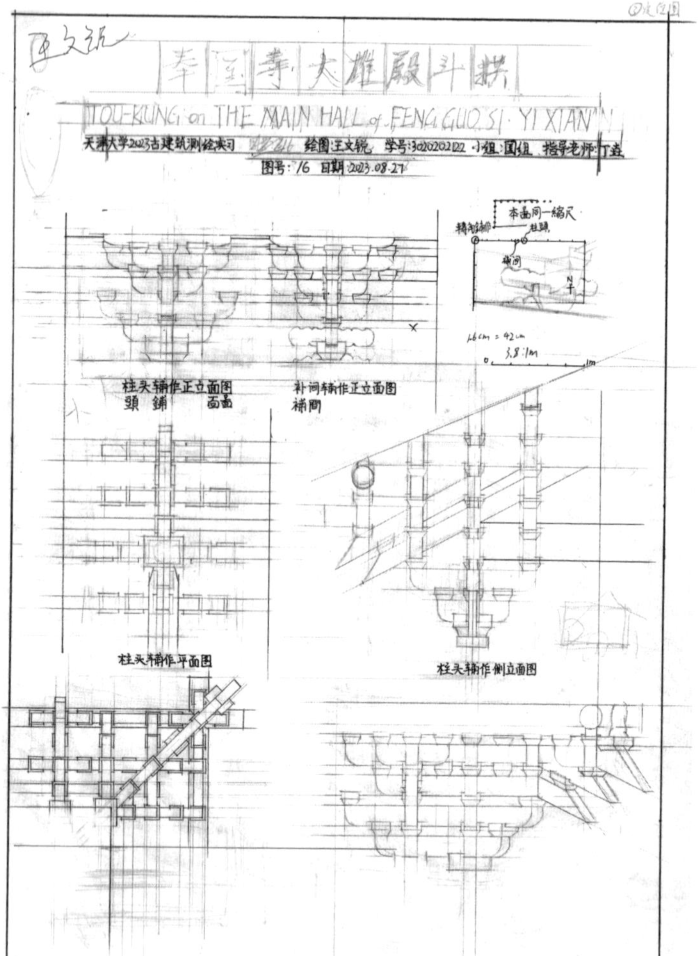
王文锐
奉国寺大雄殿斗拱
TOU-KUNG on THE MAIN HALL of FENG GUO SI · YI XIAN
天津大学2023古建筑测绘实习 绘图:王文锐 学号:3020202122 小组:国组 指导老师:丁垚
图号:16 日期:2023.08.27
本画同一缩尺
柱头铺作正立面图
补间铺作正立面图
柱头铺作平面图
柱头铺作侧立面图

A3草图绘制（王文锐 绘）

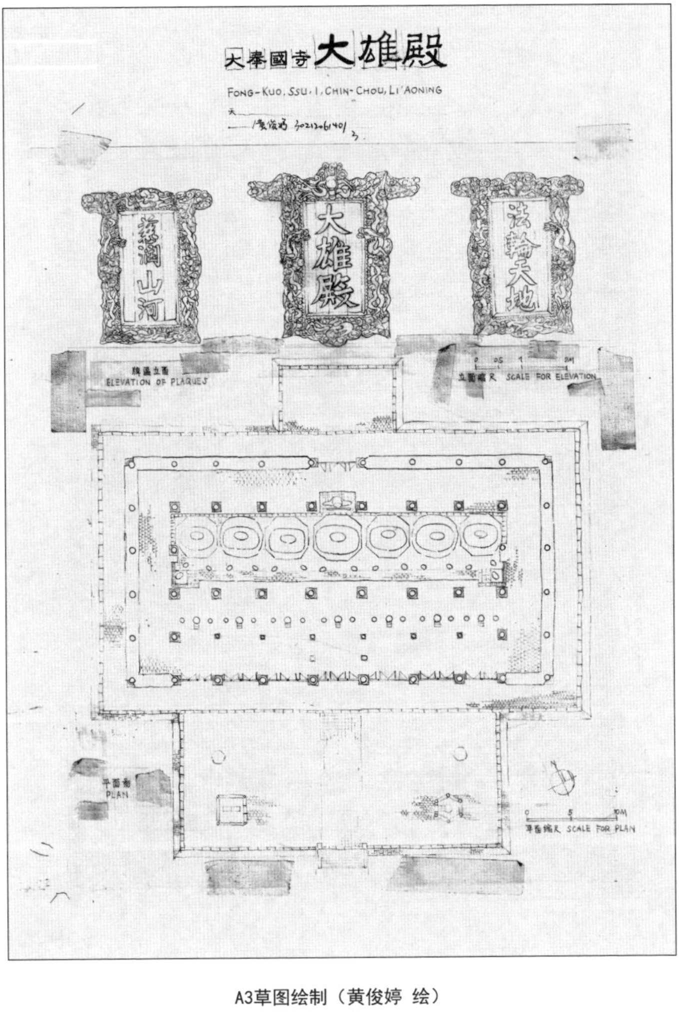
大奉國寺大雄殿
FONG-KUO, SSU, I, CHIN-CHOU, LI'AONING
慈潤山河
大雄殿
法輪天地
牌匾立面
ELEVATION OF PLAQUES
0 0.5 1 2M
立面縮尺 SCALE FOR ELEVATION
平面圖
PLAN
0 5 10M
平面縮尺 SCALE FOR PLAN

A3草图绘制（黄俊婷 绘）

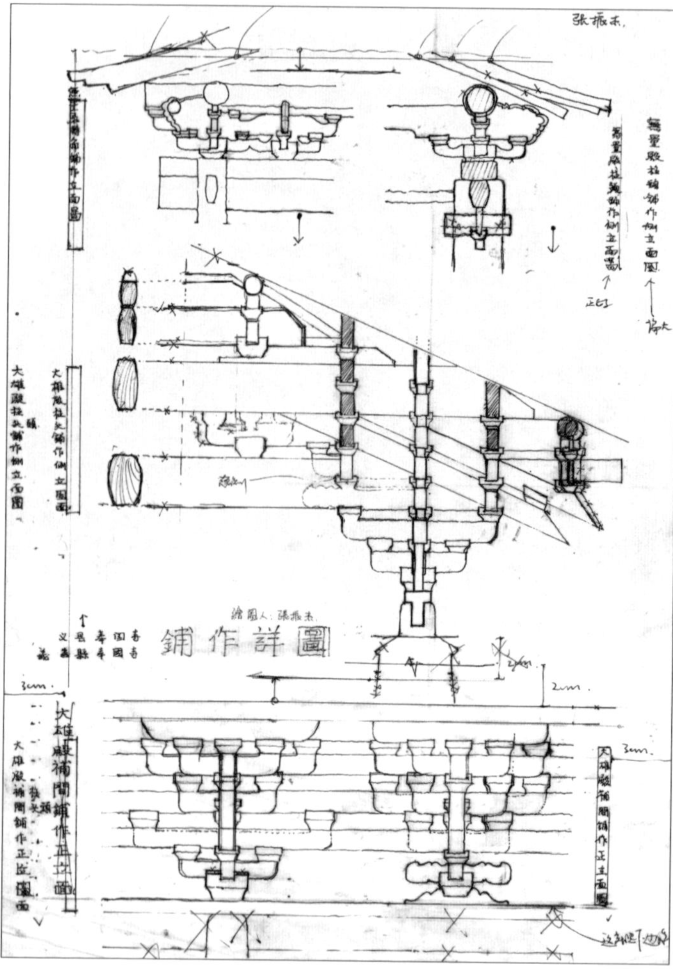

A3草图绘制（张振杰 绘）

个人总结

奉国寺的霞光

顾咏善

2023 年 8 月 13 日至 28 日，我们在义县奉国寺现场参加测绘实习两周。其间发生了很多可以想到或始料未及的事。总体而言只觉受益匪浅，寄以文字表达。

8 月 13 日上午从天津出发，在火车上发现座位已被生病的孩子和母亲占去，我觉得他们有些可怜，只得站着去。中午到达义县，基本上正处一年中最热的天气，日头很足。我拖着行李箱走在小路上，后背已经湿透了，当时心情难免有些从假期和家剥离出来的悲戚。

来不及收拾这种情绪，下午即拿着小绿本前往奉国寺现场，先画牌匾，一味纠结于如此复杂的事物该从哪里下笔。晚上在旅舍小院里开会，丁老师让大家讲自己是怎么到义县的，听完只觉得有趣和共情，想家的心思已经全然放下了。大家分为“咸”“熙”“奉”“国”四组，我与自己最要好的两个朋友被分别放在了三个组，不知是随机还是有意。

8 月 14 日开始正式的测绘，学长让标记所画香炉的位置，我见香炉长相并无分别，心中疑惑，后来发现确有不同。第一天画，我只觉得双手不听使唤，描来描去，也描不准形；

画柱础的时候蹲在地上，仔细辨认那些有些残缺的纹样，丁老师时不时过来提醒指点；又画石狮子，被丁老师指点狮子的底座并不是平的，而是有坡度的，这是为什么呢？站在日头下是很辛苦的，但是看见自己画的东西觉得下午确实比上午画得好，就心满意足了。

8 月 15 日继续画石狮子，每只画三个立面，倒也画了十几个立面。以前从未仔细观察过这些石狮子，画起来倒是发现神态气质各有不同，很是有趣。今天更晒更热，躲到大殿内补图，发现松鼠跳上供桌夺走核桃，于是也去讨了供果，工作人员很友善，还让我多拿一些走。

8 月 16 日继续补全石狮子，还画了内山门的平立剖面图，还有石碑、经幢等。下午大殿关闭后去画了大殿的北立面，天气真的很好。

8 月 17 日觉得身体不适，就请假去了医院看病。我已经二十岁了，但还是被店老板称作“孩子”，感觉有些奇妙。在天津，人们往往愿意把别人称呼大一点，比如“姐姐”，来表达尊敬，但是在这里，已经被叫了数不清多少句“孩子”，感觉更亲近，有一些被关爱的感觉。丁老师和李桃学姐都对我颇为关心，十分感动。

8 月 18 日上午去国宝馆继续画牌匾和十八罗汉的衣纹。这些十八罗汉的形象不像一般神佛那样庄严肃穆，而是有着人的外形和情态的。后被丁老师反复关心身体状态，也自觉不是很得力，下午就在旅舍休息。

8 月 19 日又重新画了一遍内山门的平立剖图。平面补上了铺砖，剖面加上了壁画。还画了总平面图和长剖面图。在过程中用脚步确认比例，发现并非完全横平竖直，极难确认，有些泄气。多走了几遍以后，渐渐也在本子上画了出来。画斗栱之于我是不容易的，以前从未发觉它们竟是不同的，因为它们的位置很高，要使劲仰着头，根据在底下所观察到的穿插关系，来判断它们的两个立面分别长什么样子。

8 月 20 日是在现场持续画图的最后一天，尝试着画了大殿的两个剖面和平面。这对我来说很有难度，比例也近乎全错，幸好有助教学长的帮助，才能略微画得不至于和大殿毫无关系。画图之余跑到大殿后面的月台上吹风，观察松鼠，突然想到《论语》中的话："风乎舞雩，咏而归。"

8 月 21 日至 27 日开始在室内集体画图。我组的助教手气极好，抽中在大厅画图。每到吃饭时间不用急匆匆收拾东西不说，四处通风，也让人神清气爽。

8 月 21 日下大雨，雨水在路上形成河。第一天在草图纸上试了一些构图，被丁老师评价为"上面的标题和下面的图毫无关系"。

8 月 22 日至 24 日，我都在细化草图，为此难免对小绿本上一些线条凌乱的图抓耳挠腮，不得不抱着纸笔再冲进奉国寺。区分线型难免要多花心思，时间比想象中要久。

后面的三日就是绘制正图了。这几日画图，我脖子很酸很疼，晚上和朋友们遛弯到奉国寺前，发现有跳广场舞的，一时兴起，加入其中，竟被老师们发现，感觉有些尴尬。最后一次去的时候，竟被奶奶们邀请到了第一排领舞。临走时一个奶奶拉着我的手，让我们明天再来，我们说实习完要离开了，她们就反反复复祝我们学业有成，身体健康，心想事成。我笨嘴拙舌，不知该祝福些什么，只得连连道谢，心中激荡，那日晚霞极美。

8 月 27 日下午五点是交图截止时间，下午又去了一趟奉国寺，在殿内又被工作人员塞了供果。已经到了快闭殿的时候，但工作人员还是应允我们请签。我把对义县的感激和祝福虔诚地留在了菩萨面前。

晚上开了总结会，七点半开始，一直到十一点十分结束，虽然那日只有十七八度，晚风凉意，星寒陡峭，但还是觉得意犹未尽。很喜欢一个人说的话：“来到这里最重要的事情，就是来到一个地方，安安静静画图。”诚哉斯言！自从成年以来，反而定力越来越不足，也时常担心自己是否“越来越糟糕”。沉浸式的画图学习生活，让我感觉自己也许是可以做好一些事情的，哪怕不带着那么强、那么重的功利心和目的性。

斗栱，香炉，佛光纹，草图纸，巨屏的佛像，尘土飞扬的小路，晚霞里寺庙前广场舞的乐曲，傍晚街上东北饭菜蒸腾的香气，雨后从地里钻出来的蜜蜂，石狮子上漫长的日光，韦陀手里的金刚杵，还有人们脸上数不清的善意。凡此种种都构成了这段时光，像是霞光，就这样每天无声无息地出现，又消失，但是确实存在过，也确实让人感受到了什么。就算过了很久，我也一定会怀念这里吧。

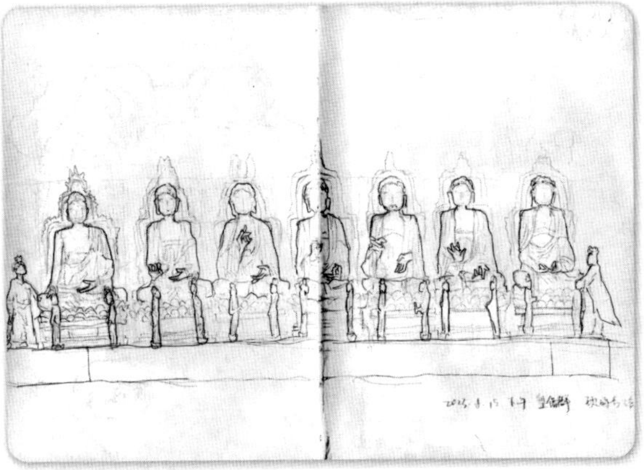

注：“小绿本”图幅125mm×175mm（后同）

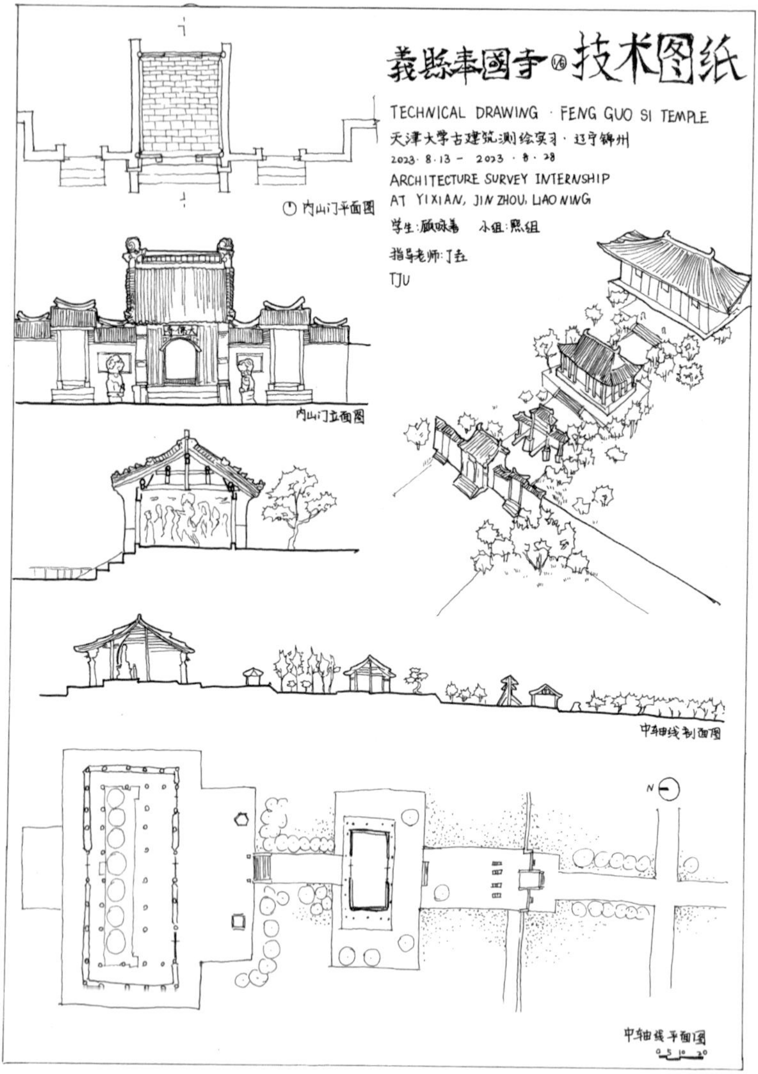
義縣奉國寺 1/6 技术图纸
TECHNICAL DRAWING · FENG GUO SI TEMPLE
天津大学古建筑测绘实习 · 辽宁锦州
2023 · 8 · 13 – 2023 · 8 · 28
ARCHITECTURE SURVEY INTERNSHIP
AT YIXIAN, JIN ZHOU, LIAO NING
学生：顾咏善 小组：熙组
指导老师：丁垚
TJU
① 内山门平面图
内山门立面图
中轴线剖面图
N
中轴线平面图
0 5 10 20

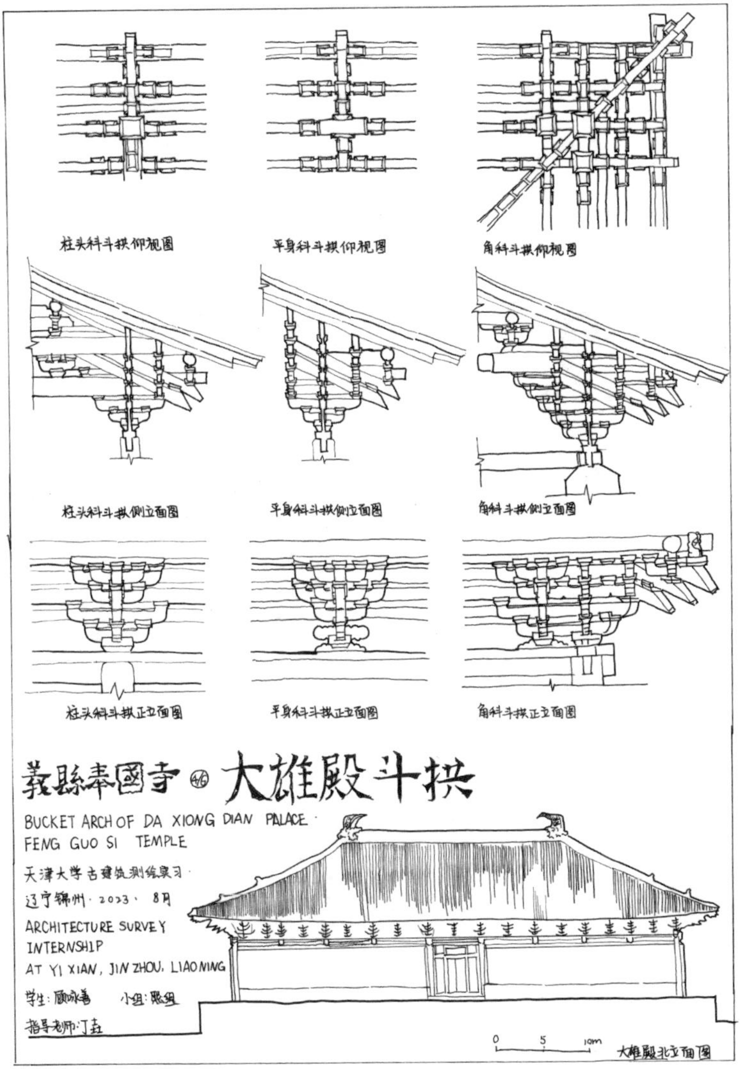
柱头科斗拱仰视图
平身科斗拱仰视图
角科斗拱仰视图
柱头科斗拱侧立面图
平身科斗拱侧立面图
角科斗拱侧立面图
柱头科斗拱正立面图
平身科斗拱正立面图
角科斗拱正立面图
義縣奉國寺 4/6 大雄殿斗拱
BUCKET ARCH OF DA XIONG DIAN PALACE
FENG GUO SI TEMPLE
天津大学古建筑测绘实习
辽宁锦州·2023、8月
ARCHITECTURE SURVEY
INTERNSHIP
AT YI XIAN, JIN ZHOU, LIAONING
学生：顾咏善
小组：
指导老师：丁垚
0 5 10m
大雄殿北立面图

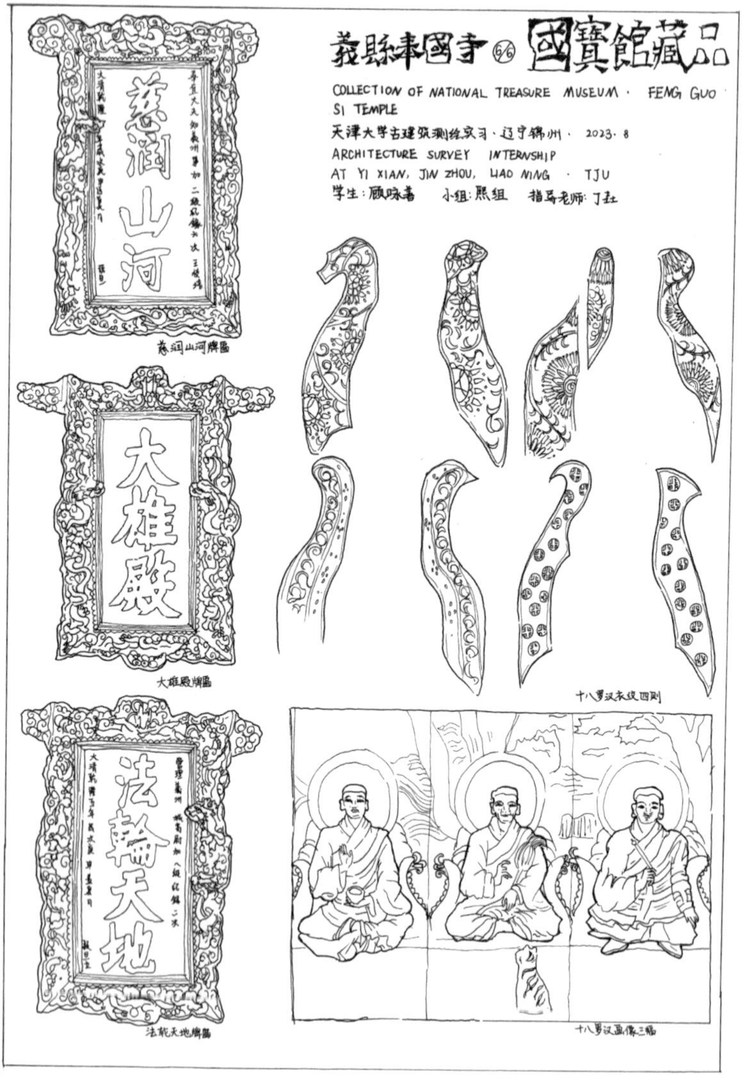
義縣奉國寺 6/6 國寶館藏品
COLLECTION OF NATIONAL TREASURE MUSEUM · FENG GUO SI TEMPLE
天津大学古建筑测绘实习 · 辽宁锦州 · 2023 · 8
ARCHITECTURE SURVEY INTERNSHIP
AT YI XIAN, JIN ZHOU, LIAO NING · TJU
学生：顾咏善 小组：熙组 指导老师：丁垚
慈潤山河
慈润山河牌匾
大雄殿
大雄殿牌匾
法輪天地
法轮天地牌匾
十八罗汉衣纹四则
十八罗汉画像三幅

在义县奉国寺画手

胡佳希

写下文字的时候，在义县奉国寺的种种已经全然成为一种回忆。还身处其中时，与同学们一起做了口头总结，现下全是从记忆中提取的画面和情境了。

初到离家遥远的东北辽宁义县，比残喘的夏风先迎接我的，是一阵水土不服的腹痛。在昏黑中度过了白天后，夜晚在炽白的灯光下，我与初次见面的同学和老师们各抒己见，至此，才初见接下来 15 日的轮廓。

从假期放浪不羁的作息中颠倒过来，久违地踏着早上的日光出门，不出五分钟，就能从住处到达奉国寺。进入山门内，我和奉国寺近乎完全赤裸地初遇，狭窄的视野突然开阔，北方一片蓝的天空薄薄抹了几片云，深绿簇拥着一叠叠往深处荡去的屋顶。当时的我也无法预知这一眼“好壮观”只是奉国寺的冰山一角。

第一个任务是画西宫门口角石上面目全非的石狮。这石狮虽然没有什么复杂的纹饰，但是头不翼而飞，加上狮身磨损严重，一时让人不知从何处着笔，只能用潦草的线条反复摸索那模糊的形状。最后的结果自己看了也觉得不像话，用水笔又勾描了一遍，擦去多余的铅印，勉强看过去还算整洁。从这里开始，我大概是与狮子较上了劲，昂立的、趴伏的、佛座上的、佛塔上的狮子，都入笔下。

画技提升的转机，是从画手开始。

最先是十八罗汉的壁画。也许是第一天画了模糊不清的狮子，于是乎我带着挑战的心态临摹了一幅最模糊残损的壁画。那位罗汉面容几乎不可辨，我极力想象那云雾般剥脱的残画中他原本应有的样貌，连蒙带猜地画了下来。虽然仅是对着平面的壁画依葫芦画瓢，但我很快感觉到了画手的不易，因为人皆有之，稍拿捏不准形态，就会看起来违和。于是我开始了痛苦的和手的对决，明明是放松自若地摆着各式造型的手，却被我画得“杂草丛生”。

好不容易将所有手画齐，得知接下来将画七佛的手，又紧张起来。立体的佛手与壁画相去甚远，虽佛像不动，可观察视角一变，结果也会不同。我抬头看一眼，在纸上蹭几笔，可那些线条合在一起，又不大自然，于是又弃了重画，单单在纸上画不过两枚硬币大的手样，竟硬画了两个钟头。

我觉得疲倦，在佛像前愣神，这时才想起来细细端详整尊佛像，目光终又回到手上。这时候，我才觉出手也是有神态的，佛像的慈悲庄严不光体现在表情上，其实整尊佛浑身上下都逸散着同种气息。我说不出具体是哪种气息，只是再看手时，只觉得那手的姿与形都充满神性。到了动笔时，那手的神态已烙在脑海中，先扫出几条看似无关的线条，实则是手势的动势，再往下，手的细节和形状便顺理成章地浮现出来了。不消十几分钟便能画成。在画手如鱼得水的劲头下，我画完了胁侍菩萨、天王和倒坐观音的手。再回看七佛，我越发肯定那七双手散发的“神性”。胁侍和天王的手，比例和谐，饱满，姿势给人一种稳定感；而七佛的手，比例异于常人，修长、柔软，动作上仿佛幻化不定，七双手一连看去，好像是一帧帧抽取出来的画面，流动而连贯。

我只是整日地拿着纸笔在寺中看看画画，看到来往祈愿或是参观的人们，听到他们许下种种或相似或不同的愿望。愿望是否能得到回响我不知道，但是我和奉国寺一起，和在这里被寄予希望的佛像一起，倾听了这些愿望。

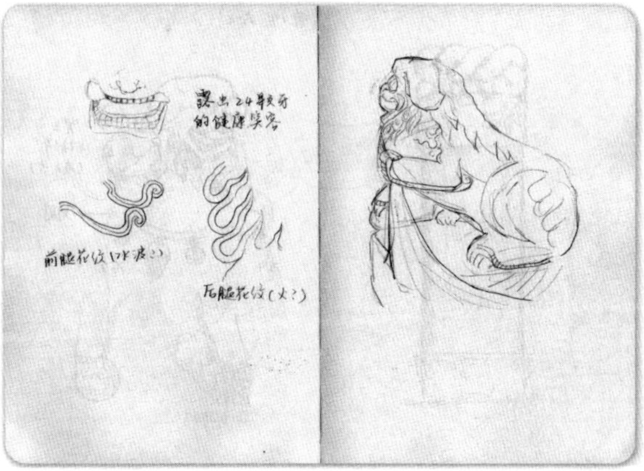

義縣奉國寺
指导教师 丁垚
测稿人 胡佳希
毗婆尸佛手部
毗舍浮佛像
佛像
BUDDHA
十八羅漢手部特寫（部分）
十八羅漢壁畫
十八羅漢手部特寫
拘那含牟尼佛西協侍菩薩

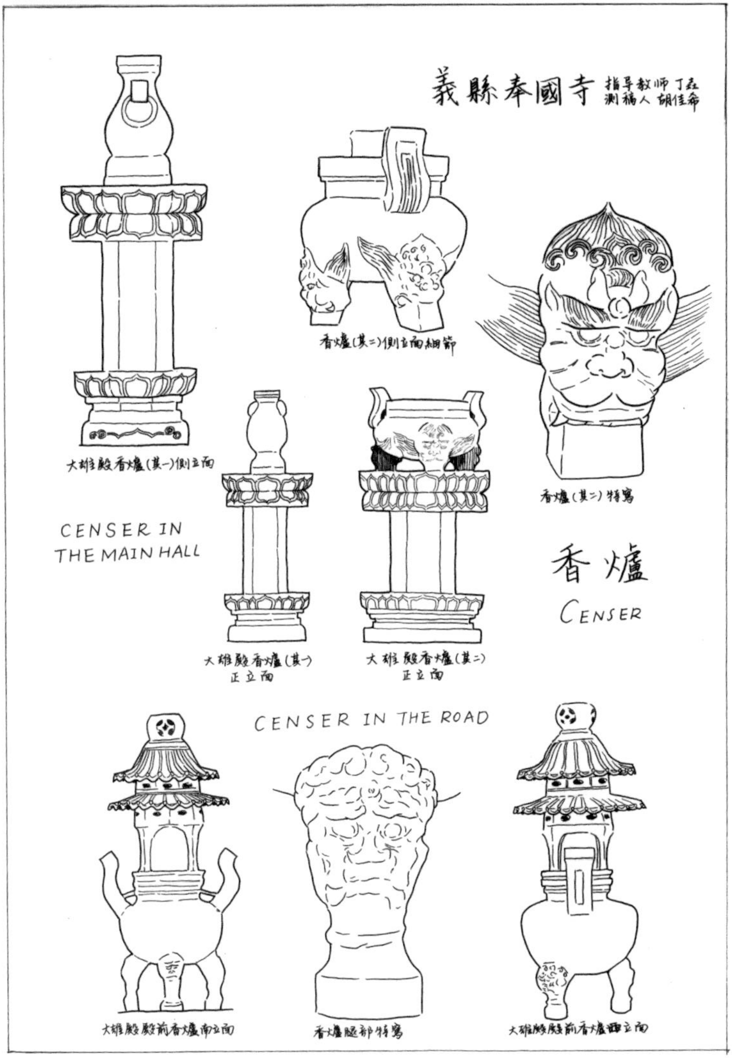
義縣奉國寺
指导教师 丁垚
测稿人 胡佳希
香爐(其二)側立面細節
大雄殿香爐(其一)側立面
香爐(其二)特寫
CENSER IN
THE MAIN HALL
香爐
CENSER
大雄殿香爐(其一)
正立面
大雄殿香爐(其二)
正立面
CENSER IN THE ROAD
大雄殿殿前香爐南立面
香爐腿部特寫
大雄殿殿前香爐西立面

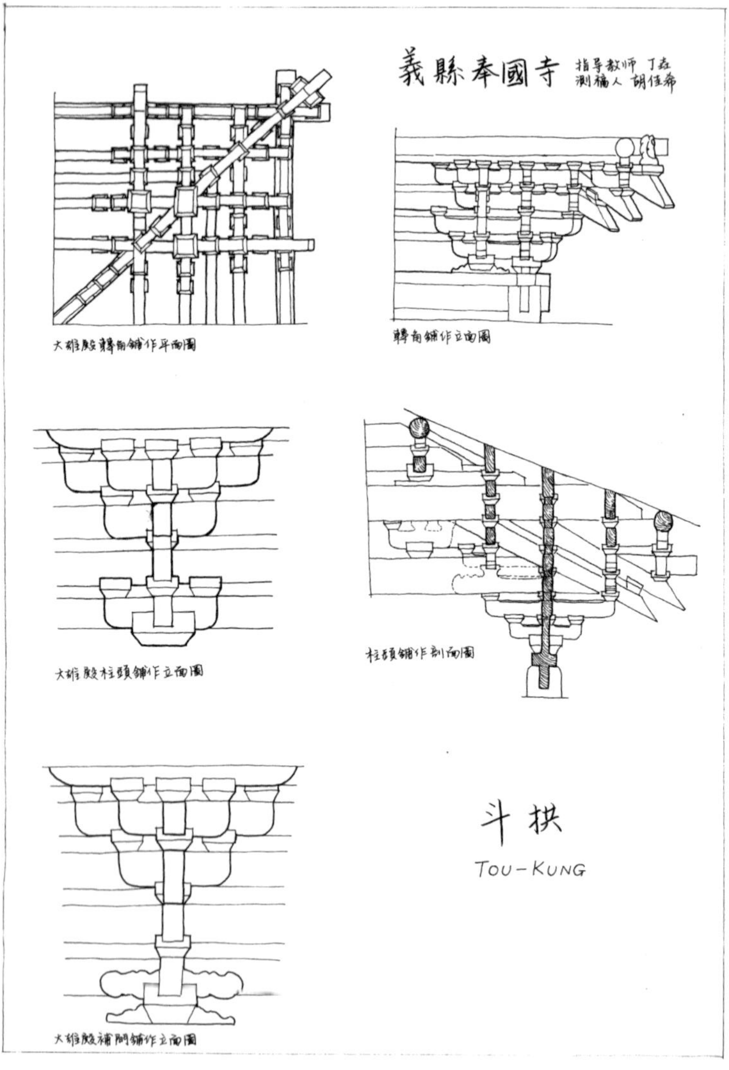
義縣奉國寺
指导教师 丁垚
测稿人 胡佳希
大雄殿轉角鋪作平面圖
轉角鋪作立面圖
大雄殿柱頭鋪作立面圖
柱頭鋪作剖面圖
大雄殿補間鋪作立面圖
斗拱
TOU-KUNG

用自己的眼、足来丈量

胡佳熠

2023 年 8 月 10 日，我从长沙出发返回天津。8 月 12 日晚九时，我乘坐绿皮火车从天津出发，凌晨四时中转锦州，上午九时许抵达义县咸熙旅舍。测绘实习算是正式开始了。

一、第一次入寺

奉国寺的整体控制。走进大门，长长的甬道映入眼帘，松柏环绕，尽头的建筑屋顶层次分明、井然有序，强烈的中轴对称感营造出庄严肃穆的氛围。立于内山门前，目光所及仅有山门最高处的屋脊和牌坊两翼。穿过内山门，透过牌坊，无量殿出现了，穿过无量殿，又是甬道和松柏，台阶之上矗立着大殿，在树木遮蔽中横向展开。沿着中轴线前进，高度和距离的控制巧妙得令人惊讶。

牌坊立面的平衡。初看牌坊，我觉得是稳固且外伸的。经老师一说，我才注意到牌坊两侧较矮部分的屋檐和斗栱是偏离中心的。为什么要这样设计？屋檐外伸使得牌坊的横向宽度被拉开，达到了“广”的效果，这一效果的实现依赖于斗栱的平衡。单看牌坊两边矮的部分，显得重心不稳，有向外延伸和倾倒的趋势，产生了运动感，但牌坊整体却又是稳定和平衡的。联想到木塔前的牌坊，一眼看上去非常平衡，“直立生长”的斗栱和无外伸的檐却少了一种动态感；还有上学期在北海现场课多次看到的“堆云”“积翠”牌坊，它们的三个部分都是扁长且相似的，有些“纠缠不清”。

大殿的内部空间。刚进入大殿，就感觉自己被一种神圣静谧的氛围包裹，随即被震慑：七尊巨大的佛像结跏趺坐于佛坛上，东西力士瞋目斜立，十四尊胁侍菩萨脚踩莲花，手持法器，面目和善……巨木制成的柱子粗壮高耸，此刻我就像是来到了丛林，站在大树枝干之下，茂密的枝叶便是高空中相互有力支撑的梁架。我顿时觉得自己就是空气中的一粒尘埃，太渺小了。虽然在进殿之前已一瞥九间大殿之宽，但进入之后还是惊异于内部空间之广阔，既是水平宽度上的，也是竖直高度上的，远比从建筑外观看上去更显深远高大。

老师提到类似“巨幕 IMAX”“广角”的效果，我觉得很贴切。它所呈现的，既不是故宫太和门广场的“全景”效果，也不是初入宾阳洞带给人环绕的失重感和眩晕感。人们刚进殿内，视角是广大的，能望全七佛塑像群，而且差不多是人眼左右视域范围的极限，约 65°，同时大殿在竖向上完全打开，没有天花藻井，裸露的梁架构成了更加完整的巨幕。

七尊大佛对应九间大殿中的七间，如此宽大的体量，数量如此多的塑像，如何更有整体感而不显得松散？

我想，首先七佛塑像群给人的第一印象肯定是一致性，七佛的面容、形状轮廓很像，都有胁侍，但并非完全相同，而是用一些小变化来打破，具有丰富的层次，比如七佛每尊的手印都不同，从放到收再到放，有戏剧性的变化，最后归于平静；七佛的衣褶两侧明显密集，而中间佛相对松弛舒展；每对胁侍菩萨的装扮、持物和姿态都不同，尤其西二佛前的一对胁侍菩萨姿态最特别，与其他的塑像也存在视线和姿态上的关联。还有更为微妙的地方：七佛从中间到两边的高度非线性变矮，且宽度变窄，与大殿明间最宽，两边慢慢变窄是对应的；中间的毗婆尸佛距离人略微近些。

《建筑形式美的原则》中提到“统一是形式美最基本的要求，包含两层含义——一是秩序，二是变化。秩序相对于杂乱无章而言，变化相对于单调而言”，说的就是这个意思。

与华严寺薄伽教藏殿和善化寺大殿的比较。薄伽教藏殿面阔五间，佛坛对应三间。三尊主佛分别被菩萨、胁侍和弟子围绕，两侧是天王。过去佛和将来佛前有供养人和坐姿菩萨。小小的佛坛上一共有 31 尊热热闹闹的塑像。三组塑像群的一致性也很强，主要体现在主尊形象的相似。相较于奉国寺塑像群的“巨幕”效果，薄伽教藏殿塑像群更强调深度上的效果，由于有天花压着，每尊主像被众多塑像包围，上方有向上凸的八边形藻井，给人的感觉不完全是高大肃穆的，而是被强化的中心性。主尊、菩萨、弟子的高度，间距和在空间中的深度各不相同，形成了不同“等级”。强调中央主尊的方式，除了位置，还有主尊上方藻井大小的差异，以及中央主尊及背光较左右佛像更大，最后一点是回来学习营造学社绘图后才发现的。

善化寺大殿面阔七间，尽管体量上不如奉国寺大殿大，但我刚踏进善化寺大殿的门时，就觉得它们的空间结构极为相似。待久了还是觉得两者不太一样，善化寺大殿内部空间更开阔，可能是因为少了内柱和香炉烛台，这种开阔让人和佛像之间产生了距离感，让人肃然起敬。五尊佛像对应五间。主尊坐在将近四米高的佛坛和须弥座上，佛像高度四米左右，有些居高临下，俯瞰众生的意味。相较而言，奉国寺大殿的主尊更加平易近人，奉国寺大殿的七佛是坐在两米左右的莲台和佛坛上的，本身高度八米左右。与奉国寺和华严寺不同，善化寺大殿菩萨和主尊似乎在一条水平线上，构成一个完整的面，高大的主尊和相对矮的菩萨相间排列，“组”与“组”的界限被削弱，同一性和均匀性表现得更为强烈。善化寺大殿当心间有天花和双龙戏珠八边形藻井，我看到的时候很惊讶，为什么藻井的位置在主尊前方而不是头顶上方。

设计师的巧思——处处为人着想。奉国寺的设计师令我钦佩的方面，在于他处处为观者考虑，从人的角度出发来设计。在大殿围绕佛坛行走，莲座下方的狮子、小塑像都仿佛是计算好了角度，正好面对着或者盯着观者；从前不理解，也没想过为什么佛像的眼睛像是半闭着要睡着的样子，因为佛像高大，只有这样，当观者站在塑像之下才能与之目光交会；胁侍的真实高度并不是和主佛腿部等高，但对在佛坛前观瞻的人来说，几乎就是等高的，虽然我还不知道为什么要看起来一样高，可能是出于尺度控制，但还是觉得很巧妙；独乐寺的十六米观音像向前倾斜，为的是在下方瞻仰的人们能看到其慈悲的面容……

二、学习感悟与收获

我一开始不理解为什么要画这些香炉、烛台、石碑、石狮和纹样，它们和建筑到底有什么关系，我们为什么不从建筑本身开始。但是画着画着我似乎理解了。那些文物一如建筑一般，它们被设计出来，摆在这里一定有设计师的道理、想法和用意。我们在画的时候就是在一点点理解它们。

刚开始，我是为了画而画，但是脑海空空，不知道该思考什么、观察什么，觉得自己就像一个听命令的、机械工作、没有思想的机器，产生了一些挫败感。后来参考学长学姐、同学们以及营造学社先辈们画的测绘图，我才意识到图纸是要反映设计思考的。比如说佛像莲座上的卷，柱础上的纹样，它到底是怎么设计，如何生成的，其背后的逻辑是什么。

老师要求不能用橡皮，但我一开始忍不住，给自己留了可以擦掉的后路，又担心画错，于是画得很轻，以为模糊就可以掩盖错误和并没有理解的事实。后来在学姐的劝说下我扔掉了橡皮，及时止损。那一刻我突然发现自己的心里轻松了很多很多，杂念少了，顾虑少了，每一笔都尽量是明确的，画起来也更流畅了。从开始的焦虑、浮躁、怕错到后来的释怀、平静、自信，心理和态度发生的转变，反映到图面上就是线条越来越清晰确定，我也敢下重笔了。

另外一点是观察和比较的学习方法。普通的游客大概不会想到大殿内每一座烛台和香炉竟然都不一样，不会去看莲瓣有几种排列方式，更不会去数这么多座香炉上的兽首到底有几种类型、几颗牙齿，甚至怀疑关注这些的意义。但对于一个进行专业学习以及有敏锐观察力的人来说，这样的观察和比较不可或缺，为什么它们会不一样呢？那或许是因为创造它们的工匠并不是一位，他们按各自的理解去塑造这些烛台香炉，理解的差异带来了内容的丰富。它们是有温度的，是匠人一点一点雕刻出来的，凝聚了人的心血和思想。反之，当代的石狮和雕刻，很多都是机器批量切割生产的，每一尊都很相似，却少了灵魂和智慧。

不用尺，用自己的眼、足来丈量；不用电脑，用自己的手来绘图；不用相机，用自己的眼睛来感受；不打字，用自己的笔来记录……这种看似最笨的方式却最好地调动了人的心、脑、眼、手，回归了营造学社先辈的传统，也拉近了我们与古建筑和历史的距离。

三、其他

每天在奉国寺里画图，时间的界限在记忆里被模糊淡化，自己深入画图和学习思考里，既沉浸又纯粹。交上本子和正式图纸的那一刻心里真的很不是滋味，没有终于交完图和即将结束实习的高兴，反而更多的是难过和不舍 —— 觉得太快了，多想再多学一些，再在义县待久一些。回到学校几天我都没有转换好状态，仿佛自己还在梦里……

最后，感谢丁老师的教导和鼓励，感谢所有默默付出、安排一切给我们“沉浸式学习”做保障的人们，感谢学长学姐们的帮助和指导，感谢同学朋友的陪伴和互相学习，感谢所有的遇见！我很珍惜这次学习机会，它在我的人生中留下了深刻的印记，是一笔非常宝贵的财富。

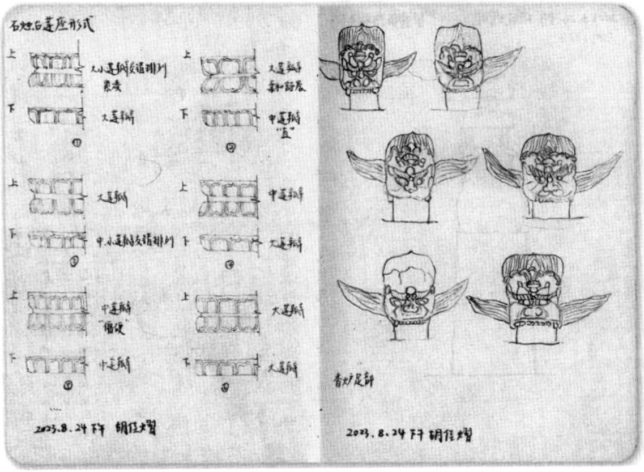

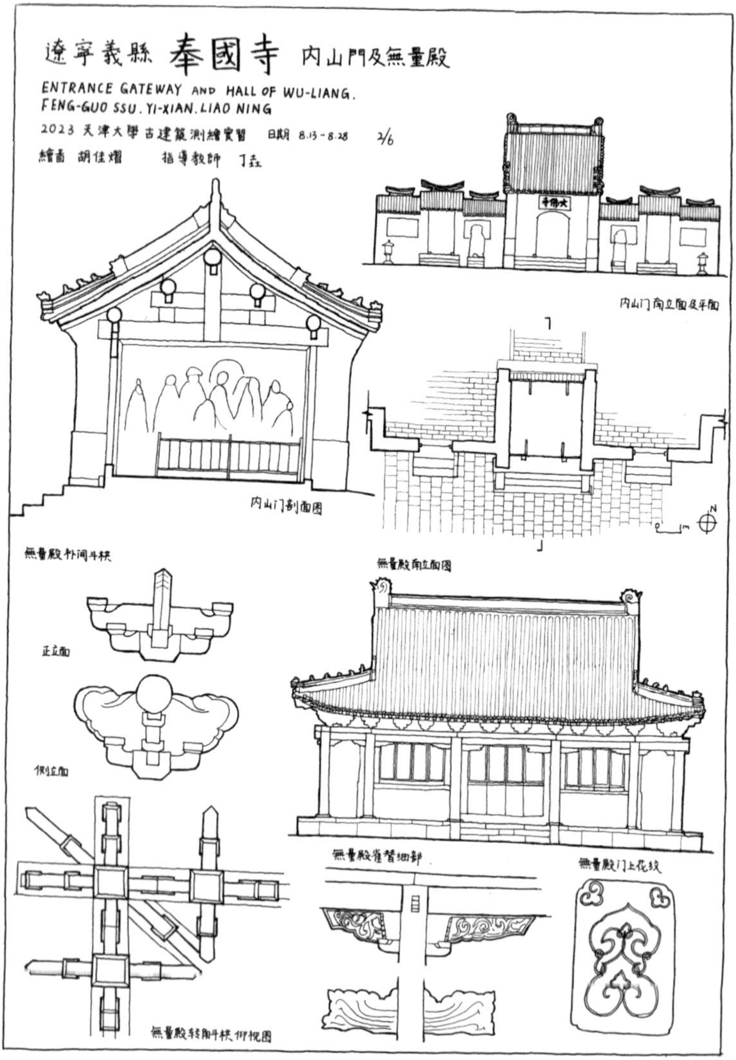
遼寧義縣 奉國寺 內山門及無量殿
ENTRANCE GATEWAY AND HALL OF WU-LIANG.
FENG-GUO SSU. YI-XIAN. LIAO NING
2023 天津大學古建築測繪實習 日期 8.13-8.28 2/6
繪圖 胡佳熠 指導教師 丁垚
大佛寺
内山门南立面及平面
内山门剖面图
無量殿补间斗栱
正立面
侧立面
無量殿南立面图
無量殿转角斗栱仰视图
無量殿雀替细部
無量殿门上花纹

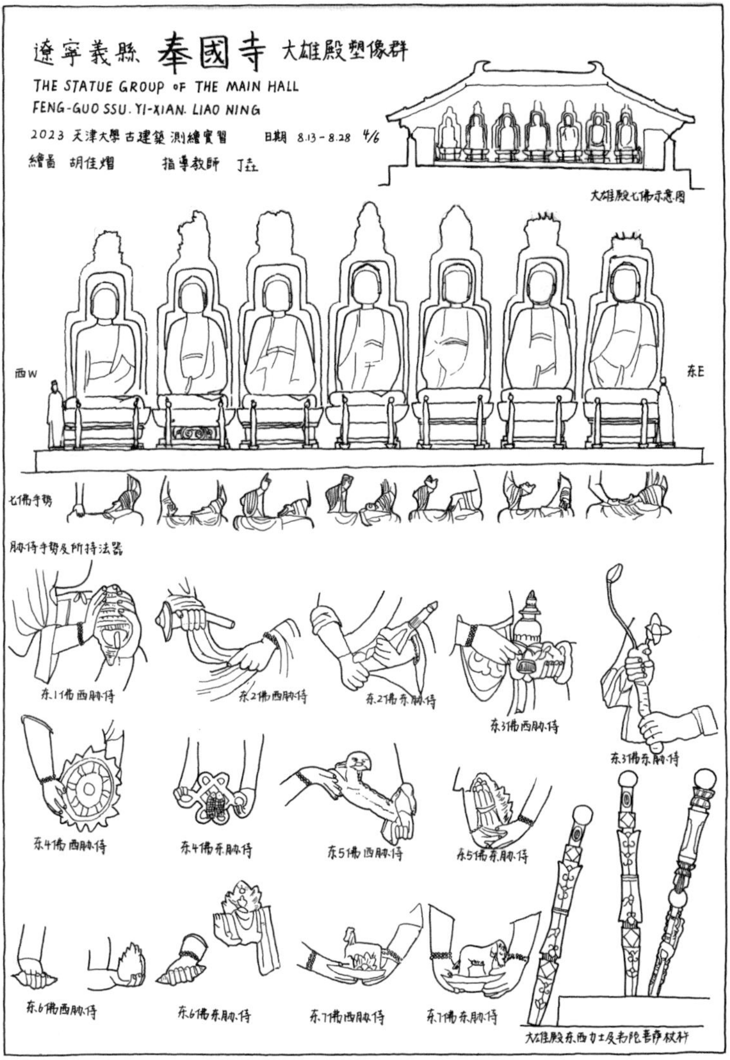
遼寧義縣 奉國寺 大雄殿塑像群
THE STATUE GROUP OF THE MAIN HALL
FENG-GUO SSU. YI-XIAN. LIAO NING
2023 天津大學 古建築 測繪實習 日期 8.13 - 8.28 4/6
繪圖 胡佳熠 指導教師 丁垚
大雄殿七佛示意图
西W
东E
七佛手势
胁侍手势及所持法器
东1佛西胁侍
东2佛西胁侍
东2佛东胁侍
东3佛西胁侍
东3佛东胁侍
东4佛西胁侍
东4佛东胁侍
东5佛西胁侍
东5佛东胁侍
东6佛西胁侍
东6佛东胁侍
东7佛西胁侍
东7佛东胁侍
大雄殿东、西力士及韦陀菩萨杖杵

遼寧義縣 奉國寺
明十八羅漢壁畫
部分動作及法器
DETAILS OF THE EIGHTEEN ARHAT FRESCOES. MING DYNASTY
FENG-GUO SSU. YI-XIAN. LIAO NING
2023 天津大學古建築測繪實習
日期 8.13-8.28
6/6
繪圖 胡佳熠
指導教師 丁垚

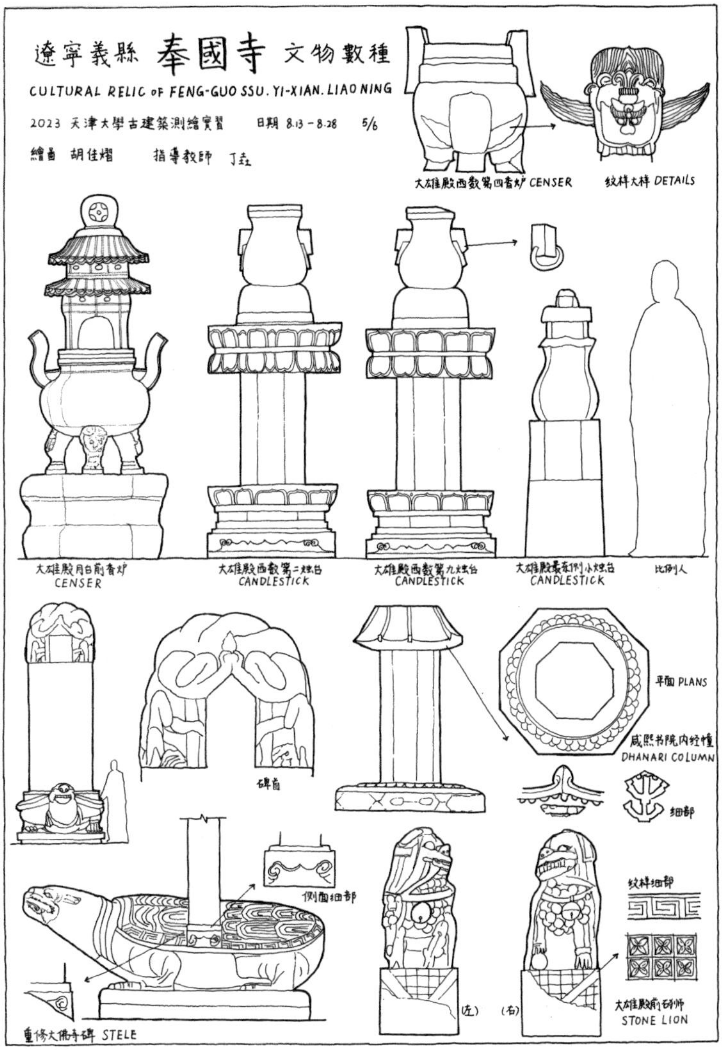
遼寧義縣 奉國寺 文物數種
CULTURAL RELIC OF FENG-GUO SSU. YI-XIAN. LIAONING
2023 天津大學古建築測繪實習 日期 8.13－8.28 5/6
繪圖 胡佳熠 指導教師 丁垚
大雄殿西數第四香炉 CENSER
纹样大样 DETAILS
大雄殿月台前香炉
CENSER
大雄殿西數第二烛台
CANDLESTICK
大雄殿西數第九烛台
CANDLESTICK
大雄殿最东侧小烛台
CANDLESTICK
比例人
碑首
平面 PLANS
咸熙书院内经幢
DHANARI COLUMN
细部
侧面细部
纹样细部
(左)
(右)
大雄殿前石狮
STONE LION
重修大佛寺碑 STELE

奉国寺的设计师，谢谢你

黄俊婷

一、开始之前

8 月 13 日，带着火车上一天一夜的疲倦，我如期抵达了义县。现在回忆那时，好像是一闭眼，隐约浑浑噩噩地有东西过去，再睁眼，我已站在奉国寺外山门前。刚放下行李，我就跟随丁老师匆匆进寺里走了一遭。丁老师带着我们走走停停，不断分析、思考，算是将我的意识从疲倦的混沌中打捞出来。我开始有了一点真实感。

待折返领到小绿本后，我又踏进外山门。第一眼，是重叠层升的屋脊线。这是奉国寺给我印象最深的一刻：横向层叠的线条，以某种序列，向天空和谐排开，是“端庄”的感觉。

二、历历所感

8 月 13 日速写四，香炉一，牌坊一。画香炉时，经老师提醒，我发现其顶部不是一根平直线，顿觉自己欠缺观察的耐心，而习惯以粗糙的眼光应付过去，于是提醒自己要专注起来。

8 月 14 日绘经幢二，大殿石香炉、石烛台各一（从西往东第五组）。经幢在西院，有两座。一座有很立体的宽檐，仿木结构，幢座的莲瓣刻得比较扁平，有一种“亭亭玉立”的优雅。檐的曲线轮廓非常微妙，檐头所刻纹样很引人注目，尽管只是简单的曲线。另一座没有檐，幢头四四方方，刻了兽首与铭文。幢座的莲瓣很饱满；兽目圆睁，眼视四方；铭文遒劲有力，不落俗气。我怀疑这一座已非原貌，因为幢座的边角与幢身合不上。

我画石香炉和石烛台画得起劲，因为略会静物素描的皮毛，所以看瓶瓶罐罐很亲切。一只香炉配两只烛台，造型古朴，均端坐莲台，比人视点稍高。烛台做得比香炉更瘦长一些，有颈、有双耳、有分层，是瓶。香炉是横向的椭圆形，三枚兽首分立，吐舌作足，是鼎。莲台的设计有心思在：大殿内有七组香炉，每组三个莲台；一眼望去以为是复制粘贴的，细看，却发现造型各异，一时惊叹。

8 月 15 日绘大殿牌匾一，十八罗汉壁画一（从南向北第九幅），七佛像一组，并于大殿内听老师讲课。牌匾很难画，最后的策略是，先写字，然后勾外轮廓线，再划拉龙身走势和云纹轮廓，最后补充细节。匾是为字而做的。接着画十八罗汉之一，画了三遍，第一遍粗勾，第二遍速涂，第三遍正式画，主要抓线条和色块的关系。画师似乎想通过曲线来强调形态的构成。直线则隐入背景之中，成为画面的灰调。

七佛像更难画。透视变形下，难以把握好尺度——实在是太高、太广了，简直是IMAX。踮脚、蹦蹦跳跳，以反复确认菩萨、佛膝、莲座的高度关系。视野里，先是佛像的脸，然后是手，再往下是胁侍菩萨。若是从东往西走，由垂首的天王开始，就出现了历历的变化：须弥座、佛膝、菩萨的高度几乎静止，佛面高度也几乎没有明显变化，手势却依次而变，从落到起、起、起、起、起，最后以垂臂摊腕结束。此刻，佛面外偏，微微低眉。下一步，就是顺着释迦牟尼偏首的方向，走过抬头的天王，走进幽暗的过道。墙上的壁画早已辨认不清。走过压着兽像的须弥座，走过塑着旋纹的须弥座，交替前行。昏暗中，小兽和力士无言凝视壁画，也凝视着人来人往。走到过道尽头，能望见类似梵天的画像，结束了，或者，再走一圈。最后发现，急着刻画细节，整体就会失真；现在想来，还不如先画七个大矩形和两个小矩形，再横着拉两笔长的，是须弥座和佛膝。

8月16日绘七佛手部一组，大殿内东石狮一，大殿外驼峰一，无量殿平、立、剖各一，大殿北立面一组。

手掌的起落大概是在传达什么含义。转身，蹲下画石狮，发现由于年代久远，石狮的面容和躯干已经模糊了，好在神韵犹存。面的表达大概会比线更合适，遂作静物素描一张。出门，抬头画驼峰，微妙的曲线放在建模软件里，大约是“控制点曲线”：先定点，再连线。

下午开始画无量殿。第一次正经画古建筑，费了好大工夫才弄清平面比例和屋顶结构。立面图的变形非常严重：过于关注局部层累的细节，而忽视了对整体的控制。最后是大殿北立面，画了一组，画一遍改一次比例。从整体的大块到柱子，再到斗栱，我第一次注意到大殿的整体控制。因为距离较远，这次立面图比无量殿稍好。

晚上听了关于建筑测绘的历史和前辈学者们的讲座，惊艳于前辈们的巧思和苦心：图纸的细致度，排版的考量……感觉有好多可以看的东西。

8 月 17 日绘大殿柱头铺作平、立、剖各一，补间铺作平、立、剖各一，转角铺作立面图一。下午访广胜寺塔，绘草图数张，含分析图、局部特写等，并于塔下听老师讲授及讨论。

柱头铺作、补间铺作、转角铺作的结构、大小都很相似，几乎源自同一个模板，只做了些许适应性调整。昂首直朝前，展开整齐的阵列；昂嘴似乎被涂白了，更凸显朝前的倾向。铺作结构精巧，反复观察，选定了 1 ∶ 2 的模数来整体绘制，让原本艰难的绘图稍微轻松了一些。

下午步行至广胜寺塔。塔位于高台之上，一圈围墙将高台掩住。旁人在墙外，不得见塔基，只见塔身及塔刹。进门，上台阶数步，即见塔基。登台，环望四周，才觉此地似乎高于周边建筑，有“独立”之感，顿生念想：这地方很适合出现一架不明飞行物，把人吸到天上。

抬头，见塔，一截素净塔基拔地而起，八面八角。往上，人物间夹花朵浮雕，似一圈镶边。再往上，越过蔓纹与莲座，是撑足的狮兽，一面一只，每角又撑有一力士，形体均饱满，阴影深刻有力，不再是“镶边”的平面感。其中，一兽瞠视前方，直面观者，左右两面二兽侧首，同望观者，其势昂然。又往上，越过蔓纹和莲座，弧度渐收，须弥座毕。层层叠叠的须弥座之上，是长矩形的伎乐浮雕，昭显八方。往上，越过伎乐的华盖，是仿木结构的砖雕斗栱；继续往上，十三重密檐，塔身渐收——说是十三，也只是报个数。实际看时，也只能道“无穷多”，大抵是想做出这个效果。接着抬头，无穷毕尽，可见莲座托起的塔刹，宝珠鲜明煌煌。下踏步，出塔院，又随老师、同学，寻一处小巷，远观广胜寺塔，难以忽视的发光体。

8 月 18 日绘倒座观音一，大殿南立面一，大殿内双石狮立面一组，单组塑像分析图一，大殿前东石狮特写一，大殿平面图一。

和大殿七佛相比，观音有种不相融又很显和谐的气质。他似乎是坐在海中的某块礁石上，在此地又不在此地。画过北立面，在画大殿南立面时，就轻松了许多。注意到了门楣上的“小方块”，应该是外伸的一截梁，让人想到涂白的昂头。大殿真的很“冲”。

画双石狮立面，线条勾勒出形态，发现可能是一公一母两狮，很不相同的气质，西边的更端庄娴静，东边那只更活泼好动。

画大殿平面，先用脚步度量殿外平台大致尺寸，再踏进殿内。先“九”后“五”，“飞龙，九五在天，利见大人”，面阔九间，七佛占七间；进深五间，七佛占两间，留一间作礼佛观像。七佛背光又直达屋顶最高处，似乎是把空间都用干净了——飞扬的想法和表达欲，强烈地攥着这空间，连带着涂白的昂头和出挑的小方梁。

8 月 19 日绘总平二，总纵剖一，鸟瞰一，大殿前西石狮特写一，内山门分析图二，并于大殿前听老师讲授。

画了两遍总平。第一遍是走到哪、看到哪、画到哪，兜兜转转；第二遍是先定了整体的控制，然后简略勾出建筑、道路和绿地的轮廓。

第一遍，从大殿画到外山门，走走停停、断断续续，到最后心烦意乱。想着应该有更好的方式，遂站于外山门中轴位。远望层叠的屋脊线，又低头看图，顿觉自己之前愚笨：竟才发现，大殿中间那九分之一，统领着整座寺院的空间营造、道路规划和绿地排布——系统的核心！第一天发射出的子弹，第八天才穿过眉心。飞扬的想法，不止攥着大殿，还攥着整座奉国寺！精神和场地密不可分。或者说，为了实现强烈的愿望，选择将场地也牢牢“利用”上。先凝成一条朦胧的线，将人徐徐引入，然后轰然展出一幅铺天盖地的面，使设想的效果能如约来到众人眼前。而我身在其中，受其统领却不曾自知，一时失魂。

8 月 20 日重画鸟瞰一，无量殿立面一。补画大殿转角铺作平、剖各一。第一周实习即告一段落，本周主要于寺内观察并绘图。

8 月 21 日晚上聆听讲座“华严的美术”，如花一样完备，从周、汉、隋唐，再到辽，佛教艺术与本土文化逐渐融为一体，历经兴衰。其中变化，又默默体现在每一座古建筑上。

8 月 21 日至 27 日第二周实习。同学们大多留在旅舍绘制草图及成图。偶尔匆匆奔回寺内，更正图纸错误。其间受老师指点，知道了应该先做标题、图像和文字的大划分，再考虑对位等维度更小的问题。

8 月 28 日乘火车返津。离去时，满眼广袤蓝天，远处是连绵群山。丝丝流云，随风缓缓飘荡。空间似乎被拉到无穷大，连带着，我希望时间流逝也能慢一些。可惜火车到了。

下午三点五十五，绿皮火车冒出地平线。登车时，一瞬间，却有在日落时刻的感觉。那一刻，西天浮云尽沉，霞光绚丽万变。然后，夕阳的最后一束光，会斜斜地、斜斜地扫过大殿的红墙 —— 天光尽收，我踏进昏暗的车厢。

三、未竟的整理

1. 从点、线、面到整体设计

最开始画经幢，近似于画一根多边柱，跟素描起步时很相似 —— 从简单几何体开始，训练对点、线、面的观察和控制能力。再之后，升维至对光影的掌控，利用明暗形成体积，是更复杂的雕刻艺术。

然后，空间营造对点、线、面和光影的控制提出更高的要求。一个例子是石烛台，造型朴素的石刻作品，比例的控制在立面图上一眼可望；另一个例子是十八罗汉像之一，可能因为是图画，比例的边界更朦胧，曲线和直线掌控着画面。这些都还算是局部的空间。大一些的，从铺作到七佛，到整座大殿，比例在暗处无声无息地维持着一切的运转。更大一些的，是整座寺院的尺度，作为设计者的手段之一，比例控制着整套空间营造到道路规划到绿地排布系统，是场地和精神紧密结合的整体设计。

2. 回观与展望

回观大二，开题，场地，案例，体量，功能，平剖，立面，图纸，模型，评图，结题，约八周一次的工作轮回。哪怕快速试错是一种很重要的方式，但这一切实在是太难受了，像一头苍蝇乱撞。认知的边界，撞到哪儿算哪儿，有时美其名曰“灵感”。好，现在的问题是，怎么把想法的种子养成大树——然后，卡住了。

问题似乎就出在这儿，这个问题几乎困扰了我整整一年。最开始，我试图用线性思维去解决：从入口开始，只要能走通功能就行。在小尺度的设计里，这种思维似乎可行，反正就那么点大的空间。但是，放在更宏观的尺度上，这种思维的弊病暴露无遗：缺乏整体控制的能力，宛如沙子堆起的堡垒，一碰就塌。而我深陷其中不自知，直到被那枚子弹正中眉心的那一刻——我不知道该怎么称呼奉国寺的设计师，先简称为“前辈”吧。谢谢你，前辈；谢谢你，老师；也谢谢学院，因为大二测绘实习应该算是学院组织起来的活动，虽然我个人感觉，大二测绘有点晚了。

可能是我过于愚笨，非得被人点到这一步才能醒；也有可能我根本还没醒，是梦中梦，而现在我自以为领悟到的只是更深层的表层。但是，无论如何，对我而言，螺旋上升，之前是螺旋，现在升了一点，已经是莫大的欢喜。

最近要展望的，大概是设计课。忐忑、忐忑，还是忐忑。再远一点，建筑学习，也可以说是学习“如何解决问题”。隐含前提是，得先发现问题。有些问题，好像可以选择抱怨，也可以先尝试解决看看。至于更远的，就暂且不提了。再过不久就满 20 岁，而我对未来抱有的迷茫一天比一天更甚。更远，也说不清了。

回观和展望都已交代，余下的，就是能够抓住的现在吧。

3.“MBTI”人格分析：奉国寺设计师是理想主义者和利他主义者

在义县的最后一晚，我们像第一天那样，举行了一场分享会，交流 15 天以来的体验和感受。丁老师说，按“MBTI”人格分析类型，奉国寺的设计师应该是“INFP”类型，是坚定的“理想主义和利他主义”者。

什么是理想？对未来的美好设想，似乎能给予人莫大力量，去克服与改造现实的不圆满，以接近和创造想象中的圆满。“自利利他，法皆具足。”利他和自利，往往是双生子一样的话题。或者可以这么说：助人自助，最高级的自利是利他。

笔者尚未满 20 岁，应该算为青少年。对建筑学，对人类，对世界的想象、愿望、理想，有，但不甚明了。年轻的活力，总会让我们对未来展开一些创想。尽管，在寒冬席卷全球的当下，一切都被铺上了一层暗调，笔者不想作甚“slogan（口号）”，只是就“理想”和“利他”，最后再多嘴几句：问题是的确存在的，问题需要被人解决，现在，已经有前辈为我们探了一段路，因此，我们才能有这场在义县的分享会，发表一番“奉国寺设计师是INFP”的见解。而究竟要做何选择，一切，就尽在不言中了。

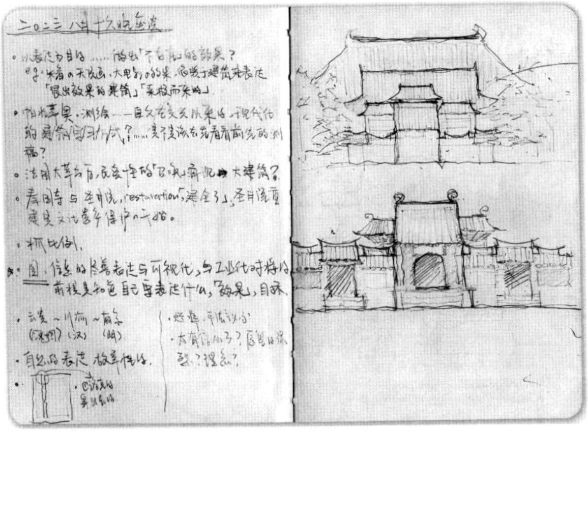

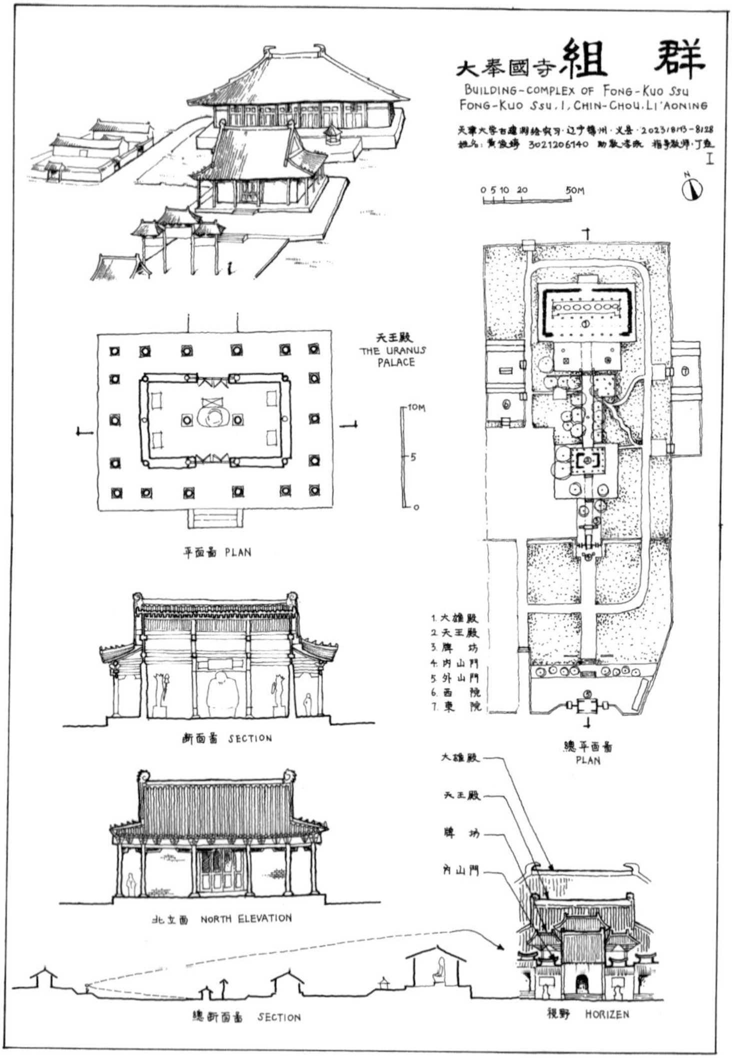

大奉國寺組　群
BUILDING-COMPLEX OF FONG-KUO SSU
FONG-KUO SSU, I, CHIN-CHOU, LI'AONING
天津大学古建测绘实习·辽宁锦州·义县·2023/8/13–8/28
3021206140
指导教师·丁垚
I
0 5 10 20 50M
N
天王殿
THE URANUS PALACE
10M
5
0
平面圖 PLAN
斷面圖 SECTION
北立面 NORTH ELEVATION
1. 大雄殿
2. 天王殿
3. 牌坊
4. 内山門
5. 外山門
6. 西院
7. 東院
總平面圖
PLAN
大雄殿
天王殿
牌坊
内山門
總斷面圖 SECTION
視野 HORIZEN

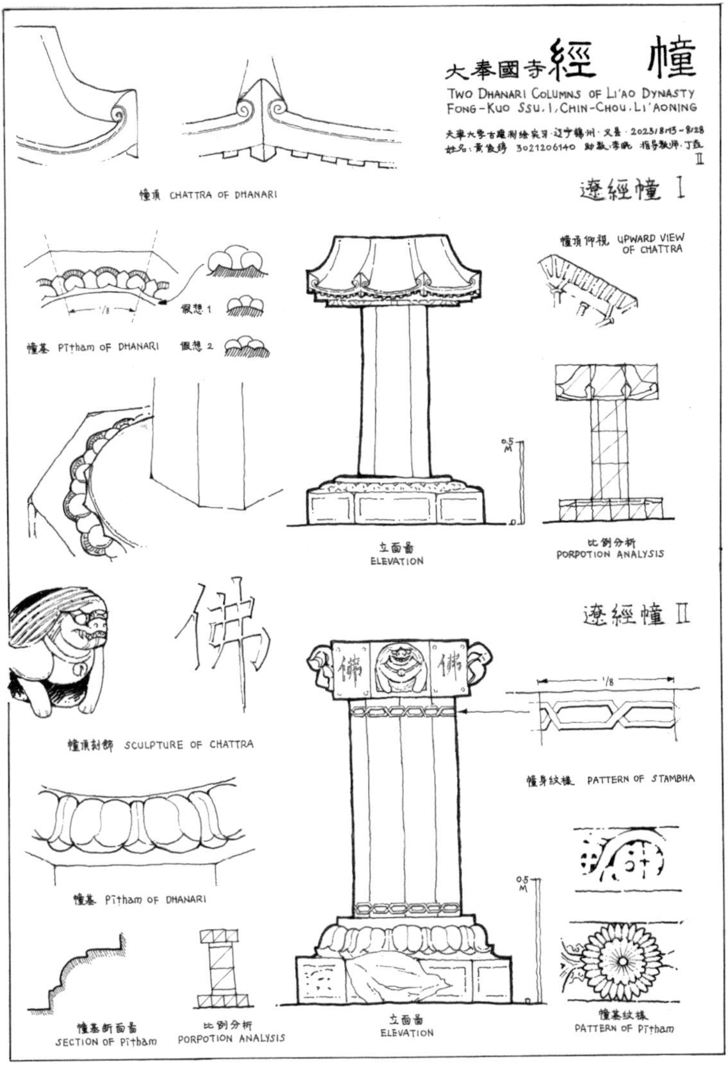
大奉國寺經幢
TWO DHANARI COLUMNS OF LI'AO DYNASTY
FONG-KUO SSU, I, CHIN-CHOU, LI'AONING
幢頂 CHATTRA OF DHANARI
遼經幢 I
幢頂仰視 UPWARD VIEW OF CHATTRA
假想 1
假想 2
幢基 PIthaM OF DHANARI
1/8
0.5 M
立面圖
ELEVATION
比例分析
PORPOTION ANALYSIS
遼經幢 II
幢頂刻飾 SCULPTURE OF CHATTRA
幢身紋樣 PATTERN OF STAMBHA
幢基 PIthaM OF DHANARI
幢基斷面圖
SECTION OF PIthaM
比例分析
PORPOTION ANALYSIS
立面圖
ELEVATION
幢基紋樣
PATTERN OF PIthaM

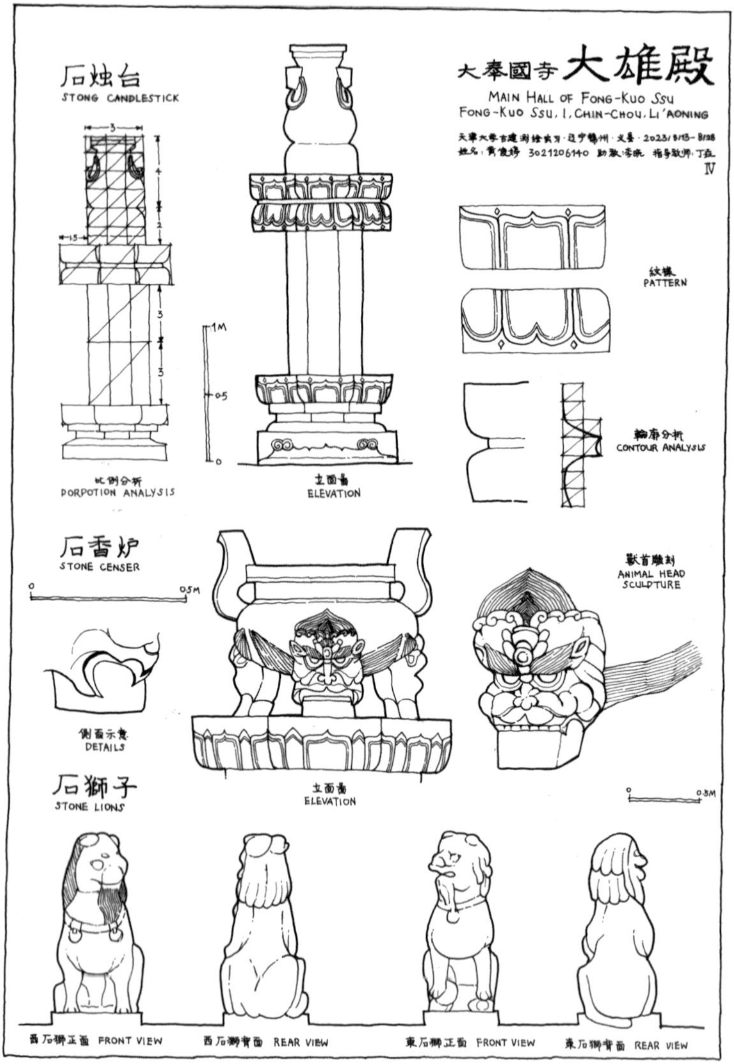
大奉國寺 大雄殿
MAIN HALL OF FONG-KUO SSU
FONG-KUO SSU, I, CHIN-CHOU, LI'AONING
天津大学古建测绘实习·辽宁锦州·义县·2023/8/13-8/28
姓名：黄俊婷 3021206140 助教：李晓 指导教师：丁垚
Ⅳ
石烛台
STONG CANDLESTICK
比例分析
PORPOTION ANALYSIS
立面图
ELEVATION
纹样
PATTERN
輪廓分析
CONTOUR ANALYSIS
1M
0.5
0
石香炉
STONE CENSER
0
0.5M
側面示意
DETAILS
立面图
ELEVATION
獸首雕刻
ANIMAL HEAD SCULPTURE
0.5M
石獅子
STONE LIONS
西石獅正面 FRONT VIEW
西石獅背面 REAR VIEW
東石獅正面 FRONT VIEW
東石獅背面 REAR VIEW

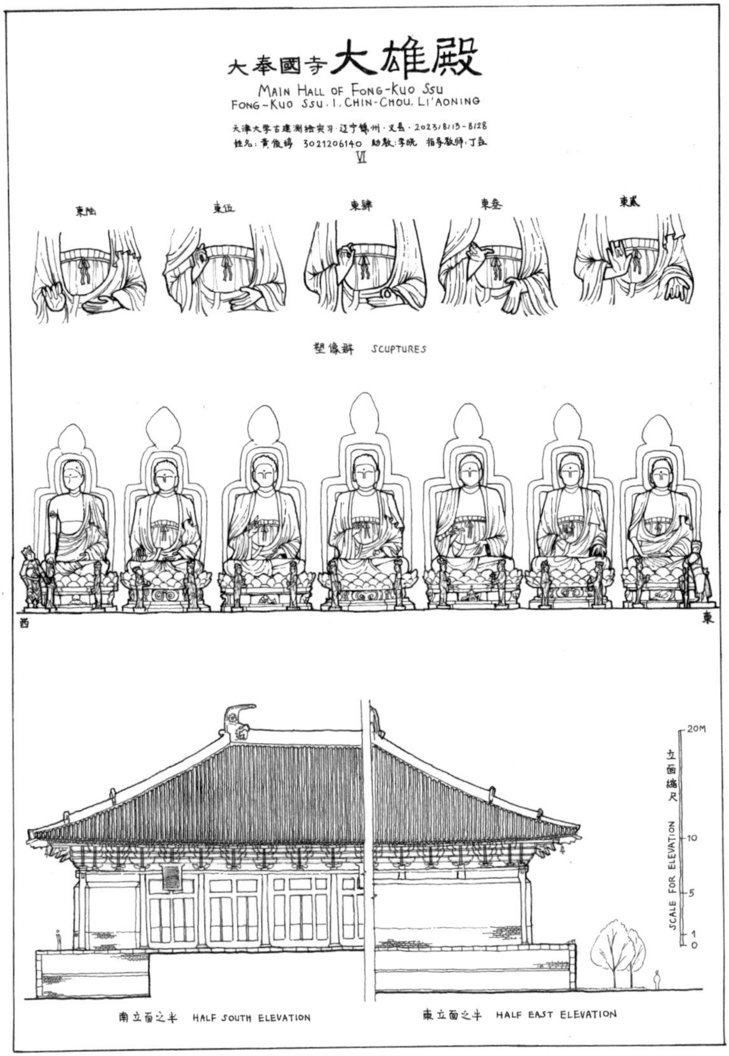
大奉國寺大雄殿
MAIN HALL OF FONG-KUO SSU
FONG-KUO SSU. I, CHIN-CHOU, LI'AONING
天津大學古建測绘实习·辽宁锦州·义县·2023/8/13-8/28
姓名：黄俊婷　3021206140　助教：李晓　指导教师：丁垚
Ⅵ
東陸
東伍
東肆
東叁
東貳
塑像群　SCUPTURES
西
東
立面缩尺
SCALE FOR ELEVATION
20M
10
5
1
0
南立面之半　HALF SOUTH ELEVATION
東立面之半　HALF EAST ELEVATION

关于奉国寺里“INFJ”的我的心理活动

董晋瑄

说实话，如果简单总结每一天的经历的话，可以说我是在等待夕阳降临的过程中，顺便画画图。每当下午五点多，夕阳降临的时候，奉国寺里的各个事物就像被拉大了对比度，阳光被雕刻在夯土墙面上、香炉纹路上、月台碑文上，让古老年华里的材质肌理，最大限度呈现出它原本的样子。

到了这样一个远离学校的沉浸式体验场所，我理应心无旁骛地学习，但我总是为了日落而行走，仿佛是为了所谓“修学分”而来，为了吃晚饭睡觉而去。

第一天，我懵懵懂懂地开始照着大殿里的莲座纹样笨拙地画，机械地画，在昏暗的角落里就着栏杆上的灯画。当我揉揉眼出门走到月台上，看着周围展开的本子里的图，尤其是学长学姐们的图，他们的手绘能力和认真程度可以把我按在地上摩擦，于是我不停地劝导自己：我好辛苦，快吃饭了。

然而这种情况在第二天发生了改变。我不打算也无法立刻反抗这种水平的碾压，转而想：我是来干什么的。根据培养计划来说，我确实是来修学分的，我放下因能力而内耗的心理，先坦然面对我的不足，旁若无人地画些图，比如一上午只画大殿里的碑首，拒绝看其他任何人的图，尽力把每一块碑首画到我能画出的最佳状态。我的笔和脑子都只有画图这一件事，似乎把线稿放在本子里，就可以带来智慧。

那天下午，当我还在纠结着佛像本身的比例时，丁老师却讲出来，七尊佛的高度是不一样的，手势和佛像的位置也有着联系，整个空间是一个“巨幕”，从中间到两侧似乎是一个故事的起承转合。我发觉思考是必要的，尽管对于我来说，很多时候没有什么结果，但也不能放弃对思考的追求，成为一个不打算思考的“复印机”。

踏出奉国寺大殿的门，夕阳依旧，我的手做不出什么起承转合，但想要改变的心似乎又迫切了一点点。

画奉国寺大殿北立面的那天傍晚，我们站在大殿后面的院子里画图，正好太阳绕到了西北侧，照在红墙凹凸不平的表面，让眼前的事物变得更为立体。我有幸驻足于此，得以获得一瞬的放空与释然，暂时放下一切情绪的包袱、外界的噪声，去和夕阳照耀下的大殿产生共鸣。

次日下午我们去了广胜寺塔。丁老师的中国建筑史课上塔出现了很多次，所以当我一边画图一边思考广胜寺塔的时候，感到有一些可以抓住的东西。但与在课堂上看投影不同，我在这里从中午待到日落，可以明显地感受到，当夕阳开始施展它的才华，塔便真正成为一个可感知的“发光体”。不是比喻，不是空想，而是一个真正的发光体。我静静地聆听丁老师在塔前的诉说，发觉等待夕阳的过程貌似也不亏。

要做到心无旁骛是很难的。我逃到诸如义县的天涯海角，似乎也摆脱不了某些“噪声”的控制。譬如画图时食堂飘来的饭菜味、旁边人上墨线的草图、等待我审核的综合素质测评、远在学校的新生破冰又出了岔子……哪怕不能全然无视这些事，但在夕阳之外，是不是也要努力去让自己沉浸一下。

我在最后那晚总结会上说：“我不清楚我成为一个研究生后，要付出多少倍的努力。”想了想，我还有时间。希望我可以尽力去习得心无旁骛的能力，多学一些该去学的东西。

在略带狼狈地交完图后，我没有和奉国寺告别，也许我们还会再见面，但在与这里的日落重逢前，请等我先塑造一下自己。

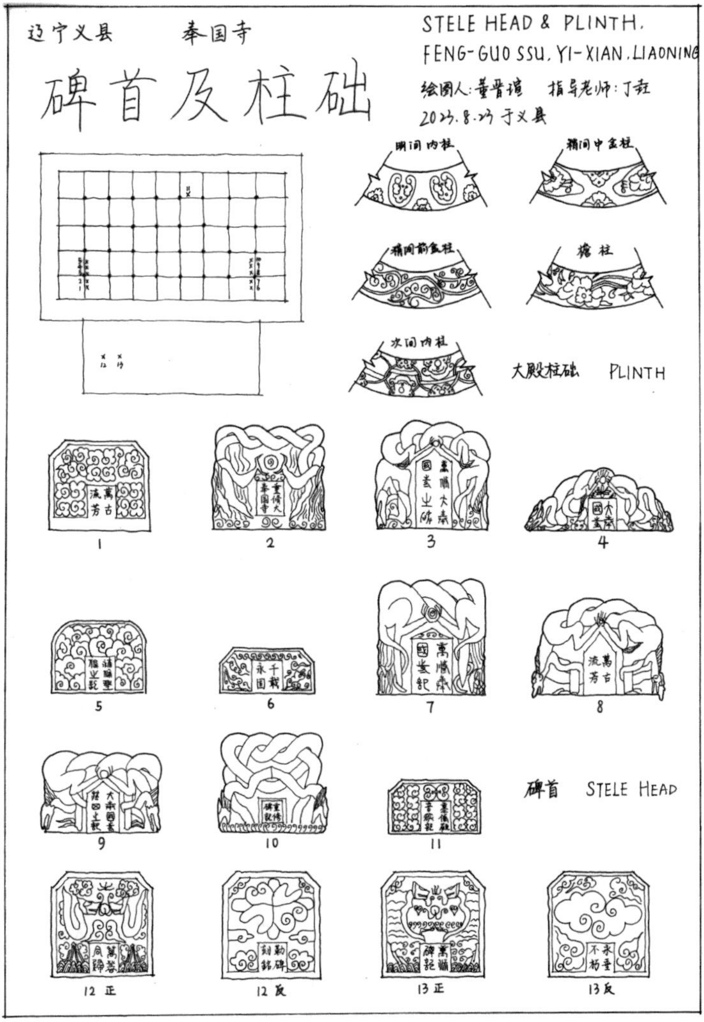
辽宁义县 奉国寺
碑首及柱础
STELE HEAD & PLINTH.
FENG-GUO SSU. YI-XIAN. LIAONING
绘图人：董晋谊 指导老师：丁垚
2023.8.23 于义县
明间内柱
稍间中金柱
稍间前金柱
檐柱
次间内柱
大殿柱础 PLINTH
1
2
3
4
5
6
7
8
9
10
11
碑首 STELE HEAD
12 正
12 反
13 正
13 反

一次次的观察和比对

李全智

一、测绘过程

我与一位同学结伴于 2023 年 8 月 11 日晚抵达义县奉国寺附近的咸熙旅舍，提前一天到达却未提前通知的行为很糟糕，也多次被点出来作为反面教材。次日一早我们便开始帮鲍工测量，成为为数不多的参与过仪器测量的同学。

整个实习过程分为两个阶段，首先是现场工作，以绘图和理解为主，丈量和绘制奉国寺内古建筑和文物，尝试理解其设计用意。第二个阶段是整理之前所绘的图纸，绘制成正式图上交。这也是一个学习的过程，学习排版、图纸表达以及我之前很少接触的繁体字。

二、个人对古建筑和文物的理解

在奉国寺长达一周的现场工作绝对是我最近距离、最长时间的和古建筑打交道的经历。正因如此，我感觉此次实习收获颇丰，发现了一些之前从未重视的艺术。总结交流会上有一位学姐说起过她多次观察和绘制某处图案，从看不懂到看懂，再到理解图案中线条走势，到最终能轻松复刻图案。我也有类似的经历，只不过我是在多个地方发现同类图案，最后也能大体将图案中的线条绘制出来。比如柱础花纹，其大量交错的线条加上柱础本身存在不同程度的损坏，导致我一时间无法辨别图案是什么，更别说绘制出来。只有经过一次次观察和比对，才发现是展开的花和缠绕的枝节。

还有一个很深的感悟，在现场时我花了较多时间奔波在不同位置的石狮之间，画石狮时我有两种状态：一种是能清楚识别棱角、线条走势，能很轻松地落笔复刻，所绘线条是粗且实的；另一种状态是只能用浅线条大体勾勒，对一处线条的意义还要再三观察和琢磨。前者是在绘制现代工艺石狮的时候，后者则是在绘制古物石狮的时候。产生这两种状态的原因我认为要归结于工匠。现代工艺制成的石狮规矩、干净、清晰易读，但却呆板。绘制旧石狮时之所以线条用得浅，就是因为它太真了，活灵活现，就好像坐立着一只真正的狮子，一块突出的肌肉是通过石料的前后关系和阴影表现出来的，整个石狮没有一个地方是规规矩矩的线条，但一切显得那么自然。这可能就是古时雕塑的艺术，不是勾画出一个象征，而是塑造出一个活物。

三、义县小城

两周的起居都在义县，我是真的喜欢这个小县城。有人觉得它静得可怕，我却觉得它很安宁，有人觉得它残破，我却觉得它充满活力。

实习期间的琐事都和这个小县城有关。我曾多次在夜间离开住所漫步在周边，我就是助教口中晚归打搅到门卫师傅中的一位。如果觉得义县的夜晚空无一人，感觉害怕，那可能是他们走得不够深。义县的夜晚就好像我家那边的夜晚一样，街道上会有三三两两的人，不算多，但总会有一些角落，仍然留着灯，坐满人。我们住的那条街道，除了几间不起眼的门铺，看似一无所有，但就是这些不起眼的门铺，满足了那儿的人们所有日常需求。我太了解这些小县城了，看似破破烂烂，门店零零散散，但生活物品一应俱全，娱乐需求全能满足。到特定时间点也不缺少驻足的行人，满是烟火气。

四、总体感悟

能有这样一次和众多优秀同学一起工作的经历是珍贵且幸运的，尤其是在义县这么一个让我流连的小县城。在实习期间和结束时我也都反思过，自己被给予了这么好的实习条件，却没有在实习期间做到全力以赴。尽管我也达到了实习前对自己期望的工作态度，取得了预期的学习成果，但每每想到较为优越的实习条件以及身边比自己更加努力和优秀的同学们就不免心生愧疚。总之，实习终归是结束了，在以后的学习和工作中再做得更好吧。

在现场绘画时曾听到不少游客称赞过我们所画的图，他们嘴里说的都是这群大学生画得真好、技术真好之类的话。

在此次实习之前，我会默默接受类似的话，也会心中暗喜。但现在，我仍然惭愧，因为我只是在饰演一个搬运工的角色，真正让人赏心悦目的是我们面前的文物、古建筑以及它们的设计者。我无法凭空想象出这么出色的画面，我只是在用自己能力范围内的方式向其他人呈现古人的技艺和智慧。

此次实习收获颇丰，它本质上是一次专业学习，也是我人生成长过程中难以忘怀的一笔。

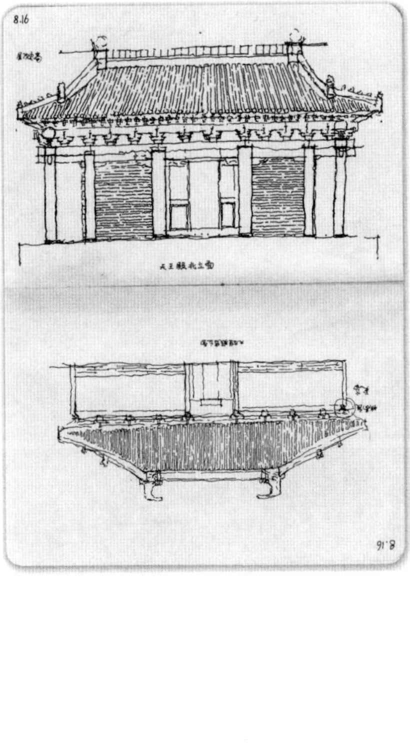

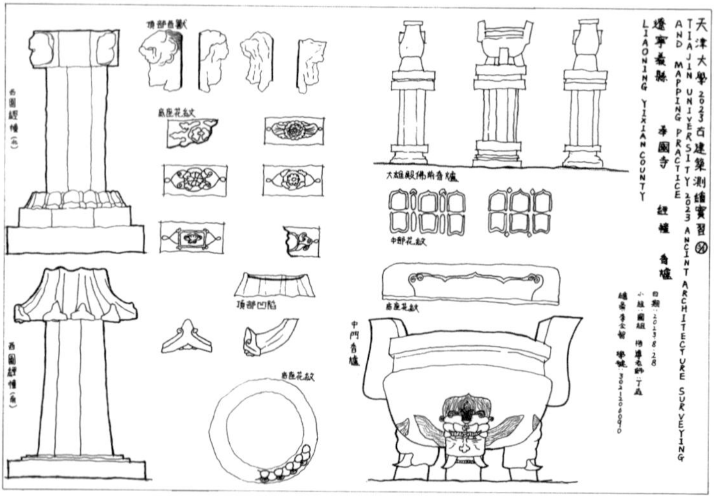
天津大學2023古建築測繪實習
TIANJIN UNIVERSITY 2023 ANCINT ARCHITECTURE SURVEYING
AND MAPPING PRACTICE
遼寧義縣 奉國寺 經幢 香爐
LIAONING YIXIAN COUNTY
大雄殿佛前香爐
中部花紋
底座花紋
中門香爐
頂部凹陷

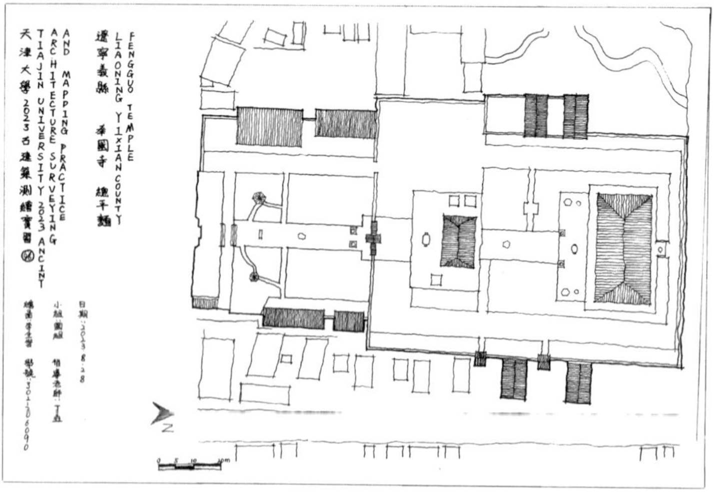
FENGGUO TEMPLE
LIAONING YIXIAN COUNTY
遼寧義縣 奉國寺 總平面
AND MAPPING PRACTICE
ARCHITECTURE SURVEYING
TIAJIN UNIVERSITY 2023 ANCINT
天津大學2023古建築測繪實習
N

珍惜现场画图的机会

李欣翼

一、经过

8 月 13 日中午，我和室友顺利抵达义县，之后拿到了属于自己的小绿本和牌牌。

8 月 14 日早上，我先画了殿内烛台，然后又依次画了碑首、莲座。临近中午，我们“咸”“熙”两组聚在一起看图，学长学姐指出了一些问题：线条应该干净一些，要根据图幅来确定详略，不要一味地追求精细，写清楚画的地点，简要区分线型，等等。

8 月 15 日上午我在大殿和展厅里画手和持物，明显地感受到描绘平面壁画和立体塑像的差别。下午画了部分柱础，也简单画了佛像。

8 月 16 日上午画了无量殿的斗栱，内山门平立剖和大殿的驼峰。下午画了两个龟趺的头和大殿背立面。

8 月 17 日上午重画了 16 日画的龟趺，这次画得更全了，还画了大殿补间、柱头，转角铺作的仰视图、侧视图，下午去画了广胜寺塔。

8 月 18 日画了佛像衣饰，重画了内山门剖面和侧视图。

8 月 19 日补全了 18 日没画完的佛像，上午画了组群平面图、剖面图、大殿平面图，下午画了大殿门前剩下的两块匾，重画了内山门正立面图。

8 月 20 日重画另一个龟趺，并加上正视图和背立面图；重画柱础花纹，补画柱础位置图。

8月21日至24日，排版并绘制草图，去现场补测了一部分，21日晚上去听丁老师讲“华严的美术”讲座。在画图的过程中，我与来自重庆大学、华南理工大学的学长发现，从观察到在小本上落笔，再到用草图纸排图，最后到画出正图，是一个不断失去的过程，哈哈。我们不可能把看到的所有东西都画出来，排图是对小本内容的概括与选择，正图是对草图的修改，也会有所失去。在有了这种“觉悟”之后，我排的图还是有点离谱，仿佛就是小本上相似内容的一次缝合。锦文学姐告诉我，排图是有逻辑的，要用图纸间的位置、大小等相互关系来主动表达。

8月25日至27日，绘制正式图纸。虽然经历了一些困难，但我还是在大家的帮助下顺利完成了。最终的图面仍有进步空间，但相比较前几版草图，进步还是肉眼可见的。

8 月 28 日离开义县。

二、建筑与文物

从奉国寺售票处门前广场的台阶下来，笔直的步道尽头，就是内山门。内山门前有一对石狮子，呈雌雄对望状，内山门为清代建筑，体量比较小，设有佛教的三解脱门，中间为“空门”，左侧为“无相门”，右侧为“无作门”，内壁有仿古壁画，均为龙王礼佛图，尽管为现代补画，仍有一番趣味。

广胜寺塔为八角形实心密檐式塔，大致分为塔身、塔座和塔檐，每一个面都涉及水平划分的问题。轮廓有点向外弯的塔身让我印象极为深刻，我第一次画的时候画成直来直去的了。整个塔檐大概有十三层，每层塔檐之间有排列整齐的三面铜镜，部分脱落，每个檐角上都有垂脊；角椽上有砖雕套兽。塔檐下方挂着铃铛，但那天下午却没怎么听到声响。

七佛像前东西两侧各有一排石碑，倒坐观音东侧也有重修倒坐观音记碑。大殿西侧的亭子里也有两座碑。这些碑来自各个时代，也各有特色。大清国重修义州奉国寺碑的碑首是两条龙交错盘绕。但可能由于材质或者其他一些原因，碑首部分已经斑驳（和碑的其他部分相比），龟趺非常威武。重修义州奉国禅寺碑的碑首也是两条龙，碑首和碑身走势一致。这里的龟趺背部向下凹，更加朴实，更像龟趺。重修大佛寺碑可以看出原有碑文被铲去的痕迹。查找了一些资料发现，从碑的形制来看它极有可能是辽代创建的，这里的龟趺要比前两个更加浑厚朴实一些。义州东街重修奉国寺碑及人名碑位于大殿外的亭子里。这两座碑的南立面非常相似，北立面有所差别。二者装饰的花纹相同。其实，这些碑里最令我印象深刻的是宜州大奉国寺续装两洞贤圣题名记碑（金明昌碑），它是奉国寺现存最早的文字碑刻，但因为它的龟趺头缺了，我不能很容易地表达碑首两条龙的走势，于是最终把它从正式图纸里删去了。

在听了丁老师的课后，我们注意到所有的佛像的左手都不高于右手（东一佛两手交叉）。除东三佛外，所有佛像的左手都是放在腿上的，东三佛的左手虽较其他佛像略高，但仍落在足心上。佛像的腿被刻画成了一个规整的几何体。向下看，是七尊佛座。每个佛座自下而上可分为三个部分：下层是八边形底座，中间是束腰，上部是莲台。根据佛座形态的差异，可分为两类，这两类也恰好相间排列。

三、学习总结

来到义县，无论是大殿里无意间引导我们视线的塑像，还是“恰好”走势一致的碑首和碑身，更不用说“冲出去”的辽……这些都告诉我们“万事万物是相互联系、相互依存的”，千辛万苦背下来的《马克思主义基本原理概论》里的知识点在这里得到印证了，这可能也是学科之间的联系吧。

起初，我以为牌匾上的龙头是不对称的，仔细观察后才发现是对称的，只是因为有的龙头残缺了。老的牌匾比新的更有味道，所以正图里我画的是老的残缺的牌匾。其实在大殿门上挂着的和在展厅内放着的牌匾都是斜的，但二者斜的方向完全相反，于是就有了一种神奇的效果：在展厅里画的牌匾很扁。大殿前牌匾的倾斜角度正好与大多数人抬头向上看的视线相垂直，于是，我们看到的匾就处于一种“正立面”的状态，而展厅内牌匾距离人较近，牌匾的倾角又增加了这个误差，导致我们画出的牌匾很扁。很遗憾，在展厅画图，导致我在失去准确性的同时，也失去了一种“场景感”：从无量殿走出来，经过香炉、台阶、狮子，再一点点向前，直至进入殿内，视线与牌匾垂直的时候正好是我们观察牌匾的时刻，往前可能会注意到殿内佛像、牌匾，退后就可能会注意到斗栱，仅仅就是那小小的几步，视觉中心就会发生较大的变化。而匾的颜色在这里也很奇妙，大殿上方黄黄蓝蓝的匾配上红红的墙，就有一种把我吸引过去好好看看的魔力。

这时，我发现，我们在画图的时候，需要把所要描绘的事物放回到它所处的环境里，它们的尺度、颜色、角度等都有着千丝万缕的联系。

回到大殿，听到丁老师把大殿概括为“巨幕”，我也逐渐有了一些相似的感觉。七佛的莲座和其上被刻画成规整的几何体的腿都是控制线。胁侍的高度是在佛像的腿之下，但当我们以一种参拜者的角度向上看时，胁侍的高度超过了佛像的腿。这里，我直观地感受到“平行投影”和“透视显示”的区别，这种差异是需要将自己置身于内，将自身角色与塑像相联系，才能得到的。

还是那天，我准备画一系列的手，于是画完了大殿里的手之后，我来到了展厅，展厅里只有十八罗汉，没有大佛，没有参拜的人，没有松鼠。虽然当时我觉得这种环境非常有利于我去画手和手里拿的东西，因为壁画相当于绘制者给我们指明了一个立面，不像雕塑，需要我去寻找一个立面，寻找一个角度。但后来我发现，在昏暗的大殿与照明良好的展厅这两种截然不同的环境里看到的壁画的感觉是不同的。展厅里的十八罗汉几乎可以一览无余；而在环绕大殿的并不宽敞的走廊，和昏暗的光线下，看到残存的壁画犹如中国画的长卷，一边看一边卷，空间性的长卷立马有了时间性的效果，如果十八罗汉壁画仍在大殿中，可能也是这种感受吧（当然，保护性展示的优点我们还是需要考虑的，非常感谢工作人员做出的相关努力）。

对于立体的雕塑而言，我在大殿里的不同身份，所处的不同位置，或立，或蹲；上午下午，晴天雨天，不同时刻、天气的殿内光线；甚至殿内人流量都会影响我们对它们的感知。所以，珍惜现场画图的机会，佛像、烛台、香炉，甚至松鼠、参拜者，都有着无形的联系，这种联系，被工匠所察觉，加入建造中，让它们得以显现，“润物细无声”地被我们感知。

我画了许多龟趺，有大耳朵的，有小耳朵的，有长得威武的，也有挺可爱的。但从它们的雕刻时间来看，我们很容易发现，靠近辽代的雕刻得较为质朴，造型有些不成熟，而靠近清代的则非常成熟，耳朵、嘴边花纹、龟背花纹和爪子都很相似，有着一种符号化的特点。而重修后的释迦牟尼佛的手臂，可能也被现代的工匠当成了一种符号。曾有人写过，以前的工匠心中有佛，是按照心中佛的样子塑像，而现在的则是按照塑像去塑像。这种方式，导致了我们所看到的雕塑逐渐脱离了本身的模样，我也不能轻易地判断它到底是好还是不好。因为符号化便于我们去整理、去记录，能让我较为快速地发现它属于哪个时期，来自哪些地方。另一方面，被符号化了的花纹、耳朵、吻，经过我的描绘，也在我的脑子里留下了更深的印象，令人受益匪浅。

符号的生成，是飞禽走兽进入传说、再经人们想象、出现实体形象并不断完善的结果。不同的龟趺摆在大殿里，我们相互比较，是一种共时的联系；一代一代工匠传下来的各个龟趺之间仿佛也存在着进化论般的历时的联系。

这里仿佛是中国建筑史 1 和中国建筑史 2 课堂的延续。龟趺、佛像等一些符号化元素到处出现，似曾相识，而造成这种相似感的原因，就是飞禽走兽、人类本身、大殿、佛像、龟趺乃至时间、空间在千百年的不断演变中，依旧存在着千丝万缕的联系，正如 Photoshop 里置入链接的智能对象，无论如何放大缩小、复制粘贴，甚至更改了位置，只要它还是那个对象，只要源文件还在，向内，能找到原来的位置，向外，它和几个，儿百个甚至几千个素材一起，构成了新的图，新的作品。在听“华严的美术”讲座时，老师说“辽是冲出去的”，再联系奉国寺大殿没有明确区分每一间，甚至斗栱也是一样，这更加深了我的这种感觉 —— 它明明白白地把联系告诉了我们。这时，我有一种时间线收束的感觉。在义县，我完成了从似曾相识到寻找联系的一个蜕变。

我又想起不知道是谁说过的一句话：历史终究是一切人文科学的载体。它承载着，也联系着，将我们，将建筑，将万事万物联系起来，等待着我们在一个明媚的早晨，在昏暗的大殿里倏地一下发觉出来。

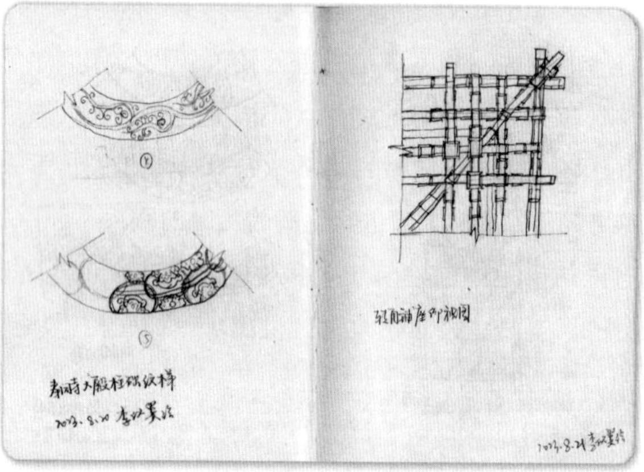

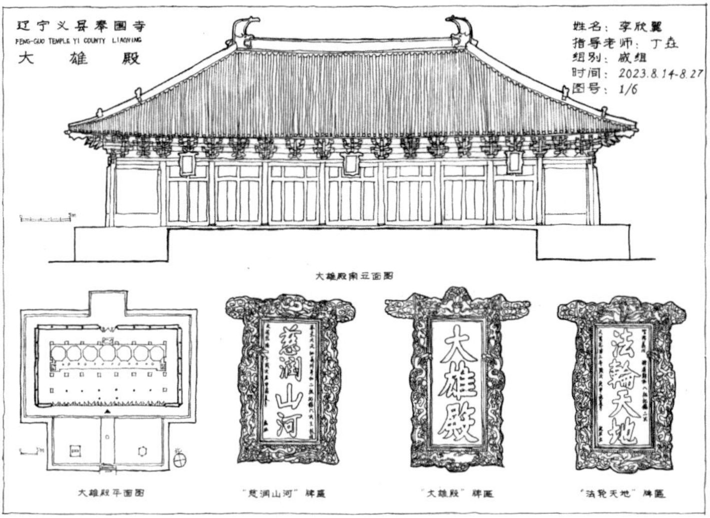
辽宁义县奉国寺
FENG-GUO TEMPLE YI COUNTY LIAONING
大雄殿
姓名：李欣翼
指导老师：丁垚
组别：威组
时间：2023.8.14-8.27
图号：1/6
大雄殿南立面图
大雄殿平面图
“慈润山河”牌匾
“大雄殿”牌匾
“法轮天地”牌匾

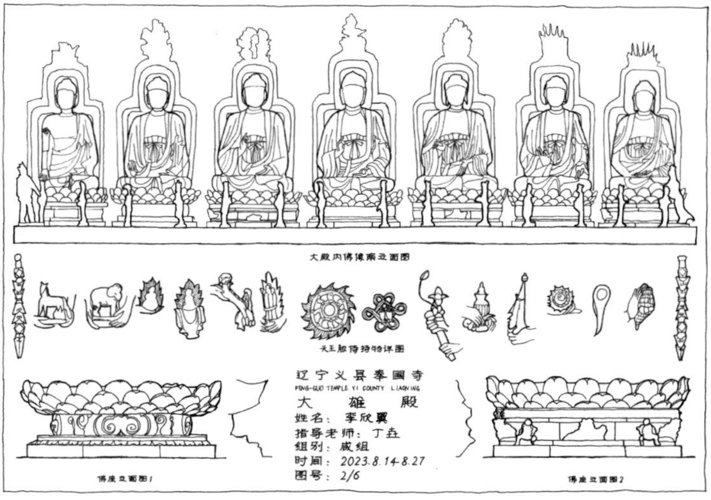
大殿内佛像南立面图
天王殿侍持物详图
辽宁义县奉国寺
FENG-GUO TEMPLE YI COUNTY LIAONING
大雄殿
姓名：李欣翼
指导老师：丁垚
组别：威组
时间：2023.8.14-8.27
图号：2/6
佛座立面图1
佛座立面图2

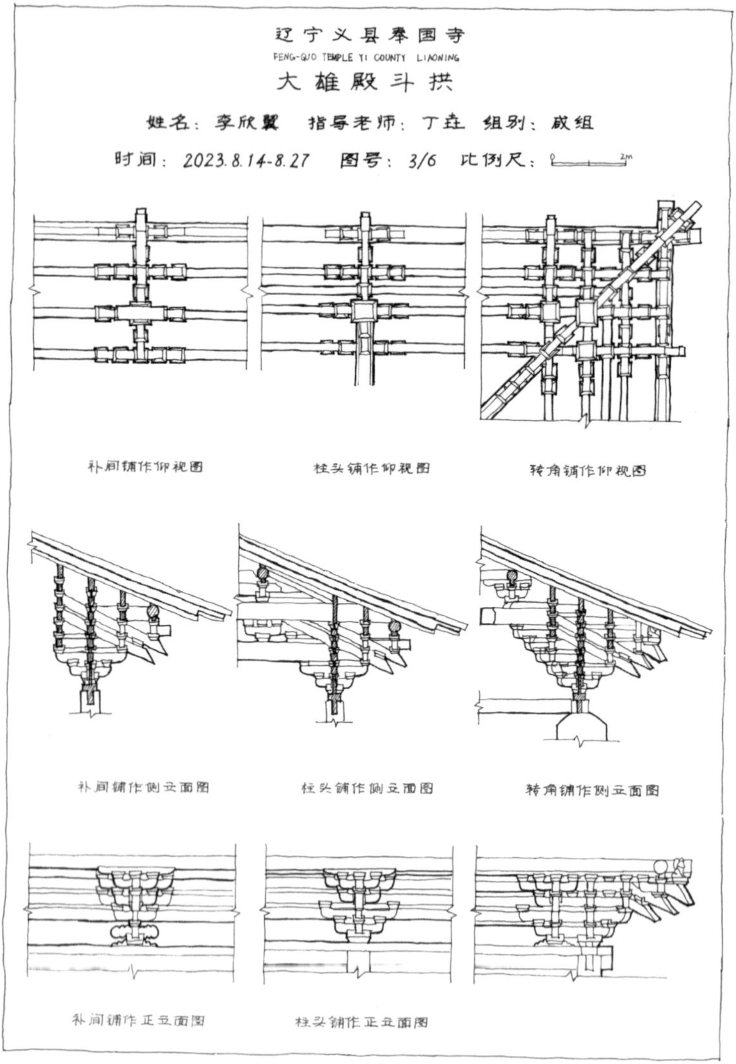

辽宁义县奉国寺
FENG-GUO TEMPLE YI COUNTY LIAONING
大雄殿斗拱
姓名：李欣翼 指导老师：丁垚 组别：戚组
时间：2023.8.14-8.27 图号：3/6 比例尺：
0
2m
补间铺作仰视图
柱头铺作仰视图
转角铺作仰视图
补间铺作侧立面图
柱头铺作侧立面图
转角铺作侧立面图
补间铺作正立面图
柱头铺作正立面图

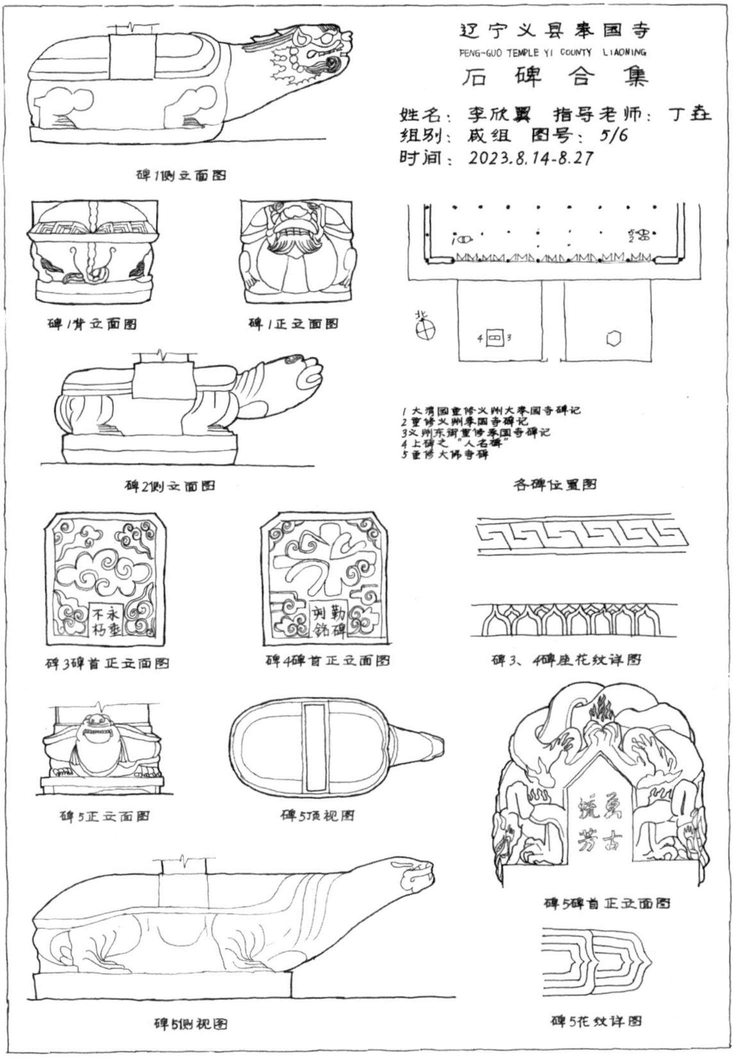
辽宁义县奉国寺
PENG-GUO TEMPLE YI COUNTY LIAONING
石碑合集
姓名：李欣翼 指导老师：丁垚
组别：碑组 图号：5/6
时间：2023.8.14-8.27
碑1侧立面图
碑1背立面图
碑1正立面图
碑2侧立面图
北
1 大清国重修义州大奉国寺碑记
2 重修义州奉国寺碑记
3义州东街重修奉国寺碑记
4 上碑之"人名碑"
5 重修大佛寺碑
各碑位置图
不 永
朽 垂
碑3碑首正立面图
碑4碑首正立面图
碑3、4碑座花纹详图
碑5正立面图
碑5顶视图
碑5碑首正立面图
碑5侧视图
碑5花纹详图

走出学校进行专业学习是一种考验和鼓励

李易璋

一、开始后遇到的和结束后留下的

现在想来，我的实习相较其他同学略长了一些，提前两天到达，意外地使此次测绘实习更加完整。代替其他同学进行了“测绘”中的“测”的工作，也算弥补了早到添的乱。

第一次走进奉国寺的上午，刚下过雨，寺里有些潮湿，但很安静，跟在队尾观察是实习的开始。第二天的工作是控制棱镜点位，站在奉国寺的几处边角，看着人来人往，我似乎对这围墙之内的空间有了一点了解。这两天其实没有做什么事，但就在那里，我感到头脑中只有眼前。

刚到义县的周末的那场雨后，每天的天气都不算坏。当不再是对着照片观看文物，也不像是现场课要以很快的速度去阅读平面时，初次面对“绘”的我甚至有一点惶恐。辨别我所看到的事物，然后勾勒出来，是最初几天常听的“所见即所得”。凸起与凹陷的远近层次的关系需要更明确的表达，而非简单堆叠线条。

第一周接近尾声时，我又去画了狮子，才刚刚明白线宽的重要性，粗线与细线使二维的图形立体且可读。这似乎也是老师常讲，学生常听的一句话，但我还是直到这个时候，才踏踏实实去做。

现场画图的一周很奇妙，没有刻意去回避那些平日打扰自己的事物，但能集中于眼前的事物不分心。这样的感觉伴随我走过奉国寺里的各个地方，石刻、木构、壁画，单纯将这次实习称作古建筑测绘已经不准确了，这里带给我的不止于建筑，而是一种风格的集合。

清晨的一场雨，开启了集中画图的一周。重新描摹图像的时候，思绪有时会跳动回现场。在现场没能准确记录的细节，仍有机会去补救。一笔一笔画，模仿着先生们的线条笔迹，每一步都是虔诚且意义非凡的。

这两周也以游客的身份在县城里居住、漫步，愈发感觉走出学校进行专业学习是一种考验和鼓励。想起在义县被所有人陪伴的走走停停，那两周是永永远远的两周，纠正了我一些不好的东西，又给了我面对以后的路的信心。

二、过程中见到的

石狮，限定的题材控制了变量，更清晰地展示出不同时代的风格。就形体与线条而言，最为简洁的是辽狮。随着时代变迁，石狮的体态发生变化，细部也日趋完善。石狮基座上的花纹与狮子风格相近。作为“门”的一部分，石狮成对出现，规定通路。以西院为例，两对石狮使人感觉到一条短轴线；而大殿内的石狮，与周围的柱相呼应，突出“正中”的感觉。

石雕的制作工艺是一种“减法”，一块石头在工匠手中被不断消减，成为最后的样子。这个结果是在雕刻工作开始前就被设计好、预知到的。

嵌合与贴合是一种“加法”，龟趺的背部设有凹陷，使得碑刻安稳存在；香炉兽脸贴合在炉身之上，而支撑用的香炉脚又从兽口吐出。或是灵动，或是沉稳，这是工匠对各处细节的把控。

在选项中不断抉择，即使还没有明确的答案，循环发问就已使得奉国寺建筑群得以成立。自山门而入，一条轴线被建筑无限放大，而轴线与建筑的先后关系，是难以言说的。相似的，九间大殿与七佛，也难分先后。

大殿是宏大的，从外看，它浑然一体；迈步其中，又如丁老师所说，它是“巨幕”。这样的建筑照顾着每一个走进它的人。面对它时，能提出的每个问题似乎都不成问题，因为答案就在那里，理所当然。但问题仍需我们来发现，只有这样才能理解它。

七佛的泥塑是奇妙的，光是它们经历的故事就足以令人瞠目结舌。七佛填充了“巨幕”，高大、庄严，俯视众生。而七佛一面，上下相仿，给人稳定的感受，塑像高度不断向两端缩减，强化“巨幕”的特征。手印的变幻，佛衣的细节，如同平静水面上的道道涟漪，和谐且亲切。很难想象，这样的圆满充斥了整个奉国寺。大殿上的三块牌匾早已换成了仿制品，而真品被珍存在东面的展览厅里，不是原位，但的确是最合适的位置，是轮回，但圆满。

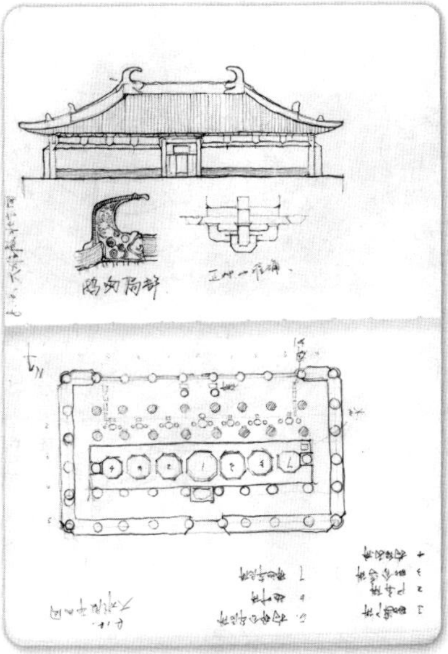

迦葉佛

迦葉佛西脇侍

天津大學2023古建築測繪實習

遼寧義縣 奉國寺 塑像

繪圖：李易璋 學號：3021206072

小組：奉組 指導老師：丁垚 日期：2023.8.28

迦葉佛須彌座雕飾

迦葉佛背光局部

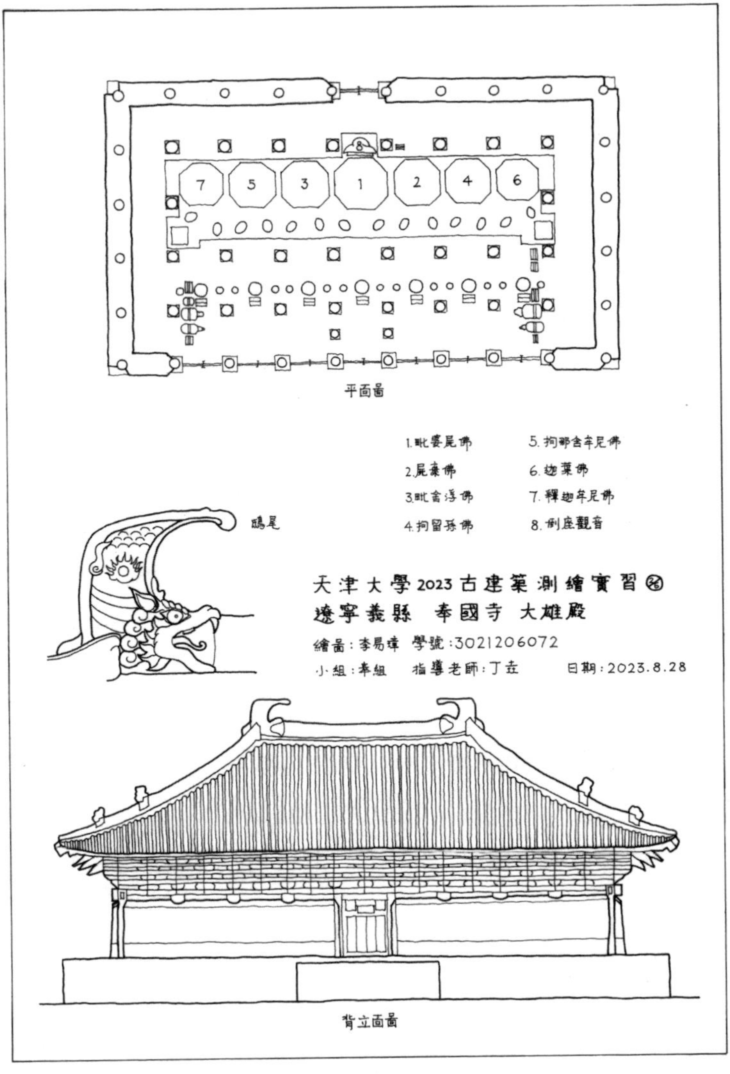
8
7
5
3
1
2
4
6
平面圖
1.毗婆屍佛
2.屍棄佛
3.毗舍浮佛
4.拘留孫佛
5.拘那含牟尼佛
6.迦葉佛
7.釋迦牟尼佛
8.倒座觀音
鴟尾
天津大學2023古建築測繪實習㉖
遼寧義縣 奉國寺 大雄殿
繪圖:李易瑋 學號:3021206072
小組:奉組 指導老師:丁垚 日期:2023.8.28
背立面圖

找回专业学习本应当有的状态

李之扬

一、开始（8月12日）

从天津到义县七个小时的卧铺车吊足了我的胃口，一个人的长途路上我不止一次地想：义县会是什么样？丁老师组的学习会是什么样？晚上到达之后，丁老师就组织了特别的仪式：赐予我们姓名，算是当作“皈依”的标志，从此以后我们就要斩断俗世的欲望，进入到纯洁的学习世界里。

醒来的第一天是周日，听到了隔壁教堂的礼拜圣歌的声音，真是神圣的开始。状态不是一开始就能进入的，初进奉国寺的时候，感到奉国寺的建筑并不是很多，也不是很大，很快就转完了一圈。丁老师见我们转得如此快，就让我们反复转、反复转。应当说，重复是一种万能的方法，在反反复复的过程中，我的脚步慢下来了，渐渐沦陷在巨大的辽构里。

二、大殿（8月13日至16日）

终于拿着小绿本进入大殿，看到学长学姐们拿着本子四处找到自己的目标并开始画图，我也想干些什么。但是要动笔的时候，却又自觉羞惭，感到自己画得太差，很是犹豫。这种心情在图面上也有反映，画的线很多，很不确定，自然也画得很慢，尤其是在画牌匾上的龙头的时候，我用了半个下午，一直满头大汗地画到了工作人员清场，最终也没有画很多东西。

纵然是有些遗憾，但本次实习取得的进步还是喜人的，最重要的是能够推着我去画起来，去做这些本应当一直去做但却并没有坚持做的工作，让我的专业学习回到了诚实、纯朴、勤劳的状态，实际上就是找回了专业学习本应当有的状态。

这种状态是在绘制柱础的时候找到的，由于大殿里光线昏暗，柱础大多又磨损严重，看不真切，于是既需要反复画草稿确定线条的走向，又要反复对照着相同花纹的柱础去拼凑画面。这样硬着头皮工作下去，不但最开始的抵触心理渐渐消除了，反而略有兴致：线条之间是怎么样搭接的？这个形状塑造的是什么样的事物？每次完成这样的小发现都让我特别有成就感，在完成了五种柱础并且找到它们的分布规律时，我由衷地感到兴奋，继而想要探索更多的东西。我想，这大概是进入了学习的良性循环状态。

丁老师的讲评令人印象深刻——尤其是绘制驼峰后的点评，大抵是由于那次反复画了若干驼峰，重复的疗效再次应验。驼峰的形状并不复杂，甚至很简单，就是用几段弧线构成了轮廓，但这又是最关键的。我们的图纸被丁老师反复点评为不够准确，对于简单线条的弯曲的微妙把控一再被强调。看似简单的形体，却需要高度认真、深刻理解以及反复练就的功力。

三、塔（8月17日）

塔的问题在学校里讲过很多，但是现场学习却是课堂学习所替代不了的。尤其是感受丁老师说的发光体的效果，这一点在我们从旅舍一点点接近塔的时候显得尤为突出。从大街钻进胡同，甩掉遮挡视线的楼房，进入老城的区域。原本的设计效果就展现给我们了。广胜寺塔高高地立在地平线上，不论低头在胡同里怎么样地转悠，抬头总能看到塔在那里。这对于像我们这样的外乡人是很友好的，即便扔掉手机导航也能很容易找到目的地。

在塔院里时，好像更能体验塔的高，画图的时候感受最为深刻。实际上很多感受都是由于画图而产生或者加深的。起先想要绘制整个塔，但是我发觉在塔院里画塔是非常难的事情，这个距离上形成的畸变是极为严重的。因而在院中选择绘制塔上的浮雕。

在离开广胜寺塔回去的路上，偶然发现一条胡同直接通向广胜寺塔，塔身基本显露，于是在远处画了畸变稍小些的广胜寺塔。

四、狮子与山门（8月18日至20日）

有一次中午吃饭时，学姐问我最喜欢画什么。我答奉国寺里面的小动物们。的确，这些小动物的造型都非常可爱生动，但是在画的过程中，却又是有些不可爱的。因为要把立体造型转换为平面图形，是相当考验我的能力的。我努力地画平面的狮子，但并没有成功，还被学姐指出了问题。这着实是个有趣的现象：画三维透视只用一点的观察，而画二维立面却要用环绕多处的比对观察。在狮子身上我还学习到了区分线型的重要性，我发现把外边线勾勒加粗，一张图的感觉一下子就出来了。

学姐提醒我们背图的弊病，然而对于我这样的初级学生来说，弊病似乎不大。反复画确实可以越画越熟练，尤其是立面图，各种比例我基本上都能背出来了，笔头的线条也更清晰了，但远不至于让我停止更正图纸和进步。

五、隔离绘图（8月21日至27日）

刚入住分配房间的时候，丁老师问我“符合隔离标准吧”，我起初以为是句玩笑话，但是随着在义县的学习不断深入，隔离的感觉却越来越深了。最终在绘制成图的时候，这样的感受达到了顶峰。

我在旅舍大堂集中绘图，身后就是面向大街但并不能打开的玻璃门，总有些人试图从此进入，但他们总会被阻挡在外面。一道玻璃门把我们分隔在了两个世界。而到了晚上画完图要走出去的时候，义县城却又把外面的世界关闭了：旅舍外总是黑沉沉的寂静一片，铺户关门、人们休息得都很早。

就这样在多方努力下，为我们安静的、专心的、纯粹的学习营造了一个结界，屏蔽掉了大多数的干扰。

绘图时要先画草图，和设计课类似。例如绘制碑首大样图的时候，首先勾勒出碑首的轮廓，就好像是确定了建筑体块。然后蒙上一层草图纸，做略微的调整后，确定大的结构线：头、四肢、躯干，就好像是建筑暂时定下了结构。后面就要添加上鳞、须、爪等，就像是建筑要考虑到具体的功能、要深化细节。到这一步就会发现细部在先前的轮廓里放不下或是空了，就要返回去改结构线（大多是由于透视产生的畸变），这像极了做设计课时为了功能而重做结构的样子。

学长学姐强调了排版的重要性，尤其是李桃学姐提醒我题目和文字大小位置也要仔细推敲，图面上的任何元素都会影响观看效果。

六、结束（8月28日）

说来巧也不算很巧，交图的这一天也是周日，早晨醒来伴着隔壁教堂的圣歌，有始有终，神圣的开始对应了神圣的结束，在义县的测绘实习也走到了尾声。离开的火车在转天的下午，于是第二天又去奉国寺和大凌河畔走了一番，算是临行前的留念。又一次空手进入奉国寺，我感到奉国寺很大，很丰富，到处都很有意思，也还有很多地方我没有仔细看。于是想拿出手机留影记录一下，发现整整一周的时间竟然没留下一张奉国寺的照片，令人惊诧！

摆脱手机对人的控制是长期以来学生们需要克服的难题，但是在义县，这样的难题似乎被“自然”地改善了，这不得不感谢为我们创造这样可遇不可求的环境的所有人和事物，感谢你们所有的奉献、所有的爱心、所有的善意、所有的努力、所有的帮助……

在现场的日子是珍贵的，义县实习 15 天，令人怀念。

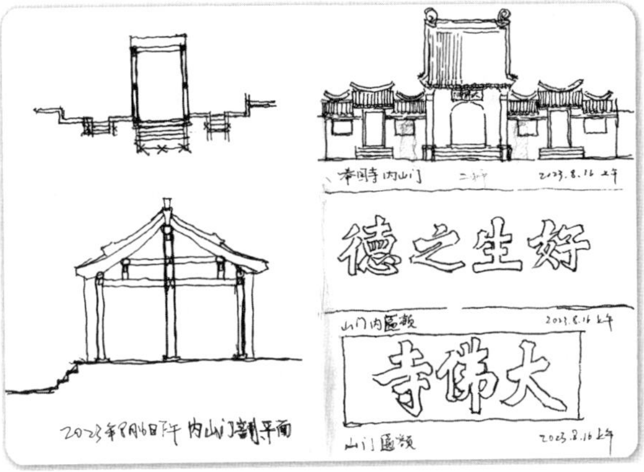

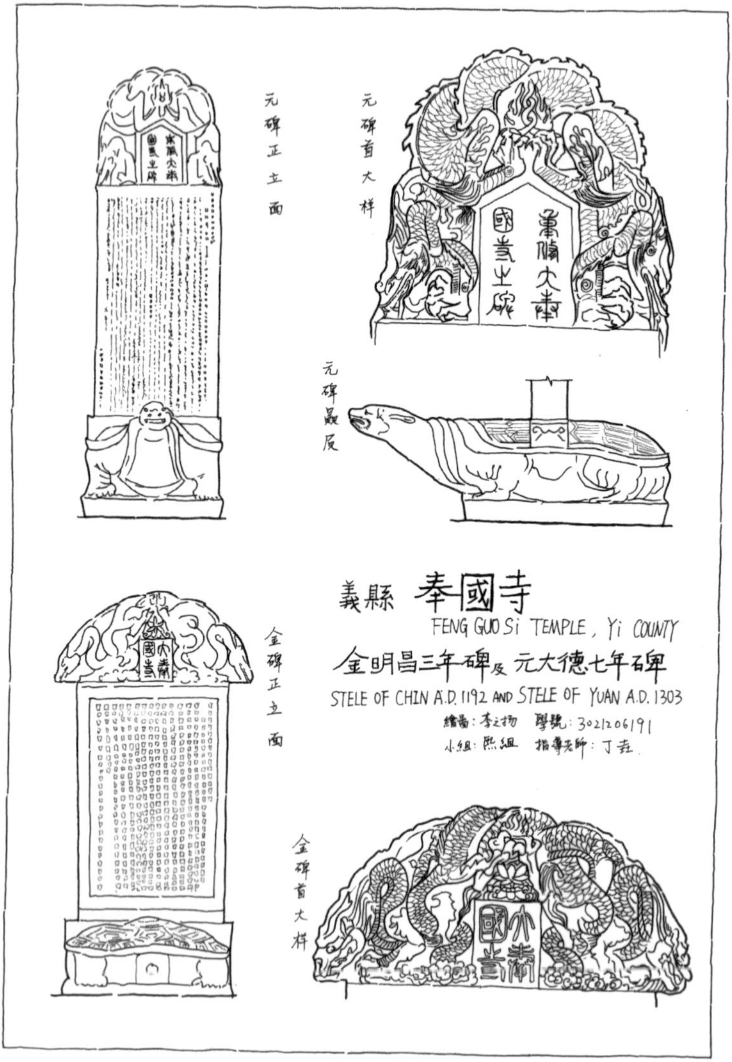

元碑正立面
元碑首大样
元碑赑屃
義縣 奉國寺
FENG GUO Si TEMPLE, Yi COUNTY
金明昌三年碑及元大德七年碑
STELE OF CHIN A.D. 1192 AND STELE OF YUAN A.D. 1303
繪圖：李之扬 學號：3021206191
小組：熙組 指導老師：丁垚
金碑正立面
金碑首大样

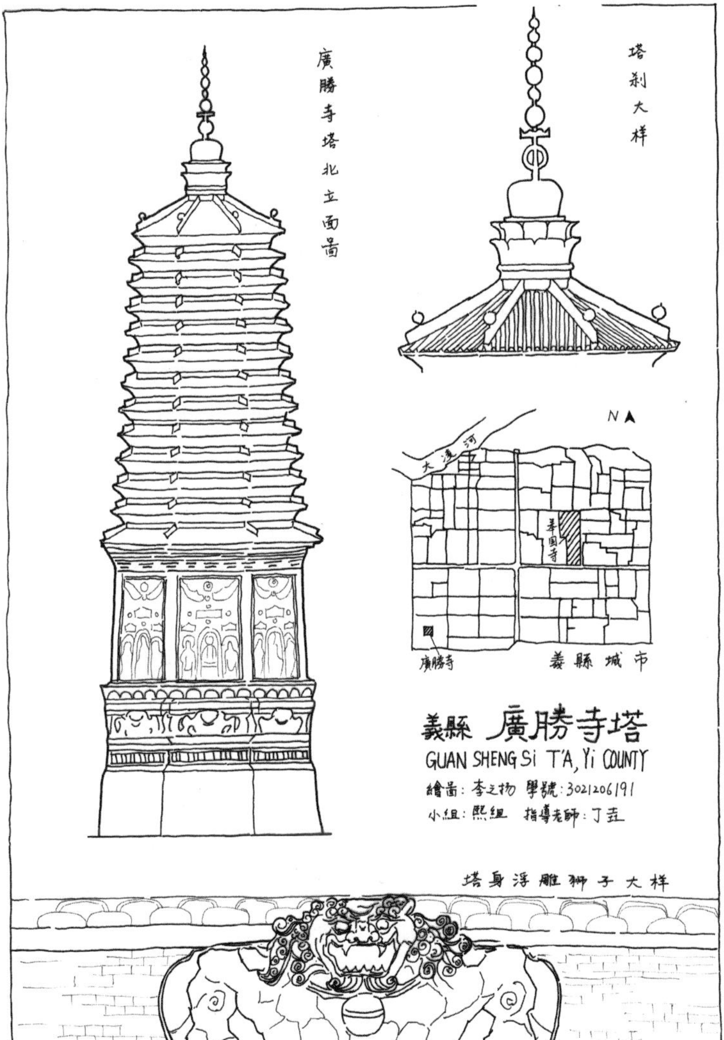
廣勝寺塔北立面圖
塔刹大样
N
大遼河
奉国寺
廣勝寺
義縣城市
義縣 廣勝寺塔
GUAN SHENG Si T'A, Yi COUNTY
繪圖：李之杨 學號：3021206191
小組：熙組 指導老師：丁垚
塔身浮雕狮子大样

愿永远铭记的虚幻

梁芷清

写这篇后记时，我已坐在家中的书桌前，但眼前仍浮现出义县的种种，仿佛我仍置身于其中，一打开门就是院子，一踏出院子就是一条挖开的路。启程时觉得半月很久，回程时觉得还是太短了，短到仍未尽兴，也仍未疲倦于县城的生活。

8 月 13 日，艳阳高照，我与同学在锦州南站会合后打车前往义县。午饭在一家清真餐馆解决，名叫“楼上楼”，菜品丰富，口味极佳，令我念念不忘。饭后两点半首次踏入奉国寺。在外面看，奉国寺和我曾去过的其他许多古建筑群一样，山门、外墙，以及一个小广场，完美融入城市的熙熙攘攘。但当踏过外山门，内山门、无量殿和大殿形成一道笔直的轴线，它们依次抬高，看上去既深邃，又像是平面的。这道轴线的存在，让分明很广阔的整个奉国寺的气，仿佛都聚到了中央，冲击着我的脑海，轰然巨响。

在老师的安排下，我先前往国宝馆画牌匾，在小绿本上留下了属于我的第一道印记。国宝馆中有三块牌匾，原均挂在大殿前。三块牌匾宽与高的比例大体为1 ∶ 2，各有差别，其中“大雄殿”牌最为瘦长，比例介于1 ∶ 2.5到1 ∶ 2之间，“法轮天地”牌次之，“慈润山河”牌是相对不瘦长的，但整体仍修长。“大雄殿”牌的高和“法轮天地”牌一样，“法轮天地”牌的宽与“慈润山河”牌相同。三块牌的两侧牌带均有两条飞龙，蜿蜒舒展，脚踏祥云；上下牌带各一条盘龙，蜷曲盘绕，龙爪张开。每块牌匾上下共六条龙，仅“大雄殿”牌匾上方一龙首尚在，其怒目圆睁，正视下方，由此便可想象另两块牌的龙首大抵也是如此一般俯视众人。

次日，艳阳高照，上午绘制西宫门口与大殿前的石狮。西宫门前角石石狮已经光滑得几乎只能看出脊柱弯曲的趋势，头已不在，但通过爪和臀尾可以判断出它的朝向。它们身体外扭，略微上昂，头朝向门外，大抵是略扭向中间，可能是高高昂起，也可能只是平视着看向无尽的远方。西宫门口左右的石狮和大殿月台踏步两侧的石狮都还比较完好，发须、神态清晰可见，脖子上佩戴铃铛，后背趴一只小兽。下午绘大殿内两狮，它们也已只见轮廓。后几日还听讲解员邀请游客伸手抚摸，心中悲痛万分。

第三日，上午绘制十八罗汉壁画，并仔细研究了每位罗汉的手持法器。罗汉姿态、样貌、神情各有不同，但都线条流畅、笔触细腻，眼皮、人中、下巴流畅细致，连手上的皮肤褶皱都清晰可见。我最喜欢的是北五壁画中罗汉的手持物，该罗汉右手持一龙首杖，龙目瞪大，龙须扬起，龙口张开，发须飘舞，杖身木制，修长却带有自然生长的弯曲，截下枝杈留下的树眼清晰可见。左手握一只鼠，拇指捏于脑后，鼠首微昂，鼠口微张，臀部翘起几欲挣脱，鼠尾慌乱扬起。其落笔之精细，细节之生动，动感之真实，令人久久不能忘怀。

下午于大殿内绘制了各胁侍持物，后被告知皆为近代改塑，倍感失落，不欲再提。还绘制了大殿内七尊大佛，横跨小绿本同一面的两页纸。从所站处看去，莲座高度为头顶高度的1/3，膝盖高度为背光高度的1/3，为肩膀高度的1/2，整个佛像宽高比约为1 ： 2。这样定位并绘制七尊佛像后，再以屋顶的构造为基准比较相对高度，发现整幅七尊佛像中间高两端低，后来得知这是一个动态的过程。中间的佛像最大、最高，向两边依次变窄、变矮，手也渐渐放下，从“有为”渐渐“无为”，呈现出一种“巨幕”的动态效果。每尊佛像前面的两胁侍不及膝高，姿态不同却相互对称，达成平衡，最两边的天王作为一种边界的暗示，控制了“巨幕”的范围，使全景广，却又不至于无穷无尽，使人麻木。

8月16日上午绘制了莲座狮子塑像，并精细刻画了佛手，却被前来交流的老师评价为“圆润于实际”，感叹观看角度对体量感知有极大影响。还绘制了斗栱驼峰，发现左右两翼并不对称，后被证实，倍感开心。下午绘制了无量殿的横剖面和东立面，还通过柱子估测了无量殿的平面图。我发现地面上有许多黑色小洞，打洞的蜜蜂盘旋飞舞，甚是担忧，后来还见到小洞中冒出土来，实在新奇。临走前绘制了大殿的北立面，细致观察各部分的相对位置，得到了助教的肯定，很受鼓舞。但我发现我画出来的立面比例比测绘图扁很多，于是对透视变形产生了更浓厚的兴趣。晚间，听丁老师讲述了营造学社的绘图经历，我对莫宗江先生的图印象深刻——笔触粗细得当，绘制精准，还能体现出材质的变化。

8 月 17 日，上午出发前，助教布置绘图任务——大殿柱头铺作、补间铺作和转角铺作的平立剖面图。初觉九张小图而已，绘制时发现自己的想法大错特错。大殿实在太高，斗栱也只好仰视，于是乎立面图完全不能看到什么画什么，而是要来回跑动着比对，找前后关系和高度对位，第一张柱头铺作的立面画了一个小时以上。此过程尽管劳累、不得安宁，我还是终于看懂了斗栱，大致理解了木头之间的搭接关系。其间，工作人员还给我塞了一个上供的桃子，午饭后洗净吃了，很酸，但一想到是供果，也吃得很开心。

下午前往广胜寺塔，弯弯绕绕的道路使得塔似乎隐于小城之中，实际却像灯塔一样伫立，在远处也清晰可见。凑近看，塔身雕刻细致，宛如一座高大、肌理分明的雕塑，又像一层层八面挂毯拼接起来的高大展台。塔建于单层房子高的平台之上，仅有一小院子，带一小庙，供三尊佛像。绘图前在丁老师指导下绕塔七周。贴着塔身走，身高仅砖垒底座的一半，很有安全感，远处皆是一片一片的屋顶，广胜寺塔就像飘在屋顶之中；贴着院墙围栏走，可见塔身雕刻，黑白有致，更像一座高大的雕塑艺术品。按照身高估算，整个广胜寺塔高在 15 米以上，砖砌却不感沉重，应当是因为砖砌纹理和雕刻所形成的黑白图像细腻精巧，构成了小的尺度，与塔大的尺度相互作用，既表现出塔的高大，又打破了大尺度的体量感。后来丁老师讲了塔每层的内容和关系，令我感触很深 —— 那是一种连贯的设计逻辑达成的整体空间的统一。

印象最深的是塔身狮子和佛像之间的关系。塔身壁面宽高比大约为 2 ∶ 3，一尊佛坐于正中龛内，身姿半隐，狮顶莲座，两侧菩萨站姿自然。三尊造像头顶华盖，夹杂着错落的光点。天空正中一尊太阳，两侧飞天踏云，向中间聚来。佛像下面是狮子，居于每面正中，面目狰狞，双腿蓄力，头探出塔身上下两条控制线形成的“牢笼”，似已挣脱。转角处是力士，身体圆实，镇住石狮。再纵观塔所展现的整个场景，佛祖于空中讲经，层层叠叠，首先看到伎乐，悠扬乐声飘扬万里，人畜皆闻，此时只可见佛光万丈，却不见佛祖真容；再往里，小桥流水，花香扑鼻；将要行至中央，骤听一声兽吼，巨狮昂头，被两侧力士紧紧勒住，心中畏惧；忽见巨狮身后层层莲花绽放，佛祖高坐，空中金光闪耀，金光中飞天划过，空中飘扬着诵经声。这样的场景朝八方无差别地扩散着，让我久久站在塔前。

8 月 18 日下午，雨，激动地前往奉国寺。此时寺内宁静，人影稀少，殿宇静坐，松柏簌簌作响，心中万分享受，欢欣鼓舞。绘制了大殿的平面图和奉国寺的总平面图，由于只能用脚步一点点估测，于是乎当天下午走了一万多步。

后来几天在食堂内画图，每次饭点将至都香气扑鼻，颇为难挨，但听重庆大学的学长学姐开玩笑说这就是丁老师所讲的“熏习”，又觉得很有意思，后来还旁听了许多次后厨师傅们的聊天，谈放香菜、谈采购，增加了许多乐趣。

最后一天晚上，众人再次齐聚院内，学长学姐分享了许多深刻的东西，不大理解，唯独对一位学姐所言印象深刻，大致意思为：柱础上雕刻的花纹是花朵和枝蔓，就像佛祖坐在正中，天上撒下无数花瓣，堆积于地上，这样许许多多像柱础一样的细节构成了整个奉国寺的佛教空间，是很高妙的做法。还记得奉国寺的建造者是一位“INFP”，因为他通过奉国寺表达出了一种理想的极度利他主义。

在整个测绘期间，我可以清晰地感受到自己的进步，线形的流畅是最明显的，更多的是观察的速度和习惯。最初往往是复制式的“摹写”，见到什么画什么，逐渐地我才意识到每条线之间的关系，从而发掘物体从整体到细部的形态，最终得出形式风格的认知，下一次便可快速准确地抓住每部分的关系。所以说，绘图的过程其实是一个强迫观察的学习过程，逐渐学会观察的方法，养成观察的习惯。

最后我还想谈谈沉浸式测绘。在我看来，测绘是和周围一切紧紧融为一体，不可分割，回想时一定不只有测绘的记忆，还会包含很多周遭情境，比如东边教堂西边庙，满大街的清真菜馆；比如吃供果，跳广场舞；比如食堂的西瓜和土豆炖一切。沉浸式测绘是一个生活感性与研究理性交织的过程。

在回家的动车上，我写下：见过奉国寺的阴晴云雨，见过广胜寺塔的夕阳；品过大殿的高梁和巨佛，品过阳光和黑暗，在炎阳里躲到木构营造里乘凉；见过县城的阳光和阳光里的县城；晚霞中她拍我；七天十四张图（算上了草图）；N 人组随机加入广场舞，偶遇老师助教，丁老师扶额离开现场，脊背发凉的 S 人记录了这一切；吃过供果，变成寺里的松鼠，甚至还被工作人员投喂了桃子；盛极辽时，感谢构建这一切虚幻的……“经鉴定，奉国寺建筑师是‘INFP’”！

希望这一切能够此生铭记！

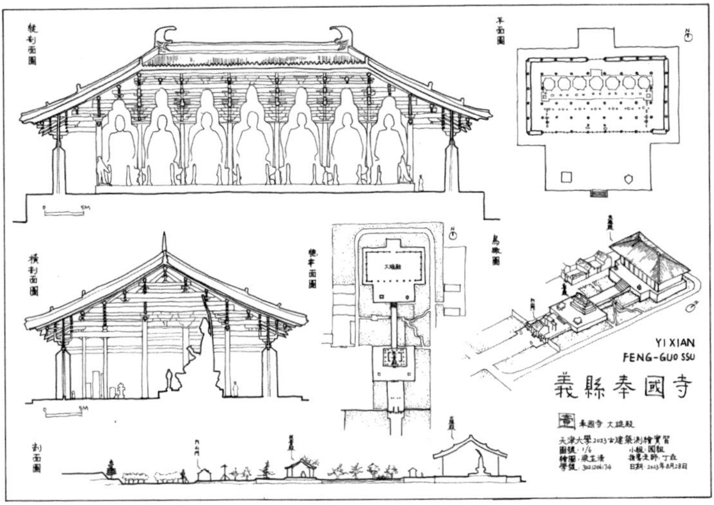

縱剖面圖
平面圖
橫剖面圖
總平面圖
鳥瞰圖
剖面圖
YI XIAN
FENG-GUO SSU
義縣奉國寺
壹 奉國寺 大雄殿
天津大學2023古建築測繪實習
圖號：1/6 小組：園組
繪圖：梁玉清 指導老師：丁垚
學號：3021206174 日期：2023年8月28日

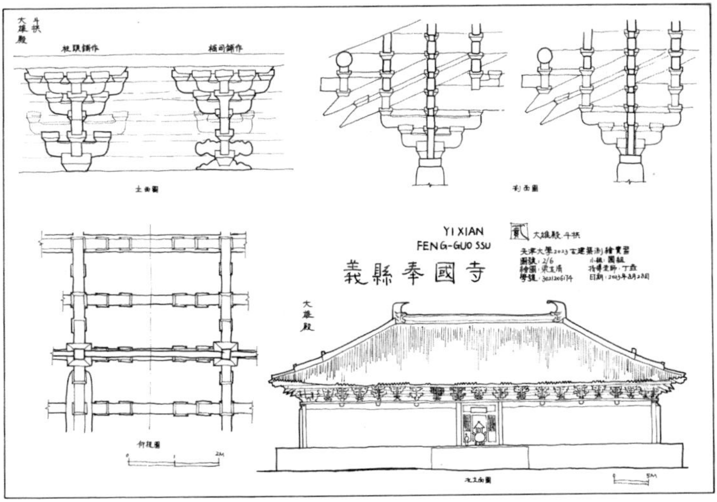

大雄殿 斗拱
柱頭鋪作
補間鋪作
立面圖
剖面圖
仰視圖
YI XIAN
FENG-GUO SSU
義縣奉國寺
貳 大雄殿 斗拱
天津大學2023古建築測繪實習
圖號：2/6 小組：園組
繪圖：梁玉清 指導老師：丁垚
學號：3021206174 日期：2023年8月28日
大雄殿
北立面圖

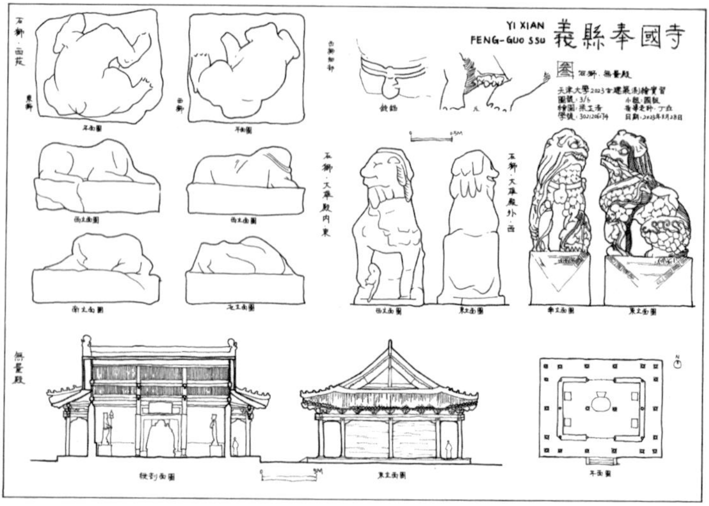
YI XIAN
FENG-GUO SSU
義縣奉國寺
天津大學2023古建築測繪實習
圖號：3/6
無量殿

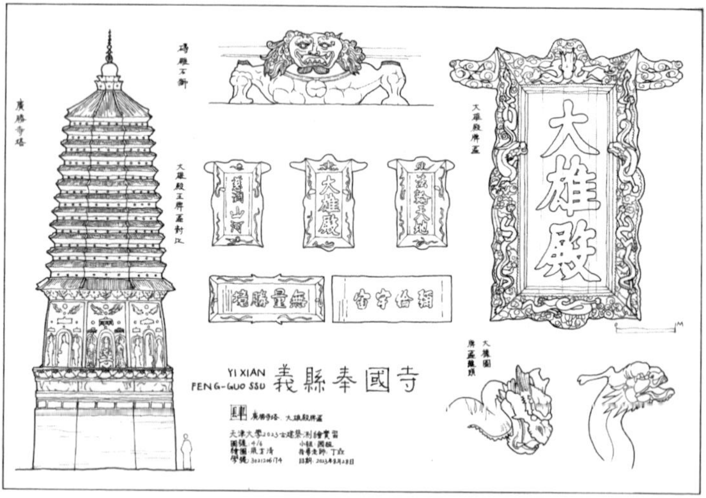
廣勝寺塔
大雄殿
YI XIAN
FENG-GUO SSU
義縣奉國寺
天津大學2023古建築測繪實習
圖號：4/6

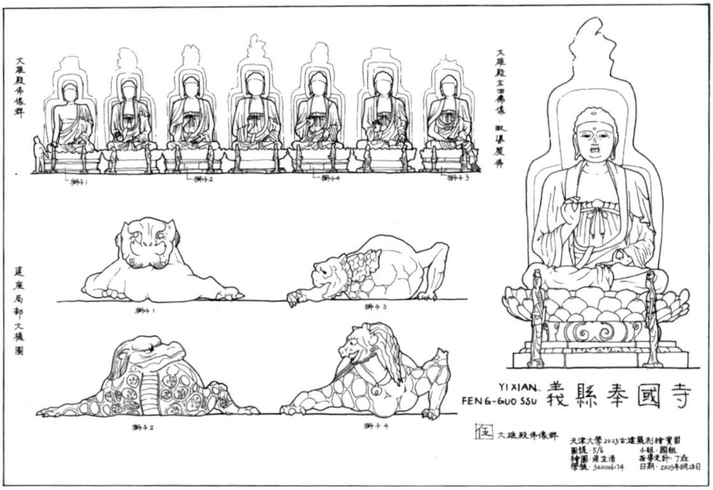
大雄殿佛像群
大雄殿左四佛像 毗婆尸佛
獅子1
獅子2
獅子4
獅子3
建座局部大樣圖
YI XIAN
FENG-GUO SSU
義縣奉國寺
伍 大雄殿佛像群
天津大學2023古建築測繪實習
圖號：5/6
小組：國組
指導老師：丁垚
日期：2023年8月28日

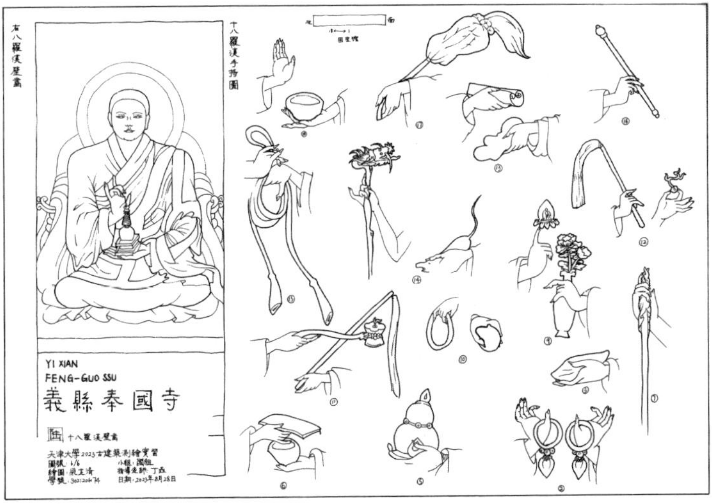
十八羅漢壁畫
十八羅漢手勢圖
YI XIAN
FENG-GUO SSU
義縣奉國寺
陸 十八羅漢壁畫
天津大學2023古建築測繪實習
圖號：6/6
小組：國組
指導老師：丁垚
日期：2023年8月28日

美是什么

马　昊

来义县实习，除了锻炼测绘技能之外，我最想探究的是古建筑为什么能够给人“美”的感受。对于近乎哲学的提问“美是什么”，或许很难指望在一次为期十四天的测绘中得到答案，但要说一无所获也有所偏颇。

一、初至义县

8 月 10 日上午七点整，我从厦门家中出发，先乘飞机到沈阳，在沈阳滞留两天后，再乘火车到锦州，从锦州再转义县，于 8 月 13 日晚间快七点时到达了义县。义县刚刚下过雨，透过车窗能看到一些县城的生活片段：妇女在广场上聚集；小摊贩推出餐车；商铺点亮灯光。此时日光渐弱，雨云散去，居民的夜间生活正在一点点启动，或者说“雨后的复苏”。

我几乎是最后一个到达义县的同学，这很令我意外，因为 8 月 14 日才正式开始测绘，没想到大伙都提前来了，也许当中有些我不知道的规则。丁老师把小绿本和“狗牌”交给我时，对我的评价为“很沉得住气”，哈哈，我不知道这是褒奖、揶揄还是玩笑。丁老师的话常常令我感到费解，无论是在课堂上或者生活中，很多内容常常要在之后的某个时间点才突然反应过来：哦，原来当时是那个意思。这也为我提供了一种创造的空间，很“拉康”的一种模式，在语言的迷宫当中去猜测含义，模糊本身就逼迫着你思考。当天晚间并无什么特别的活动，我们在院子里开了场小会：讲了些注意事项，自我介绍，调侃，大笑，等等，之后就回房休息。

二、石狮子

8 月 14 日我被分配画了一天的石狮子，让人始料未及。我当日的绘图状态呈现为一条抛物线，因为一方面逐渐熟悉用笔，另一方面则是身心逐渐疲倦。于是最好的状态理所当然地出现在了上午画倒数几个石狮子和下午画第一个石狮子时。不过当时我似乎对自己的绘图技巧和图面效果不甚满意，渐而演变成某种惭愧，毕竟我挂着团队发的“狗牌”，总觉得自己的工作应当显得专业一些。当天我在小绿本的背面写下：“What are you here for……Are you here for……”内容来自歌词，也是对自己的疑问。

三、手势的联想

8 月 15 日上午我在展厅画罗汉和牌匾，下午才正式进入大殿画塑像。最初引起我注意的就是佛的手势。区别于力士的姿态，其实七佛的手势都很相似，具体点说，七佛的手无论怎么放，总是在腹前胸前，西方基督教的神像也是如此；

而力士（类似的还有天王），则可能会把一只手放在天上，一只手放在腹部下方。我认为通过这些类似的手势，或许能够找到一些人类共同的、较少受意识形态建构的观念。双手之间的距离似乎彰显着某种情绪和张力，佛陀胸前的手象征平和与庄重；天王的手则象征力量与威严。

四、广胜寺与大凌河

8 月 17 日下午我们去了广胜寺塔，其实我很早就在来的路上看到了。即便到了现在，义县的房子也大多不高，一座辽塔还是十分显眼的。这座辽塔实际上是经过了重修的，修之前塔已经风化成了几乎是抛物线的形状，长满了杂草。

比较反直觉的是，辽塔虽然有着八个看似同等的面向，但其实并非每个狮子面向均垂直于塔的表面，而是指向了南北两个方向。

8 月 17 日晚间，我和李之扬同学决定在义县城内稍微走一走。李之扬有很明确的目标，他想上义县城楼去看一看，于是往北走，我也跟着。等我们登上城楼，向北望见大凌河湿地公园和游船码头时，又当即决定过去。于是我们在大凌河边等待着天光一点一点黯淡下来，看着装着煤炭的火车一趟一趟地从桥上经过：一节、两节、三节……一共是 23 节。我打开手机，外放着某些电影台词。我们在湖边待了大概两个小时，最后驱赶我们回到旅舍的是身上突然出现的若干个蚊子包和饥饿的肚皮，尽管我们已经吃过了晚饭。

五、奉国寺夜游

8 月 22 日晚间我正在食堂绘图，李易璋同学发来消息，说是奉国寺当日晚间开放，有类似于“灯光秀”之类的活动。

来到奉国寺，许多橙黄色的射灯照在大殿、无量殿、内外山门，营造出一种“诡异”的庄严感。天空极度黑暗与虚无，建筑本身却被光线更加强调出来了，其整体的轮廓、每一个细节，都近乎强迫性地要求着你的注视。我甚至觉得大殿在“欲求”于我，可等我真正注视它，看见的却是恐怖与庄严。也许正是这种“欲求”和庄重之间的张力，使得整个奉国寺产生了一种奇妙的紧张气氛。

大殿前长长的甬道，似乎有着某种神圣感。我认为这种神圣感不是来自佛像或者寺院的宗教性质，而是直接来自时间和空间，必须是某个夜晚，你处在寺院的某个位置上，寺院的布局和结构与你的内心产生了某种“冲撞”，才能感受到。

六、后记

在从义县回厦门的路上，我看到自己在火车车窗上的倒影，发现旅行者总是怀着清楚的自我意识，自然地与周围一切事物拉开距离，于是他从所感知到的世界当中分离出了自我。在自我审视当中，陷入了对于自我的审美。

这个思路似乎暗示着“美是什么”的答案。尽管我们能对各种绘画、雕塑、建筑进行构图、色彩、光线方面的分析，知道奉国寺大殿如何通过柱子的排列和塑像的摆放来提供“全景”的视角，也知道清代和元代石碑为什么能够给人不同的感受，但始终很难将“为什么是‘我’觉得美”的答案找出来。“美”的感受和构图、色彩等因素之间应当还有一个更为一般化的中介，比如我在此篇文章最后猜想的答案：是对于自我的回溯性的理解。

通过这些被精心制作的造像与空间，我们构建起心中“神明”的概念，也认识到自己并非神明，意味着承认了自我的存在。正是这种对于自我存在的确认，使我们感到舒适，这就是我所猜想的审美的缘由。

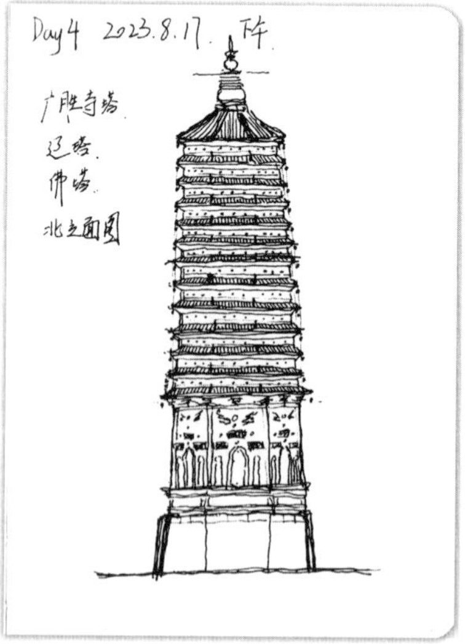

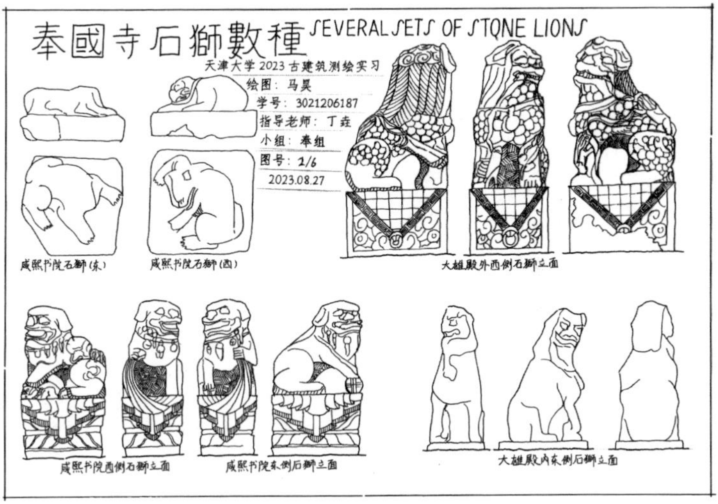
奉國寺石獅數種 SEVERAL SETS OF STONE LIONS
天津大学 2023 古建筑测绘实习
绘图：马昊
学号：3021206187
指导老师：丁垚
小组：奉组
图号：1/6
2023.08.27
咸熙书院石獅（东）
咸熙书院石獅（西）
大雄殿外西側石獅立面
咸熙书院西側石獅立面
咸熙书院东側石獅立面
大雄殿内东側石獅立面

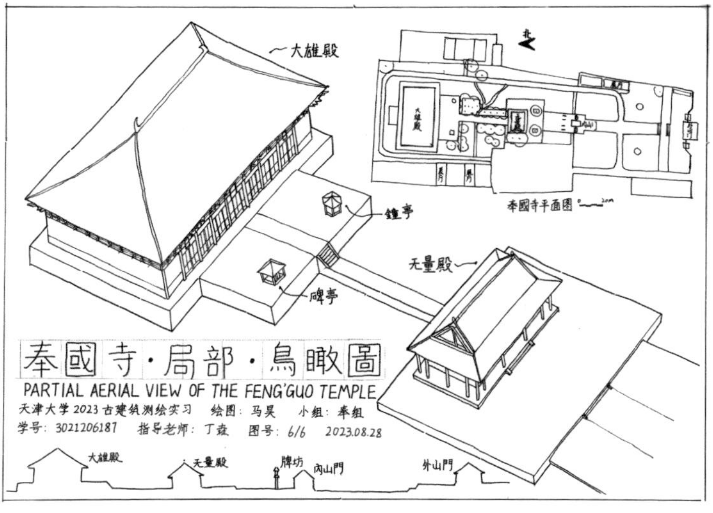
大雄殿
鐘亭
碑亭
无量殿
奉國寺平面图
奉國寺·局部·鳥瞰圖
PARTIAL AERIAL VIEW OF THE FENG'GUO TEMPLE
天津大学 2023 古建筑测绘实习 绘图：马昊 小组：奉组
学号：3021206187 指导老师：丁垚 图号：6/6 2023.08.28
大雄殿
无量殿
牌坊
内山門
外山門

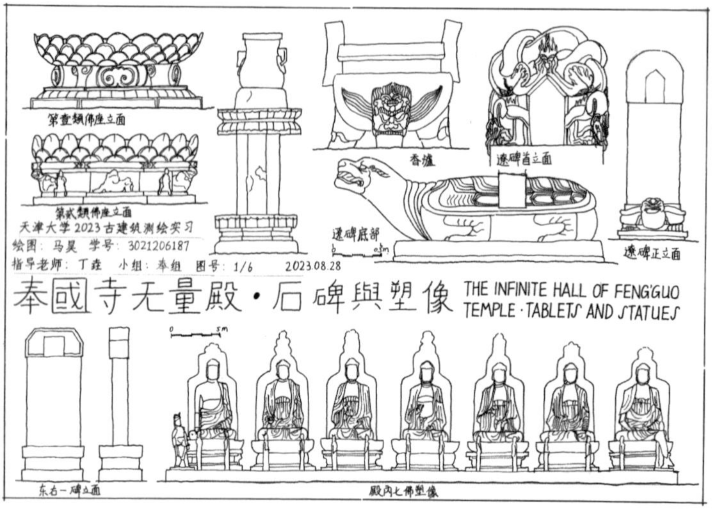
第壹類佛座立面
第贰類佛座立面
天津大学2023古建筑测绘实习
绘图：马昊 学号：3021206187
指导老师：丁垚 小组：奉组 图号：1/6 2023.08.28
奉國寺无量殿·后碑與塑像
THE INFINITE HALL OF FENG'GUO TEMPLE·TABLETS AND STATUES
香爐
遼碑首立面
遼碑底部
遼碑正立面
东右一碑立面
殿内七佛塑像

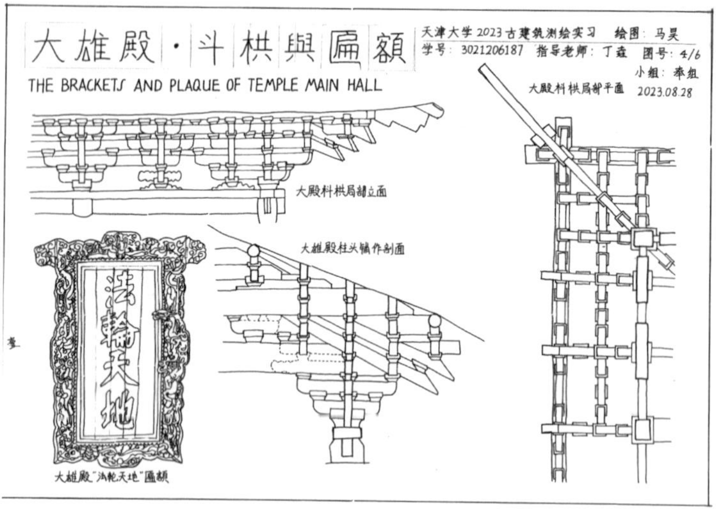
大雄殿·斗栱與匾額
THE BRACKETS AND PLAQUE OF TEMPLE MAIN HALL
天津大学2023古建筑测绘实习 绘图：马昊
学号：3021206187 指导老师：丁垚 图号：4/6
小组：奉组
大殿枓栱局部平面 2023.08.28
大殿枓栱局部立面
大雄殿柱头铺作剖面
法輪天地
大雄殿"法輪天地"匾額

首先得细致观察

潘欣然

一、实习小记

8 月 13 日，晴。乘高铁于中午抵达，初到锦州，识人不清搭乘黑车，略有延误。安顿好后，同好友初次游览奉国寺，对其总体布局有了初步概念。后沿大路游览义县，遥望夕阳下的广胜寺。傍晚时分于旅舍二楼领取记录本，随后于旅舍庭院结识其他同行伙伴，相谈甚欢，对本次实习的大致内容略有了解。因旅舍隔音效果甚差，一夜未眠。

8 月 14 日，晴。上午九时入寺，画西院南北经幢，初次尝试，不得要领，所画之物歪歪扭扭，反复涂改多次后才呈现出正常比例相貌，完成南北经幢后，遂于展馆欣赏清代画家大作，赏奉国寺复原大观。下午入寺，画大殿毗舍浮佛前香炉正立面图、透视图及花纹大样图，略得要领。回旅舍后，对一天所画内容稍作整理。尚未适应旅舍环境，辗转反侧至天明。

8 月 15 日，晴。上午进入展馆画十八罗汉北四罗汉及手持法器，十八罗汉姿态各不相同，衣服花纹也各有特色，或坐弄流泉，或屏息趺坐，或降虎逗犬，或论经问禅，或听风观月，或站，或坐，或半蹲。其手中法器各不相同，有荷花、火炬、白塔、串珠、佛像、钵盆、绳索等，有些因年久失修已辨认不出。绘制“法轮天地”牌匾。比较乾隆“义州城工碑”和万历重修义州奉国禅寺碑的优缺点。

下午于大殿绘制塑像群，听丁老师讲解奉国寺的空间结构与整体布局。并于大殿门口拍摄合照，离开前拜了毗婆尸佛。夜晚酣然入睡。

8 月 16 日，小雨。上午入寺画各佛像前胁侍的手持法器，画毕于大殿外转一圈，选了一组最合适的位置观察并绘制大殿驼峰。下午绘制天王殿南立面图与其平面图，绘图过程中，无意观察到些许小蜂从地里飞出，发现了小蜂的地下巢穴。临近傍晚，于大殿北侧院子绘制大殿北立面图。

8 月 17 日，晴。上午入园观察奉国寺斗栱结构，并绘制奉国寺大殿柱头铺作、补间铺作与转角铺作的平立剖面图，对古建筑结构有了一定的认识与了解。下午前往广胜寺，绕塔三周，绘制广胜寺塔立面图与其花纹大样，观察八个面的石狮子的目光方向，听丁老师讲解此塔的每层花纹。

8 月 18 日，雨。上午绘制无量殿隔扇门花纹大样，大殿牌匾立面图，后因下雨于寺中绘制大殿平面图及毗婆尸佛立面图。下午绘制奉国寺景区总平面及其鸟瞰图。

8 月 20 日，晴。该日为寺内绘图最后一天，因此所画内容多为前些日需补测内容，包含“慈润山河”牌匾立面图、释迦牟尼立面图、大殿横剖面图、韦陀立面图。

8 月 21 日至 25 日，于旅舍餐厅画图并整理。

二、奉国寺

站在大殿门口附近，能完全看到七尊大佛。人视点看到的佛像几乎为平行的，且胁侍的高度看上去比大佛的腿高，而实际上为了满足人视点最佳的观赏效果，七佛高度各不相同，总体趋势是从低到高再到低，最高处与最低处相差 40 厘米，胁侍菩萨的高度低于佛像腿的高度。各佛像左手的高度相对一致，然而佛像右手的高度与佛像的高度一样，从东到西由低到高再到低，除此之外，佛像的面目表情、端坐姿态基本一致，位置对称，整体轮廓线一致，实现了大画面的和谐。与佛光寺大殿相比，奉国寺大殿的视觉深度不及佛光寺大殿，然而视觉宽度要广得多，画面和谐又震撼。

三、实习感悟

15 天的实习，以画为主，首先得细致观察，如果我是一个游客，肯定不会注意到奉国寺大殿斗栱的三种铺作是什么样的，也不会注意到乾隆义州城工碑与万历重修义州奉国禅寺碑的比例是否合适，更不会注意到十八罗汉椅子上的披帛的花纹是否一致，佛前香炉小兽有几颗牙。现在我看到的东西是一样的，但留下的记忆却不一样。作为一名建筑学专业的学生，则更需要注重建筑的整体布局、空间形态，以及细部花纹、雀替的形态，隔扇门的花纹，梁柱上画的彩绘之类的，通过这些才能理解并还原出千年前设计者的思想。

总而言之这些日子收获颇丰，在绘画方面、人际交往方面、小组合作方面、对古建筑的理解方面都有了较大提升。希望来年可以继续参与测绘实习，后会有期。

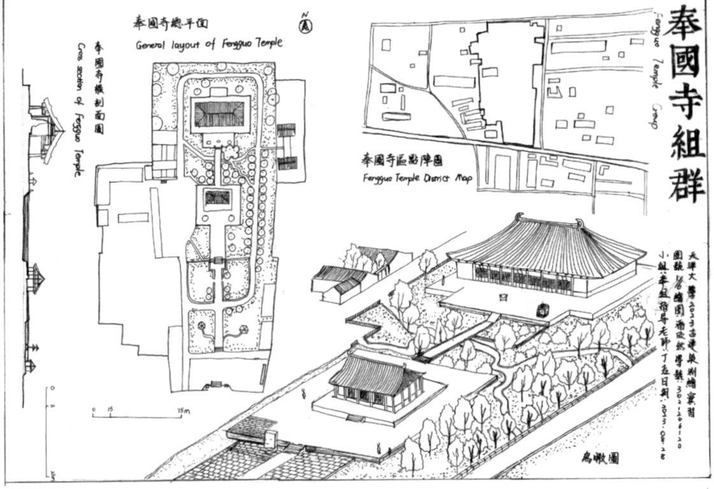
奉國寺組群
Fengguo Temple Group
奉國寺總平面
General layout of Fengguo Temple
奉國寺橫剖面圖
Cross section of Fengguo Temple
奉國寺區劃陣圖
Fengguo Temple District Map
鳥瞰圖
天津大學2023古建築測繪實習

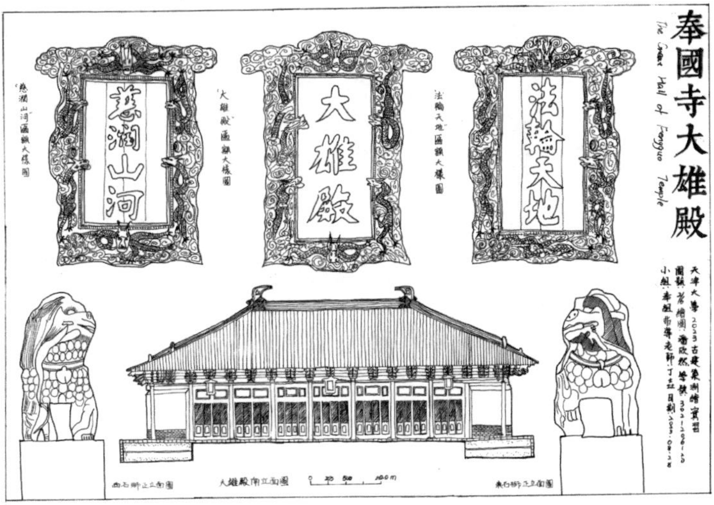
奉國寺大雄殿
The Great Hall of Fengguo Temple
慈潤山河
大雄殿
法輪天地
天津大學2023古建築測繪實習
大雄殿南立面圖

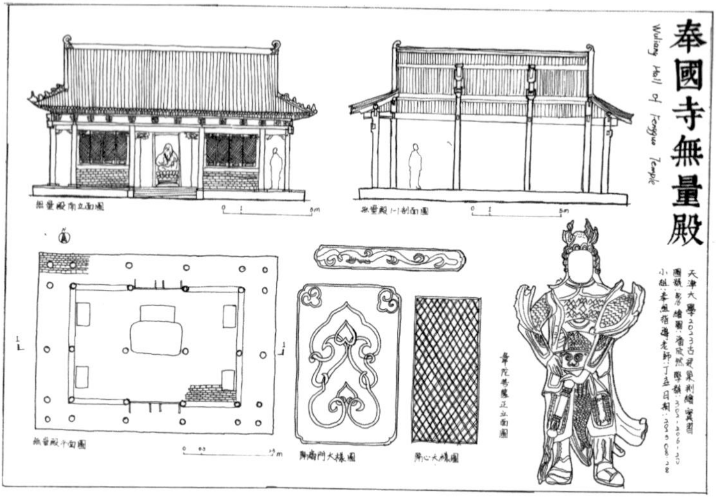

奉國寺無量殿
Wuliang Hall of Fengguo Temple

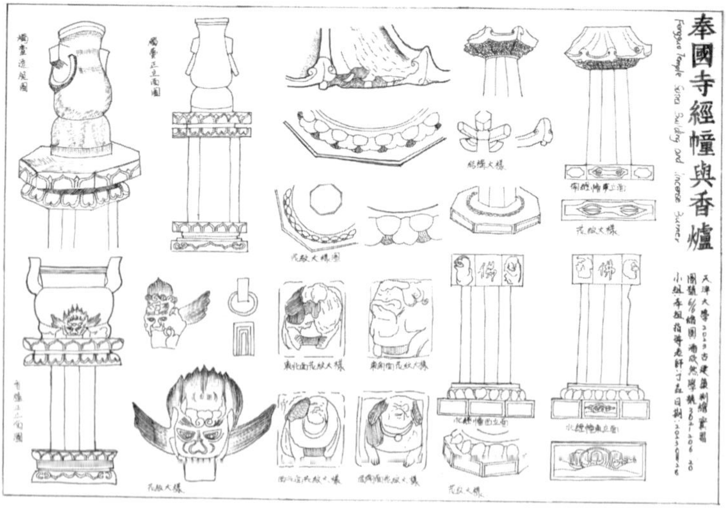

奉國寺經幢與香爐
Fengguo Temple Sutra Building and Incense Burner

宇宙来自平衡，人类的庙宇来自回声

吴佳忆

一、当下

此刻是 9 月 4 日的晚上，离开义县正好一周。梦里列车，镜中虚像，半个月的测绘经历像走马灯在眼前闪过。质感是粗粝的，感悟是私密的。前辈们对于奉国寺的研究及著述颇丰，无数次朝圣般造访，是谓高山仰止。尤其在阅读了丁老师参与编撰的《义县奉国寺》及梁思成、林徽因、莫宗江先生的著作后，我更强烈地感受到自己作为建筑学初学者在测绘中能做的和所想的都浅薄至极，而窥得奉国寺精妙设计的奥秘的路还很长。

二、归来

8 月 28 日晚上回到天津，我去看了一场 IMAX 电影：特写镜头中的人脸被放大数倍，情绪也被成倍地扩展；广阔的远景传达出孤独感，因为和现实人眼所见的尺度相似，几乎能以假乱真。回忆起丁老师恰如其分的比喻 —— 殿内无形画框的高度和宽度，七尊佛像巨大的面部，清晰的表情和被放大的手势和姿态……一切便可以解释得通了。千年前的设计师建造出一个巨幕般的容器，是对佛教义理抽象概念的具象呈现，前来瞻仰的人在跪拜结束的时刻抬起头，正好看见佛祖垂眉，一切确实是有“佛光”照耀的。

三、到达

初到义县是一个夜里。从重庆令人喘不过气的、拥错交织的市井里启程，坐火车穿过巫山，经过巴东，一路北上，途经襄阳、鹤壁。身居车厢一隅，窗外所见也从西南乡土一重重数不清的山、大雾弥漫里蜿蜒的绿色，到像打开了广角镜头一般，逐渐辽阔起来。“苍茫”，我觉得用这个词形容北方的土地是很合适的。下火车时是傍晚，从车厢逼仄的一格空间探出头，那种被骤然从一个极小的盒子里放逐至一片原野上的感觉是很直接、强烈的。铺天盖地的云霞给一切人和建筑上了一层恍恍惚惚的浮光，偶有飞鸟的掠影，而后黑暗则是从大地四角涨起来的。从南到北，从逼仄到辽阔，从城市到原野，从烦冗到简单，从混乱到秩序，我的心里悠然升起一个念头：这列车大约有让时间倒流的效果。

出租车停在咸熙旅舍，位置在胡同口，以这里或以奉国寺为圆心，方圆几十里内都是阒静的，它们于夜色里安稳地端详着访客的到来。拖着行李在门廊徘徊，心中尚且无措，而当丁老师等前辈像泰山一样岿然出现在眼前时，一种无端的疑虑被打消。自此，奉国寺测绘的旅程便开始了。

四、入寺

有一句流传很广的话：“Architecture is frozen music（建筑是凝固的音乐）。”我不以为然。建筑应该是动态的音乐，它虽然静止地存在，等待着被阅读，但当人们去阅读的时候，建筑从来没有静止过。据考究，一千年前奉国寺曾以更大的规模存在，其边界最远能达到大凌河岸，抑或更远，以致渗透到宜州的各个角落，而今天仍在原位的只剩一个大殿了。从道路的肌理，鳞次栉比的矮房子中，依然可以隐约感受到一千年前宜州城内奉国寺的情状。因此，或许当踏足义县的时候，我们就已经开始阅读奉国寺了，这样说来，入寺的节点应当前移到入县。

走进寺内，设计者的引导很好捕捉——人眼最容易注意到的是，最大、最扁、最像长方形的大殿的轮廓罩住无量殿的轮廓，更接近正方形的无量殿的轮廓罩住内山门的轮廓，而山门则变成竖起来的长方形。这一组形象像俄罗斯套娃一样存在着，紧紧地捆绑在一起。层层递进的建筑空间，暗示着层层递进的主次关系。这样的安排，不仅示人以空间递进的观念，更有时间推移的感受，毕竟时间性是由空间性造就的。身临其境走进一层套一层的建筑中时，人的心情像坐过山车时一样，有着欲罢不能的期待和肾上腺素飙升的感觉。感受是有起伏的，丰富而深刻的。

当世间万物都在不可避免地进行着熵增，不可救药地走向无序的时候，人类天生就想找到甚至创造一种韵律或是秩序。这种秩序让人着迷，仿佛时间不存在，或者更换了度量方式，不再以分、小时、周、月、年做分割，而获得了新的更辽阔的坐标，以千年起计。在此坐标中，个人的想法变得渺小，但以另一种载体接近永恒。

五、殿外

在寺内，经过无量殿，穿过森森的松柏径，就能看到墨绿针叶掩映下的荔枝红的墙，鸽子灰的瓦，正中心开门一扇，门上竖着长方形的“大雄殿”牌匾，金边蓝底，门里黑洞洞的，似有什么特殊的吸引力邀请观看者入内。

走上阶梯，眼前不再有树枝等遮挡物，大殿的全貌得以展现，高大规模和细部结构的对比能轻而易举地让观看者产生敬畏之情。在远处感受到的或许是庄严，走到跟前时则需要抬头才能看到完整的大殿。人和细部的“小”与建筑整体的“大”形成极其强烈的对比，此刻观看者对于整个宏大建筑的想象也得以补全和印证。

当然，走进屋子之前，一定会被檐下的斗栱留住脚步。密集的斗栱又加强了檐下空间与檐上空间的对比，形成一条强烈的明暗交界线，其细部消隐在阴翳里，只留下大的结构和线型。斗栱的形态和排列，常常呈现出一种对宇宙秩序和平衡哲学的追求，从下往上看，好像一个个力士用双手托举住更高一层的重量，像叠罗汉一般，却重心均质，处于一个平衡态，层层叠叠，依序递增，稳稳地托举住了大殿屋顶乃至屋顶上方的天空。它们支撑着建筑的重量，也暗示着人类与自然、天地之间的关系，欲说还休。

六、殿内

七佛是最被强调的重要元素，但不可忽视的是，这个空间同时还集结了其他各种艺术元素，十四尊胁侍菩萨、力士、倒坐观音、壁画、石碑和香炉烛台等，这群艺术元素彼此难以分割，共同构成了一个完整且具有建筑性的大殿。故观看大佛时，注意力虽在大佛上，看到的却不只是大佛。七佛的面容相似，仿佛正象征了大千世界中某种亘古不变的东西，他们各自涅槃，最后都走向同一个结局，即一种逐渐接近永恒的境界。

手是观看者目光聚焦次数最多的地方，各佛像的区别也在于其双手摆出的姿势，仿佛七双手都有不同性格一般。大佛喜怒不形于色，手却会说话，透露着哲学意味，使七佛性格各异，偶然间产生一种动势，似动未动，好像下一步要起身，又或许并不会做出任何动作。

相比之下，陪伴在侧的胁侍神态更加自然，尺度和比例更平易近人，匀称的体态和秀美的服饰，都具有凡尘俗世难以摆脱的质量感，同样是肉躯的我们在胁侍身上能找到更多对照，同时也可以说他们相较于大佛少了神性，平添了烟火气息。两侧的天王像序章和尾声，开启并收束了一字排开的造像，同时也调和了胁侍和佛像之间的差异性，让整个画面变得完整、圆满。

没有人不会好奇这样的佛像是如何被建造出来的。无论是否考究深入，显而易见的一点是，七佛的设计必是经过苦心孤诣考量的结果。人们说没有信仰的人无法造出真正的神佛，其实说的是造像的过程是对宗教洞见的外化。首先佛像的尺寸和位置是极为重要的，不仅表达了大乘佛教教义，还要确保与大殿在比例和尺度上产生一种无争议的平衡、绝对的稳定性与视觉吸引力。这样精确的设计使大殿成为宗教、哲学和建筑层面相统一的和谐空间。

七、光线

光线在氛围的营造中发挥着至关重要的作用。晴好的时候，在早晨，柔和的自然光营造出一种宁静、平和的氛围。光的存在感不强，但由于室内光照有限，明暗对比就相当分明。光在无意中照亮一些面，也凿刻出一些暗部，使亮的更亮，暗的更暗，观众在这样的光线下能感受到内心的宁静与平和。

而在傍晚时分，橙黄的光给一切能触及的事物上了同一层暖调。如果在这个时候跪拜，人连同殿里被照耀到的塑像、石碑、祭台，甚至是空气中飘浮的微尘，都在一个调子里存在着，恍惚间便好像融为一体了，其余的一切则安静地存在于同一种暗处的神秘里。“在一体”产生一种情感奉献，身在其中的人好似把自己庄重地交付给神明，这种情感奉献的产生源于设计者对光的深刻感知并有意利用。至于雨天、雪天的氛围，想来一定更加不同。

八、哲学

如果说奉国寺的物质实体来自一种控制下的平衡，来自殿内的石像和斗栱等细节，那么整个奉国寺作为精神信仰的存在，则来自其深远的回声。这样一种平衡和回声的关系不仅承载着佛教哲学，也传达着中国古典文化和建筑智慧。奉国寺的回声超越了建筑的物质形态，渗透至义县或是宜州的文化和社会生活，影响着周边地区的宗教信仰和文化传承。寺本身的存在，也来自设计者对宇宙控制下普遍存在的平衡态的理解所产生的回声。《金刚经》中有一句最为人熟识的话："过去心不可得，现在心不可得，未来心不可得。"通俗而言，佛学中认为时间空间都可以是不存在的，关键在于心念的转变。所以看见的是什么，感觉是什么，事实便是什么。如果放到建筑的语境下的话，它提醒的或许是，建筑不仅是物质的堆砌，更是文化、历史和哲学的表达。透过塑像、斗栱、彩绘等隐约感知到的一些普遍存在的规律、相互呼应的表达和反复述说的真理，或许便是宗教层面上强调的永恒的秩序与平衡。过去我们认为玉有六德，以玉比君子，有人说，玉就是一块石头，有什么德性？但是中国人就能从上面看出德性来。想来是一样的道理。

九、离去

对奉国寺的阅读就这样重复进行了七天，画得不算多，总结也写得不正式，但每天却都有新发现，小到碑刻上被磨去的名字，不同底座上莲瓣的排列方式，大到小组件与大构造之间比例上的相似之处，不胜枚举。最后一次入寺时则关闭了大脑和眼睛，作为一个无神论者向七佛及倒坐观音各拜了几拜，默念着，七日的端详多有冒犯，今后的生活还请照拂。最后，在和小伙伴们仔细数了数各兽面有几颗牙齿后，离开了自始至终保持沉默的大殿。离开义县的时候是一个下午，还记得在六点左右，夕阳的余晖照常穿过院门的罅隙，很正当地躺在院子里，照常被不知道哪位奇才设计的停车线稳稳地接住。就像在每一个晴天的傍晚，夕阳斜斜地照耀到大殿内的佛脚上，流金满屋，一时失语。

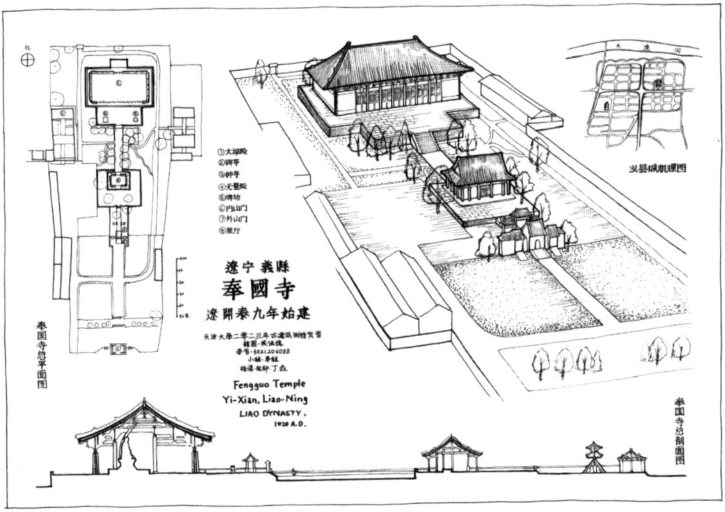
①大雄殿
②碑亭
③钟亭
④无量殿
⑤牌坊
⑥内山门
⑦外山门
⑧展厅
遼宁 義縣
奉國寺
遼開泰九年始建
Fengguo Temple
Yi-Xian, Liao-Ning
LIAO DYNASTY,
1020 A.D.
奉国寺总平面图
义县城肌理图
奉国寺总剖面图

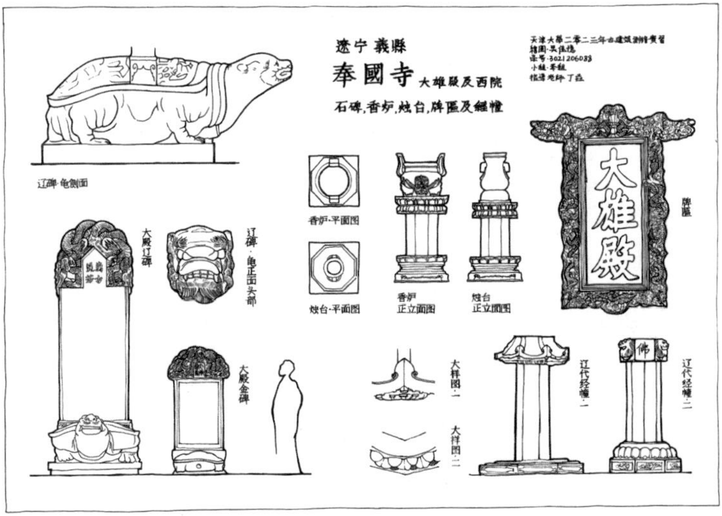
遼宁 義縣
奉國寺 大雄殿及西院
石碑,香炉,烛台,牌匾及經幢
辽碑·龟侧面
香炉·平面图
烛台·平面图
香炉
正立面图
烛台
正立面图
大雄殿
牌匾
大殿辽碑
辽碑·龟正面头部
大殿金碑
大样图一
大样图二
辽代经幢一
辽代经幢二
佛

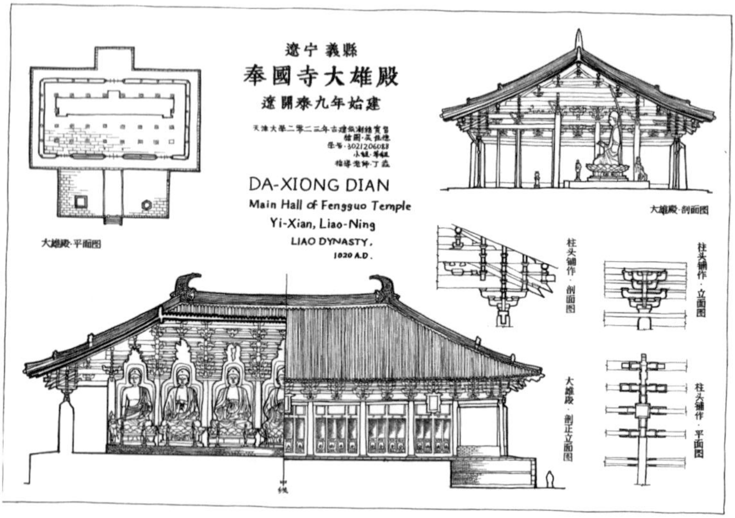
遼宁 義縣
奉國寺大雄殿
遼開泰九年始建
DA-XIONG DIAN
Main Hall of Fengguo Temple
Yi-Xian, Liao-Ning
LIAO DYNASTY,
1020 A.D.
大雄殿·平面图
大雄殿·剖面图
柱头铺作·剖面图
柱头铺作·立面图
大雄殿·剖正立面图
柱头铺作·平面图
中线

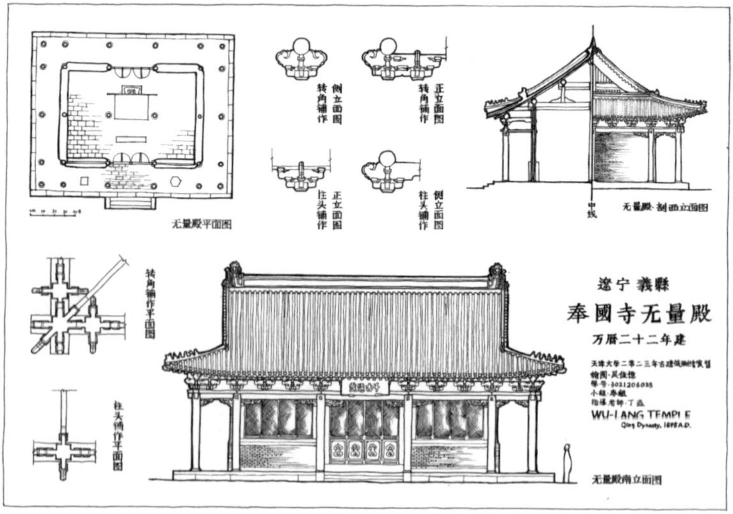
无量殿平面图
转角铺作侧立面图
转角铺作正立面图
柱头铺作正立面图
柱头铺作侧立面图
无量殿·剖面立面图
中线
转角铺作平面图
柱头铺作平面图
遼宁 義縣
奉國寺无量殿
万曆二十二年建
WU-LANG TEMPLE
无量殿南立面图

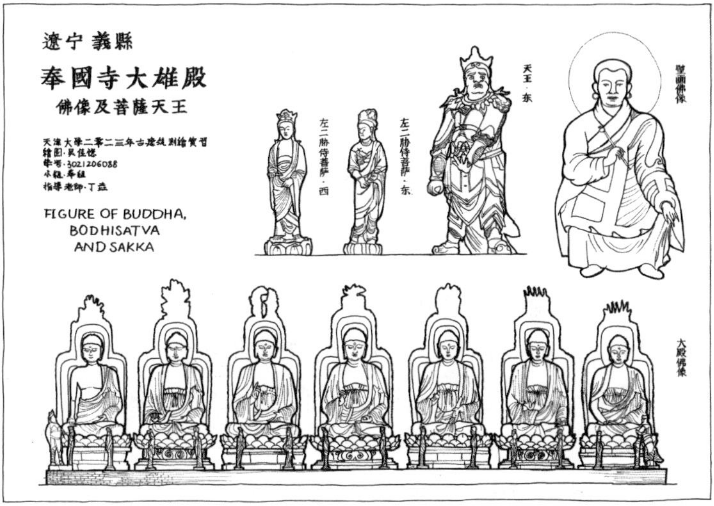

遼宁 義縣
奉國寺大雄殿
佛像及菩薩天王
天津大學二零二三年古建筑測繪實習
学号·3021206088
指導老師·丁垚
FIGURE OF BUDDHA, BODHISATVA AND SAKKA
左二胁侍菩萨·西
左二胁侍菩萨·东
天王·东
壁画佛像
大殿佛像

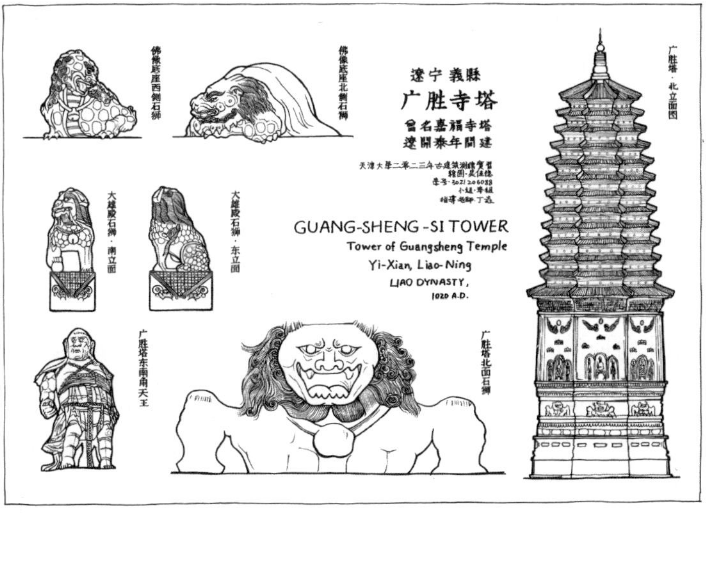

遼宁 義縣
广胜寺塔
曾名嘉福寺塔
遼開泰年間建
天津大學二零二三年古建筑測繪實習
学号·3021206088
指導老師·丁垚
GUANG-SHENG-SI TOWER
Tower of Guangsheng Temple
Yi-Xian, Liao-Ning
LIAO DYNASTY, 1020 A.D.
佛像底座西側石獅
佛像底座北側石獅
大雄殿石獅·南立面
大雄殿石獅·东立面
广胜塔东南甬天王
广胜塔北面石獅
广胜塔·北立面图

千年古刹，渡化心灵

闫奕成

“千年国宝、无上国宝、罕有的宝物”，这是梁思成先生对于义县奉国寺的评价。历经了千年的沧桑，奉国寺大殿仍旧屹立不倒。大殿内七尊大佛面朝南方，眉目低垂，默默庇佑着华夏大地心存信仰的黎民。

因为个人原因，比大家晚了两天才到达，放下行李后，我便火急火燎地赶往了现场。奉国寺的整体布局很规整，大殿作为寺院中绝对的核心，位于轴线的终点，坐北朝南，是整个寺院中最大的一个建筑，同时它也是现今寺院中唯一建于辽代的建筑，历经千年，大殿经历了多次天灾人祸，也经历了多次修缮。

要是把奉国寺整体比作一首壮丽神秘的乐章，那么大殿一定是整首乐章的高潮和情感的迸发点。我向它走去，心中紧张与期待的情感逐渐上升。因为是晴天，室内外的光线差距过大，导致即使距离大门很近，我也仍然看不到殿内的景色，这令我愈发好奇和憧憬。踏入大殿后，我心中的情感也瞬间达到了高潮。

仰望本身便会带有一定上下关系的意味，因此即使我并不信佛，但真正走到七佛面前时，心中仍会迸发出无穷无尽的敬畏与震撼，每一尊大佛都仿佛活了一般，悲悯地看着身下的我们。此时，无言胜有言，即使平日心中无信仰，此时也希望上天悲悯世人，赐自己与所爱之人以福祉。

相对于其他组，我们组在外时间最长。得益于教学组所做的一系列安排，我们有了一次真正沉浸式的，洗涤心灵的测绘经历。

“浸泡”是令我印象最深刻的一个词。何为“浸泡”？将一个物体浸入水中，将外界曾经与它有关的一切都割裂开来，使它成了一个独立的个体，并且它的这种独立性只有在水中才能得到彻底放大，它逐渐在水中生长，与水交融，并慢慢有了水的属性。

半个月的测绘转瞬即逝，我们每一个人的独立性都得到了充分的体现，脱离了测量工具，脱离了电子产品，拿着笔，在小小的本子上画出自己所看到的、感兴趣的一切，将自己与外界建立联系，去体会线条、纹理、神态、精神特征，去自己探索和挖掘新奇的点，我认为这是一件很酷并且自由的事情。

阅读相关材料，我了解到奉国寺的建造形式既不能如“佛光寺式”（殿堂），按水平方向分为柱网、铺作、屋架等层次，也不能如“海会殿式”（厅堂），从垂直方向分为单个的屋架，但它的平面布局较为灵活，结构的整体性更强。

在测绘过程中，我们先从小物体入手，去临摹殿内的佛手、柱础、香炉、胁侍菩萨等。因为要求不能用测量工具，所以我们只能以笔为尺，肉眼观摩来作画。一开始我未能准确把握物体的比例和轮廓，即使努力画出来，与原物相比，整体效果也仍是差强人意，此时，我才真正意识到古代工匠的惊人技艺。

殿内的图案众多，有莲花、宝相花、团窠柿蒂等各种纹样。这些纹样精妙绝伦，活灵活现，工匠在雕刻时大多一气呵成，每个图案的线条都经过了精心设计，或舒张或收拢，即使在平面上仍有着呼之欲出的生动感，而笨拙的我即使在软纸上拿铅笔作画，仍很难复现它原本的韵味。

在义县测绘的这半个月，我看到了众多令我内心动容的场景，有老奶奶看着佛像眼含热泪，有父母托起自己的儿女到香炉处插香祈愿，也有虔诚的信徒合手在大殿内反复绕走许愿。我不清楚这些人的愿望是否可以实现，但不管怎么样，看着颔首低眉的佛像，我希望每个人的愿望都可以成真。

在 8 月 28 日下午提交了最终图纸之后，我的内心仍然无法平静，但又似乎特别平静。我不知道该怎么形容这种感觉，可能是因为第一次有这样的经历吧。总之，若是没有这次测绘，我可能也并不会专门来到这样一个较为偏僻的地方，并持续半个月进出于这座神秘的群落去沉浸式地体验，因此，我感到无比庆幸和幸福。

这半个月，我学到了很多绘图方面的知识，对于古建筑也有了更深层次的了解和感悟，这段经历带给我更多的还是心灵上的震撼和共鸣。我也说不准未来还有没有机会再次来到这里膜拜，但这一次的经历，只有这一次，让我体会到了何为浸泡其中，体会其真谛。我将永远铭记本次测绘带给我的回忆，也会永远期待未来可以有再一次沉浸其中，去感受和研究古典建筑的机会。

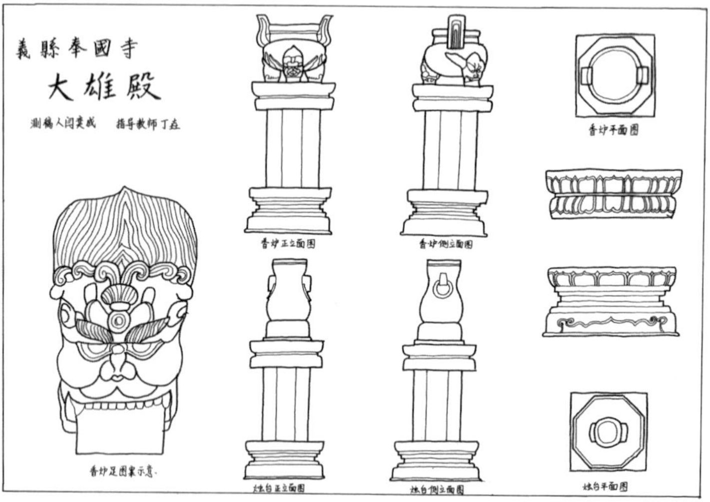
義縣奉國寺
大雄殿
測繪人闫奕成 指导教师丁垚
香炉正立面图
香炉侧立面图
香炉平面图
香炉足图案示意
烛台正立面图
烛台侧立面图
烛台平面图

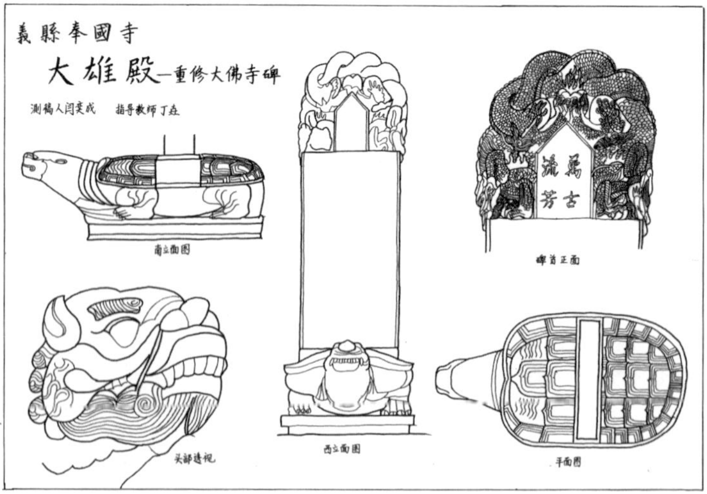
義縣奉國寺
大雄殿—重修大佛寺碑
測繪人闫奕成 指导教师丁垚
南立面图
萬古流芳
碑首正面
头部透视
西立面图
平面图

静心静思，澄明无波

杨丹宁

一、事件经过记录

8 月 13 日清晨，我拖着行李箱踏上了前往锦州的火车，没有买到坐票，第一次蹲坐在车厢后面，被诸多旅客的行李簇拥着，慢慢悠悠地到达目的地。我一路上挨着车窗，呆滞地看着一幕幕变化的景色从身边经过，好像有点紧张，又好像有点期待。

看到了旅舍白色的标牌，大厅里前台的小姐姐热情而用力地挥舞着双臂，示意从后面绕进来，推开门惊喜地欣赏着小小的单人间，干净整洁的环境也使得一路上疲惫、忐忑的心情多了几分雀跃与安宁。丁老师已然在现场准备了多日，和助教一起为我们的入住与学习忙里忙外着。我很喜欢老师发放的小绿本和铭牌，丁老师亲手签上的名字为其添加了非凡的仪式感，拿在手里时更觉充满了收藏价值和意义。每次看我都不禁赞叹老师的书法，以往从未想过自己的名字能被写得这么好看。

第一次踏进奉国寺已然过了正午，蓝天白云的布景下，一条道路笔直地通向前方，沿着轴线几处古典建筑前后重叠遮挡，道路两旁种有油绿的树引导着向前。入口处平台比院内地面高出许多，方形的砖石有不少磨损，提示着这里历经的岁月与悠久的历史。我永远不会忘记进入大殿后的第一眼，那一眼带来了巨大的震撼和前所未有的体验。当空间真实地出现在眼前时，当渺小的我第一次与大佛对视时，这种体验和感受是种种二维图像无法带来的，也是难以用语言描述的。

领到的第一个任务是去画国宝馆的牌匾，看到它们时我不禁倒吸一口凉气："这么复杂的牌匾，全都要摹画下来吗？"我内心反复纠结："要画多细致呢？是像北海现场课那样快速画，画主体吗？还是就应该画准确、画细致呢？……"带着困惑，拿起手中的铅笔开始估测三个牌匾的比例，看着看着觉得左右两个好像不一样大，后来通过牌匾后面棕色的墙砖确认了这一猜测。

在确认了大体比例关系之后，我选择了先画牌匾中间的字，试图借助字的相对位置来找四周的纹理，再通过纹理中龙的动向大致表达祥云。考虑到助教给的时间，并没有把细节画全，而是仅画出了纹理的大致形态和前后关系，在比较立体的部分下面加粗以示影子。

第二天学姐便批评了我用笔不干净的问题，指出线条不在多，清爽、确切更为重要，画错了也不要用橡皮擦，翻页重画即可。我郁闷地端详着自己的图，发现边线的确都是由小段线连接而成的，远远望过去诚然像长了毛的豆腐。于是将手中的橡皮装进包里，翻开新的一页再次尝试。

后几天大多都在画纹样、装饰、雕塑。学姐教了我们什么是明间、次间、进深，要标记所画的每一处纹样都取自哪里，它们大多是立体的，但需要被处理成二维图像，在呈现时又难免要取舍。这些着实难倒了我。但随着不断地画、不断地看、不断地思考，也不知道具体到哪一日偶然发觉图变干净了，笔触没有那么生硬了，好像在一点一点向范图的方向靠近。

雨停了。8 月 18 日下午，老师说可以自主安排去寺里或是在旅舍内画图。我先是整理了小绿本上的图纸，后决定去寺里补画一些前几天积攒的半成图。天气清爽，沿途街道刚被雨水冲刷过，店铺重新拉开门帘。这里街边的店铺不是常见的牌子，大多装潢淳朴，与城市里司空见惯的高楼相比显得格外亲切、可爱。奉国寺内与往日相比似乎更加静谧，草香夹杂着松油的清香漫散在空气中，一切都湿漉漉的，崭新而干净。

次日清晨的阳光很温柔，可以清楚地观察到斗栱前后左右的形态，但其复杂的遮挡关系使得绘制时屡次困于比例与构成，反复修改却仍觉得不对劲，这份质疑在一周后得到了证实，对照图版又经历了好几番纠正。

午后学姐提出思考从大殿到奉国寺的整体关系，绘制全寺轴线的总平面图、剖面图与鸟瞰图。听后心里狠狠地一颤，不禁思潮澎湃：总平面图和剖面图还可以理解，但鸟瞰图该如何画呢？直到下笔前一刻几乎都是怀着不相信的想法，硬着头皮没有任何把握地画。事实证明这是可以做到的，至少是可以通过思考建筑与建筑之间的关系、建筑的尺度以及自己的理解与判断表达出来的。能不能做到不能只凭想象与推测，要真正实践后才会知道答案。

8 月 19 日凌晨乘坐火车赶回天津市参加一项竞赛，缺席了 8 月 20 日的学习，于次日凌晨重新回到了义县。为此我既愧疚又遗憾，因为这段学习经历的一个很大很大的闪光点，也是丁老师、助教不辞辛苦想要给我们的，便是一段完整的、不用考虑其他的、最纯粹、最沉浸、最真实的设计专业的学习。在这里，心和头脑获得了前所未有的宁静与自由，可以短暂地不用考虑“我是谁”，只需要明确自己是一位建筑专业学习者。但这份宝贵的连贯性被中断了，我不得不拿起被早早扔在一边的疯狂向我弹出任务消息的手机，接收着“必须”要去完成的事情。

回来后便迎来了最终集中绘图的阶段。丁老师曾在讲座中展示了许多前辈绘制的优秀案例，提示我们绘图要有重点，具备层次、该省则省。同时线要分深浅、粗细、轻重，绘制的同时随时要注意比例的基本问题。

画草图是辅助排版的良好方式，可以在短时间内预览图面的整体效果。依照不同主题，我将草图分类放置在图框中，留白了标题的区域。晚间学姐帮忙整体看了一遍图，种种问题被摆在眼前：格式错乱不够讲究，导致小图之间缺乏联系，不够美观；每一个草图都要描摹出轮廓，矩形的图框展现不出来横纵走势，影响调整优化；不要抄图版，而应重点表达自己本子上画过的图；图与图之间逻辑不通顺，缺乏完整的叙事。排图在很大程度上奠定了全套图纸的基调，是设计的一部分，体现了绘者的思路与观点。

接下来是铅笔草图的绘制，需表现线型轻重，同时以恰当的细节充实图像，模拟最终成图的效果，标题信息栏等的摆放与设计也涵盖在内。有了较完整的草图，在上墨线正图的时候便减少了很多犯错的风险，但这并不意味着不假思索地描图，而是结合针管笔出水的多少及时调整落笔的轻重缓急，随时站起来感受大效果。

同组的学长学姐来自各地高校，有重庆大学、华南理工大学、阿尔托大学等。被优秀的前辈们环绕，最大的感受便是其扎实的绘图功底与毫不含糊的学习态度，他们发自内心的对建筑学的热爱深深感染着我。食堂的窗框从浅蓝变至金黄，过渡到鲜艳的橙，停留在深邃的黑，反复循环着……多希望时间能再流逝得慢一点，每种色彩再多停留些许片刻。

规律生活的间隙，穿插着对这座城市的好奇。沿途街边饭馆老板娘手舞足蹈地介绍着当地其他家的美食种类，礼品店卖家以低廉的价格为短暂到来的学生精心挑选着最具特色的工艺品，出租车司机一边祝福着旅客拥有愉快的时光，一边坚持在本就不多的车费上抹零，广场舞阿姨欣喜地簇拥新来的伙伴到她们前排中心跳舞并以此为傲……种种热情慷慨到甚至令人有些无所适从的举动都源于一个共同的初衷：愿你开心，愿你不虚此行。

二、建筑文物学习

盛极辽时，义县奉国寺。北闻大凌河涛声、南望渤海壮阔、东据医巫闾山雄奇、西与万佛堂石窟辉映，奉国寺始建于辽开泰九年（1020年），是集古建筑、雕塑、彩绘、碑刻、牌匾、遗址、藏经、书法等文物古迹为一体的辽代皇家寺院，具有极高的历史、文化、艺术、宗教、考古和科研价值。其保留了上至唐宋时期的佛教艺术特色，使灿耀的中华文明和跨越千年的辉煌传奇通过建筑、雕塑、彩绘等艺术形式展现给世人。

帆布袋上辽代建筑的共同特点，就是“巴洛克”化呈现的“华严的美术”。东汉末年，继承了发达的周文化的汉文化发生变化，到曹操时代经历了意识形态真空，佛教全方位进入，以公元五世纪的云冈石窟最具代表性，体现为中国佛教艺术的兴盛。云冈石窟到奉国寺大殿以来的六百年艺术运动所呈现的精神气象不是内敛的、低调的，而是主动的、去充分表达的。佛教的观念是“什么都可以用”，前提是有个明确的目标。

从奉国寺正门进入，沿着轴线向前依次为内山门、牌坊、天王殿、大殿。梁思成先生曾评大雄宝殿：“奉国寺盖辽代佛殿最大者也。”而如今亲眼所见的大殿已然是重修之后的，每一根椽子都换了新的，大殿中有后世加固的几根细柱。现观充满在视线之内的大殿七佛，做成了“全屏”的效果，难以想象如果连面前的细柱也消失，唯剩最粗的柱子支撑着建筑时，该是怎样一番完整与震撼的景象。

殿内七尊佛像如何做紧凑是更大的难度，实际非常宽的尺寸要想做出整体感需要经过细腻精巧的尺度安排与设计。从中间向两边，佛像不仅高度在变矮，不易察觉的是，宽度也在变窄，人们从最右边第一尊佛像处进入，往左行走时如同在看一张张播放的演示文稿，直至最左边象征着勇气、力量、智慧、同理心的释迦牟尼像“跳”了出去，姿态特殊，垂下的手臂与旁边的天王发生对话。不同于初始位天王与人发生对视，终止位天王目光则是看向大佛。与此同时，纵使佛像身旁的胁侍相似，每一组却都不尽相同。大佛的手也是如此，无一相同，所有的左手都处于低位，右手则是先高起来后低下去，最两边的二佛手臂处露有臂钏。

香炉烛台也各不相同，有的发生了倾斜，有的上下部件间存在扭转，还有的外观缺损较严重，推测与起初建造和后期修缮都有关系。香炉上的兽面张着大嘴，露出了七颗牙齿，但是其中线稍向左偏，每一处皆是如此，因此有学长推测此举与大佛的设计是呼应的，是大殿整体设计的关照点之一。

柱础上的纹理有五种，有的依旧可以辨认出每一处转折的轮廓线，有的已然磨损严重无法看全，只得借助观察与其纹理相同的柱础来补足。值得注意的是，环绕一周的柱础纹理，展开后呈类似扇子上布面的形状，而不应当是矩形的，因而绘制纹理的时候要十分注意，不应篡改。

外槽空间和大佛背后硕大的斗栱巧夺天工，更添疏阔与雄浑之气。位于七佛前方的飞天和佛光纹彩画肉眼清晰可见，佛光纹勾勒出大佛的背光，富有体积感的梁架上有莲花盛开，花瓣飘散在各地，在佛座上，在香炉上，在柱础上。

数字“七”出现在众多地方，其中也包括内山门壁画的人物数量。画中内容同样呈现中间高两边低的趋势，祥云环绕在最下方，建立人物与人物之间的联系，发光体位于中心，向四周辐射着光芒。

国宝馆的十八罗汉壁画据说是1984年奉国寺修缮时，从坎墙上切割、揭取下来的。拆除坎墙、复以门窗，还原了辽代大殿原本的建筑制式与风貌。当第一眼看过去时，最容易捕捉到的便是罗汉群像本身，但仔细观察会发现壁画是更具层次感的：前景隐约绘有道路，神兽分布在其中几位罗汉前，罗汉坐在搭有衣服的椅子上，后景则分布有山石、树木、祥云等。搭在椅子上的衣服颜色、纹理、姿态皆不同，同一件衣服的纹理又是由相同的单组纹理组合而成的。老师与学姐启发我多去观察，提示不应只画里面的花纹，同样要勾勒出花纹的边界，还要画罗汉小图来定位布纹的位置，从而加强图纸的清晰性与逻辑性。

石狮子是奉国寺内不容忽视的一个要素。内山门前的两座石狮是正立面图中无法剥离的部分；咸熙书院门口也立有两座小石狮，再前面是两个损毁程度有些严重的角兽，左边的纹理几乎磨平，而右边的缺少了兽首，它们形态大体对称，但也有所不同；大殿外的两座石狮体型比殿内的大，面朝南面扭转身体，身上挂着的、爪下踩着的物件也各不相同。起初绘制石狮的时候，我站在了一个较远的点没有移动，后发觉无法克服透视所带来的巨大误差，便变为移动调整着去画立面，尤其是边界相互遮挡时，对齐的关系需要从不同的角度观察并综合衡量确认。同时，石狮身上的纹理也需要有所取舍，概括、判断、思考的过程是绘画练习中尤其重要、不能懈怠的内容。

奉国寺外不远处有一广胜寺塔，在老城中俯瞰众生纷扰。登上抬起的高台，塔周围是遍布老百姓住房的屋顶的景象。丁老师主要同我们讲述了两件事：首先是比例，小的局部比例和大的塔的比例；其次是排列，即先纵后横的竖向的构成。塔是旋转体，首先关注到的是它的纵向的特点，塔有尊像层、狮子层等，斗栱往下部分占比例最高，达到了“一下子就拔起来”的效果。八面塔身有八根柱子，是一层一层砖垒起来的，柱子是“弯曲”的。塔看上去有着无形力量的原因大致有两个方面，其一在于建筑发生了变形，斜的斗栱便是提示，其二使用“镜子”点明了其作为发光体的效果，充分调动环境光增强了远处观看的效果。

三、实习总结感悟

于我而言，“紧绷”“快节奏地赶路”不是一件难事，反之，需要费尽力气去突破的是真正的“静心”“慢节奏的体悟”。学会观察是一个缓慢的过程，就好似在认知一个生命体，在与过去的灵魂思想对话。

我承认一开始我不擅长做这类事，有些云里雾里，没有明确详细的计划，不理解每一步的具体目的，甚至感觉自己像被投入了一片柔软的棉花地里，急于站起来快速奔跑，却找不到身下的支点，只得茫然地被引导着一步一步尝试，凭借内心对老师和学长学姐的崇敬与信任去完成他们交予我的每一个任务。令我很惊讶的是，随着日复一日地看与画，我好像发生了变化，但并不能明白是为什么，只是惊喜、疑惑、诧异，而后更加主动且坚定地去体会与学习。

对于建筑专业学习者来说，浸润在建筑之中熏习，眼睛能捕捉到更多平日里看不到的信息，大脑也会更习惯于思考领悟事物间的联系与本质。

在这里的每一天，我的心情都格外沉静，不似在校园里忙碌时内心多有浮躁，理想在这里不再是价值与效益的衡量，不再是需要反复论证的名词，而是化为了一个个具体的动词，纯粹而美好。学习建筑，是我很早以前便做好的决定，但是选定一条路，走下去，其间是一定会受到诸多质疑与攻击的，甚至有时这种“刁难”可能还会来自亲近的人，试图瓦解我“幼稚”“不现实”的想法。但正是这些质疑声的存在，使我更加明确了，我真正想要去努力的目标是值得的。

在最后，再次感激丁老师在我追梦途中的陪伴与提醒，使我及时反思自己的不足，更加坚定了自己的理想，找到了正确的学习方向。“上士闻道，勤而行之”，笃定今日奋斗学习之心，期待来日我们巨木成林。

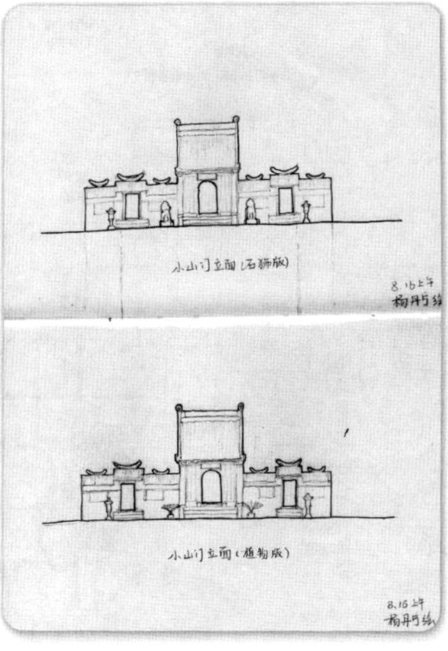

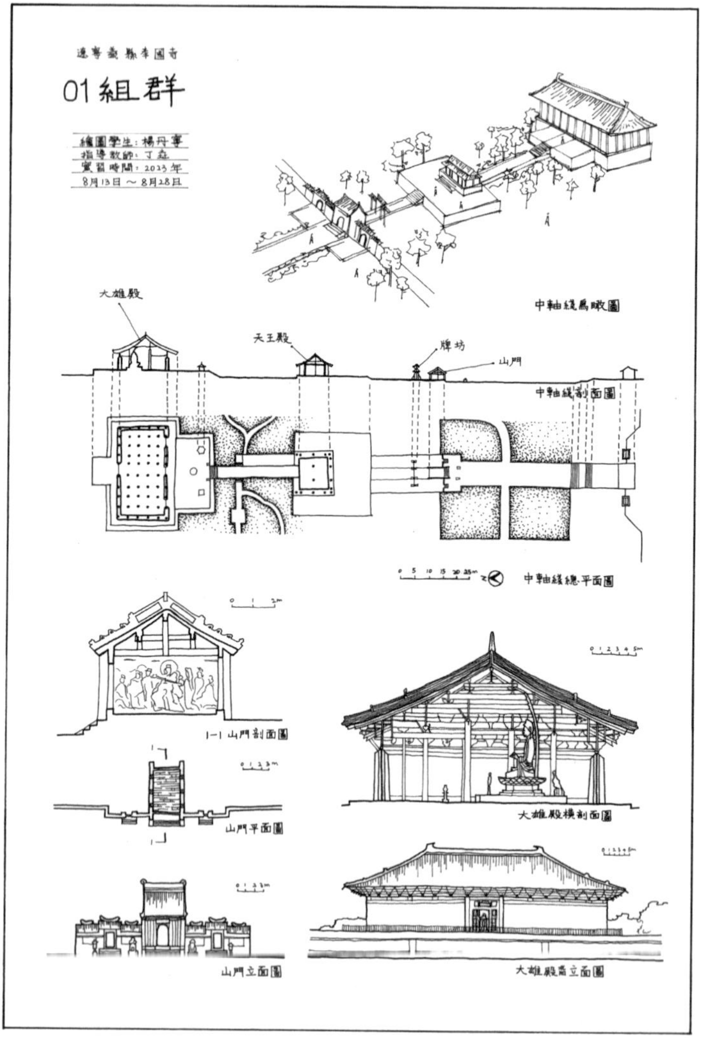
遼寧義縣奉國寺
01組群
繪圖學生：楊丹寧
指導教師：丁垚
實習時間：2023年
8月13日～8月28日
中軸綫鳥瞰圖
大雄殿
天王殿
牌坊
山門
中軸綫剖面圖
中軸綫總平面圖
1-1 山門剖面圖
山門平面圖
山門立面圖
大雄殿橫剖面圖
大雄殿南立面圖

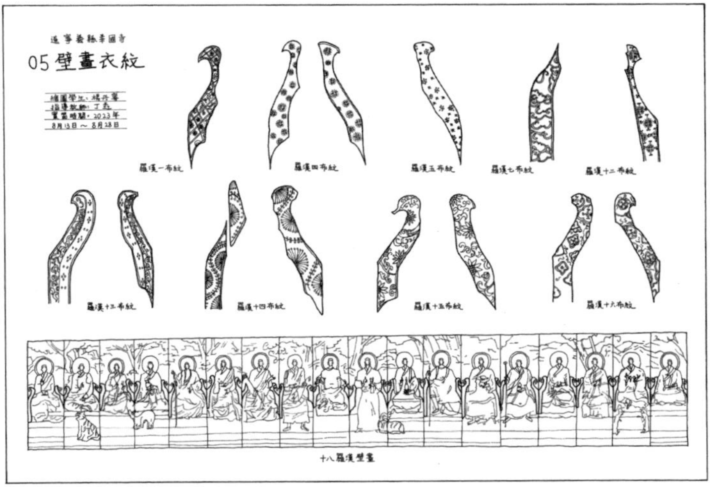
遼寧義縣奉國寺
05 壁畫衣紋
繪圖學生：楊丹寧
指導教師：丁垚
實習時間：2023年
8月13日～8月28日
羅漢一布紋
羅漢四布紋
羅漢五布紋
羅漢七布紋
羅漢十二布紋
羅漢十三布紋
羅漢十四布紋
羅漢十五布紋
羅漢十六布紋
十八羅漢壁畫

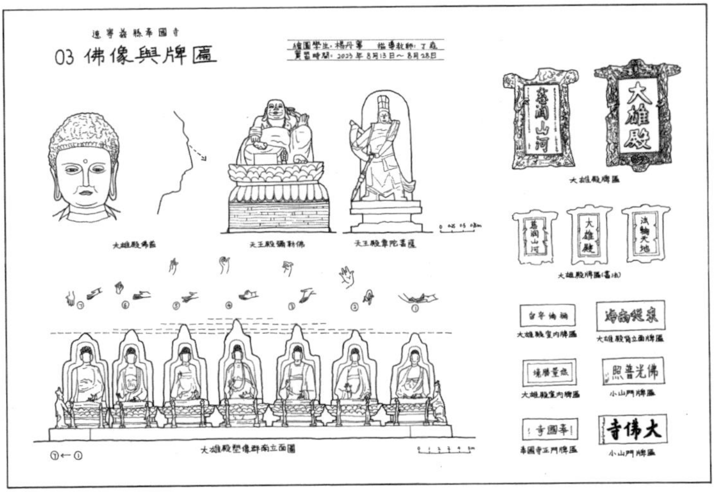
遼寧義縣奉國寺
03 佛像與牌匾
繪圖學生：楊丹寧 指導教師：丁垚
實習時間：2023年 8月13日～8月28日
大雄殿佛首
天王殿彌勒佛
天王殿韋陀菩薩
大雄殿牌匾
大雄殿牌匾(書法)
大雄殿
法輪大地
大雄殿室內牌匾
大雄殿背立面牌匾
佛光普照
小山門牌匾
寺國奉
奉國寺正門牌匾
大佛寺
小山門牌匾
大雄殿塑像群南立面圖

一个不同于以往的观察角度

许家畅

一、三省吾身

1. 我的手绘水平——由“整体”到“分割”

我之前只接触过大一美术基础的学习，但几乎都是临摹二维图形，没有任何对着实物绘图的经验。所以到义县第一天时，我非常忐忑，无从下手，但是看到其他同学都开始投身到画图中，我也硬着头皮拿起笔开始画。研究生学姐指出我画的石碑比例不对后，我才意识到比例很重要。此后，我画香炉、大殿，甚至是斗栱，都先分成不同部分，再看每部分占的比例是多少，我发现先确定比例再画就会形似。

我之前觉得画手很难，尽管狂热地喜欢临摹二次元小卡，却从来不想挑战画手。但面对画罗汉和佛像手部的任务时，我发现手可以分为手掌和手指，手指也可以分为大拇指和其他四指，通过分割和比例我最终也可以画出手了。

2. “远看成岭侧成峰”——找到表达的角度

以前画速写时，往往优先考虑画面的美观，找的是侧面、人视点，还有前中背景或者遮挡之类的角度。这次测绘首先考虑的是清楚地表达建筑的构成，平立剖面图可以很好地展示建筑的外观和比例，因为学长学姐已经分配好画哪一面了，那么就不需要考虑要画哪几面才能够更好地展示我认知的建筑——包括它长什么样以及它的位置，我只需要考虑多大的图幅，哪些细节可以放到整个图中展示，而哪些需要单独画一个细部图。

可是后来在对比同学的图稿时发现，面对相同的建筑我们表达的东西却不同，甚至斗栱的比例都有不一样的，可能是因为她更想表达斗栱结构而非整体，也有可能是我们身高不同、距离远近不同、观测的角度不同，得到的比例也不一样。所以我的图稿只表达了我看到的或者说我心中认为的建筑，即一部分的客观和我全部的主观。互相分享图稿虽然主观感受变多了，但也能通过比较找到更多真实的细节。

3. 杆件和板片的结合——梦回大一第一节设计课

丁老师在讲大殿的构造时讲到了它多加的几根柱子。最开始建造时，没有后世加的柱子是为了减少视线遮挡，保证了宏大的空间效果。“空间感受”是学习中经常会听到的词，我之前只是表面理解了，这次是如此现实、直观并且有意识地感受到一个正面案例。绘图时柱子是一个重要元素，我不得不去观察它的位置、大小和距离，结合墙体，我不禁想起第一节设计课时我用杆件和板片组合成不同的空间关系，还根据六个小方盒子的不同表现起了名字。在这种表现方式极度简化的情况下，蓦然回首，我竟然觉得那是我设计的东西距离空间感受最近的一次，有一种“我现在射出的子弹正中过去的我的眉心”之感。

4. 打破常规的位置

丁老师讲的内山门上全填满的窗户让我比较有感触，尽管在实用功能上我还没想出来有什么意义，但是它比常规窗户更高，重心上移，视觉上也会显得高。

在测绘香炉和烛台时，我发现不同部分的平面圆形不是同心圆的关系，而是有所偏移。两边的香炉往两边偏是我能够理解的。但是我发现中间的烛台也不是绝对对称的，至少有一个肉眼可见的偏移。当把它放到整个大殿的位置上来看时，我还是觉得不对，因为我画的是正中央明间毗婆尸佛前的香炉与烛台，所以它也没有道理偏。我有一点怀疑我自己的视力，于是简单测量了一下，发现确实不是特别对称。我想可能是由于建造时分开雕刻后再组合到一起的，经过修缮等种种事情后发生了偏移。

二、三人行必有我师——总结会的启发

在得知最后一晚要开总结会的时候，我是有一点不情愿的，因为我是一个无法逃脱惰性掌控的“INTP”。但最后我反而有点感激总结会，它让我了解了其他同学的想法，还有同学点明了一些我画建筑时的朦朦胧胧意识到的事情，让我有了一个更深刻的认识。

由“局部”到“整体”。有同学讲了画龟趺的经过：

从画的每一个都不相同到发现规律——年代越晚的龟趺越相似，得出了在研究越来越深入，技术越来越成熟，设计越来越流程化的过程中，龟趺失去了个体特点的结论。我更倾向的解读是：龟趺作为碑文的载体，是一个标准化的产物，每一只龟是否有各自的特点不是很重要，它的眼睛、鼻子或者躯体的不同都是流水线加工组合后的结果，使我们获得了一个它们是不同的的整体印象。我的解读和同学说的可能有出入，但我只能用语言表达到这个程度，这可能就是丁老师说的表达者与听者之间的隔阂。

进而我想到，画画时由整体分割为局部，但总归画的还是一个整体。比如我画牌匾的龙纹时，也给龙纹分了一个区域，但龙的身体还是连贯的。我想到是不是有一条线能将这些局部都连接在一起，但马上又推翻了自己的想法，除了龙身外其他部分也都是一个整体，组成一个图案。听到后边一位同样画手的同学讲了自己观察大殿佛像手的心得，我有了新的想法。她认为大殿每一个佛像从左到右的手势是流动的，有一定的连贯性。我想整体也会有一个线索，但并不是一个很具象化的像龙身一样的东西，而是更为逻辑性的更注重精神的东西，就像佛像手势的起承转合，像是牌匾周围的花纹，龙身、云雾的形态。

三、“哲学学者”与“艺术学者”之间的反复横跳

义县奉国寺测绘实习给我提供了一个不同于以往的观察

角度，我在义县观察石碑、经幢等的造型还有上面的花纹，在还没有意识到这些细节也会传递故事的时候，我觉得这样的观察更有艺术的眼光了——我在思考什么样的线条、什么样的结构、什么样的比例是美的。

有很多人来到奉国寺，绕着佛像礼佛，或者跪在垫子上祈祷。他们的祈祷像是尽管支持唯物主义，但还是敬畏鬼神，寻求安慰。初一更是有很多人不远千里来拜佛，给我印象最深刻的是一个老汉在每一尊佛像前都跪拜并且高喊："请佛祖保佑我的爷爷奶奶父母在地下安乐，保佑我的老伴身体健康，我的儿子事业有成，我的女儿家庭幸福，我的外孙女学业有成、身体健康……"当时我真的觉得很愚昧可笑，但又忽而生出一点感动来。他祈祷得那么真诚，就像他真的觉得世界上有佛，但是他所求所愿的又是那么简单、平常。

在中国，你常常会觉得人们并没有一个很统一的信仰，人们喊着"王侯将相宁有种乎"，也曾毫无顾忌地伤害自然，但是到了好像能真切影响世间的"上天"面前，又总是那么虔诚和真挚。这种出于生物本能的趋利避害的思想其实是很正常的，有了"上天"的约束，人会变得善良起来。

我在观察别人，那别人又何尝不是在观察我。前几天我倒还没有觉出什么来，越往后，好像讨论我们的人越多，有的人甚至不用问我们，就可以从别人口中知道我们是来实习的。我还从当地的一个导游口中听到："我们奉国寺……你看还有外地的学生来我们这画哩。"在这种情况下被当作正面案例真是有点受宠若惊。后来还有一个不算很年轻的姐来问我，可不可以用一下我的本子当作拍照的道具，因为她觉得我们在这画画很好看。原来在不知不觉中我们也成了奉国寺的一部分风景。到后来去东边展厅补画牌匾时，我已经能很坦然地在人群中间画图，也不害怕别人看我的本了，因为经过一周的绘画我觉得我的水平有了很大进步。

我还是一个“City Walk”爱好者，除了在自己家乡和上学的城市，我很少有机会在一个地方待这么长时间。这种近乎“强制”的留下，给了我更长的时间认识这个城市。

去广胜寺的路上，经过一片居民区，我发现这边的民房和我家那边有很大差别。义县的房顶是拱形的，正定的房顶都是平的；布局也有很大差别，义县的房子会在大门建一个厢房，看起来就像是一个胡同。我和同学们因为猎奇心理还进去了，结果发现是民居，于是又很尴尬地出来了。听我山西的同学说，山西那边也有这样门口像胡同的房子，让我深刻体会到了不同地区之间的差异。

有一天结束后，我顺着大路往北走，在尽头看见了一片湖，不能想象在这个小地方居然有这么大一片湿地，而且与居住区离得这么近。有意思的是，尽管距离很近，设施也很齐全，但是湖边人并不多，人们更愿意在奉国寺小广场跳舞，或者去南街小吃摊买东西。我意识到融入其中并不取决于距离远近，更需要人们的认同感。

认识一个地方最快的途径是问询本地人，义县是一个简单的城市，我问过好多人，得到的回答都是只有南街最繁华。其实我第一个去的地方就是南街，看到了不一样的超市，还有令我无比震撼的物价。我还探索出了几条去南街的路线，有一条路线经过义县的早市，我惊奇地发现这里的早市居然开到中午。虽然义县没有什么夜生活，但是在南街还是会有一些店铺开到晚上九点钟，我也逐渐习惯了，整个城市用他们自己的时间习惯逐渐改变着来到这里的我。

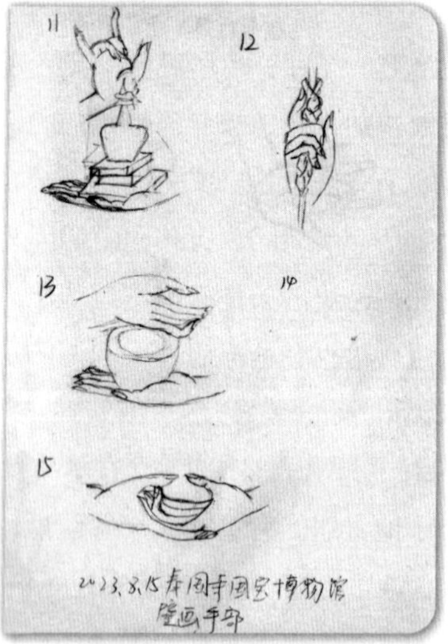

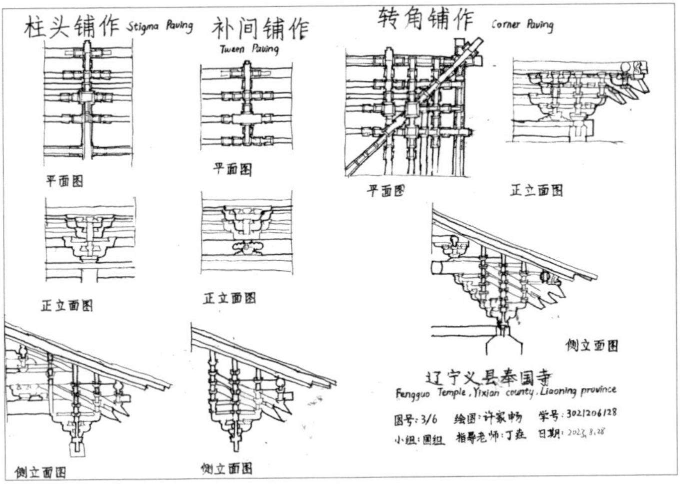
柱头铺作 Stigma Paving
补间铺作
Tween Paving
转角铺作 Corner Paving
平面图
平面图
平面图
正立面图
正立面图
正立面图
侧文面图
侧立面图
侧立面图
辽宁义县奉国寺
Fengguo Temple, Yixian county, Liaoning province
图号：3/6 绘图：许家畅 学号：3021206128
小组：国组 指导老师：丁垚 日期：2023.8.28

寻千年古刹，绘辽时辉煌

王国琴

参加了丁老师的义县奉国寺测绘实习后，我相信每一位同学都在这两周收获满满，受益良多。这些天以来我的经历、感想以及文物学习总结实在是相互关联，没办法割裂开来分别讲述，因此我选择将它们融合在一起道来。

在选择奉国寺之前，丁老师也组织了一场小会来向我们简单说明这次测绘的任务以及图纸要求，让我对两月之后的实习有了初步的思想准备，也更加期待它的开始。接下来是长长的假期休整，最终测绘的时间与地点正式敲定在 8 月 13 日的辽宁省义县奉国寺。

报到的路程有点艰辛，在报废了若干张因暴雨停运的列车车票后，我连续几天赶车到达义县，艰难抵达目的地，在 8 月 13 日上午成功与老师和同学们会合。紧接着我们拿到了丁老师亲笔签名的铭牌，并跟随老师去奉国寺参观。

第一次踏入奉国寺，我被其庄严肃穆的氛围所打动。站在内山门外远瞰，环境清幽，整个建筑群坐落在一片宁静的林间，较为严格地分布在中轴线两侧，仿佛进入了一片遥远的净土。大殿充满了古老的气息，大殿内的七尊佛像和壁画更是令人惊叹。

8 月 13 日这一天是报到与实习预热。傍晚我们围坐在一起，介绍自己以及对这次实习的期待。我们的测绘队伍真是“庞大”，竟然还有博士学姐与我们一同画图。我很希望自己可以从老师和前辈们身上学到更多的知识和更宽广的看待问题的眼界。我并不算会活跃气氛的人，但晚上我的发言却逗笑了大家。

8 月 14 日，现场测绘正式开始。记得第一次对着殿里的烛台临摹、测画比例，在旁边还有诸多“手绘大神”的压力下，我觉得握着铅笔的手都在颤抖。但画出来的效果像极了简笔画。除此之外也不知如何去形容它了。因为它看起来画得轻而易举，但只有作者本人才知道它花费了半个小时！接着画佛座、画牌匾，慢慢摸索出绘图的感觉。从羞于向学姐和其他人展示画本，到可以主动摊开纸张坦荡请教，我的绘图心态慢慢发生变化，线条也逐渐不再那么僵硬与杂乱。

接着下午去画石狮。在大殿门口的这对石狮子应当是一雄一雌，它们对望而立，呈现出一种和谐的画面。我喜欢在凉亭下面画石狮子，看起来憨态可掬，岁月静好。以前我从没这么细致地观察过一样东西，小到它身上的每一条纹路，每一束光和影的变化。画完再与实物去比较，竟然觉得相差无几，那一刻我觉得一天的心情到达了顶峰。

在画佛座纹样时的感受是很深刻的，一是因为在对照纹样画的时候被可爱的路人小姐姐夸了，当场对自己产生怀疑：我真的画得好吗？后来又被其他同学称赞了几句，于是飘飘乎一上午，认为自己还原了佛座纹样的美貌，直到看见其他同学更好的手绘图才冷静下来，又在原地自惭形秽。二是因为没有找到有些花纹的构图规律。部分佛座的纹样都脱落了。时间有限，最终我也没能画齐纹样的种类，有点遗憾。要是能画齐所有图案和花纹，也算自己测绘过程中很有成就感的一件事了。

在 8 月 15 日下午，画了自己一直想画但望而却步的石碑龟趺。之前有位研究生学长在比对不同龟趺的异同，我感觉难度很大，但当下午自己坐在大殿龟趺面前时，竟然真的把它画出来了。比例没有走样，细节也有勾勒。拿着小本看看，又对着实物瞧瞧，千年之前的文物亲手画在纸上，内心真是感慨万千，仿佛我真在与它们对话。触摸文物，去感受书中所说的历史感与厚重感。最后竟然要落泪了。

8 月 16 日去画无量殿的斗栱立面和仰视图。大殿的斗栱一共两种类型，拍到的照片带有透视感，但我们所画的内容全是二维图形。在上午的最后画了大殿外的驼峰正面和侧面。最后开会时一位学姐提到驼峰下面的纹路，我在画的时候是有注意到的，感觉有点自豪。又去画了内山门的立面、剖面和平面，都不是很成功。

立面最开始是画得很细致的，甚至有多少根椽都认真数出来并画出来，但整体的比例没有把握好，甚至正立面还加上了透视，实在是不严谨。平面和剖面没画好，都是因为自己没有去仔细测量台阶的长度和厚度，光是估测是很不严谨的，这里要严厉批评自己的工作态度。

8 月 17 日下午到达广胜寺。整个小院非常狭窄，因此让古塔看起来多了几分雄伟之感。画的时候还是老问题，最要紧的比例没有把握好，还枉自己用手与铅笔丈量了半天，最后反复修改才算看得过去。这里还发现自己有个问题，就是喜欢做一些无关紧要、细枝末节的事，比如广胜寺最底层的砖块，并没有太大必要去画出来，却认真去画以至于浪费掉了把控全局的时间。局部应该等到全局就位以后再做。

8 月 18 日是现场测绘的第五天，时间过得真是快。我拿着自己的小本去请教带队的学长学姐，认识到很多图面的不足之处，尤其是比例与区分线型粗细的问题。带着这些问题，我又去重新观察这些建筑与文物。这就是现场课带给我们的东西 —— 实地经验，老师殷切指导的话语，与自己在现场画图的亲身体会，使我们的认知与技巧飞速提高。

七天，我们的现场画图结束了。

接下来便是自主排图，绘制草图和正图。硫酸纸作为最后的正图图纸，草图纸用来排图。最开始的图排得总是太满，在学姐的指导和反复修改下，终于把自己的六张 A3 图纸安排妥当了。虽然删了很多自己心爱的图（包括大龟趺），但效果确实比之前满满当当的图纸看着更有秩序。

8 月 23 日开始正式绘图。刚开始的问题真是层出不穷，草图纸的铅笔笔迹非常容易模糊，而且粗细不太好把控，好几张已经画好的草图因为手心出汗变得脏兮兮的，改用墨线却又极易擦花。画的过程中，我还想改动局部构图，又开始重新琢磨排图，就这样废弃了太多张排好的草图纸。

这大概是由于我对待草图的态度并不端正，认为它只是一个校对正图位置以及大小的粗糙工具，细节不必完善，因此没有百分百认真地画出草图。之后的正图局部细节也是参照自己的小本以及范图。交图时又得知要上交自己绘制的草图！但之前的许多草图都扔在垃圾桶里了。实在无颜把那些纸张交上去，只好加紧补了若干张草图……真是手忙脚乱，本末倒置！实在是欲哭无泪，太惭愧了。

但在 8 月 27 日下午，我还是按时把图交上了。不管怎么说也算一身轻了。晚上的饭菜比之前的好吃，晚上的会议也较之前的会议欢乐了不少。从很多人的发言里，我都感受到了在他们的学习和生活里，的确存在非常纯粹的对知识的渴求与钻研。老师助教们研究佛像和大殿，就真的回殿里极其严谨地讨论和验证，这种完全沉浸在自己的知识海洋并试图去扩充的热情，是我一直以来都渴望去达到的。发现一次惊奇一次。好希望自己也能抵达这种境界，不再因为客观因素，比如成绩而去感到负累和沉重，不在乎琐碎的东西，完全因为热爱去做。什么时候可以做到呢？已经开始向往了。

至于学长学姐们说的那些学术又专业的内容，我对此除了钦佩还是钦佩。我从没有想到如此深刻的层面，诸如事物整体性或是佛像手势变化的寓意。到我说的时候，我从一开始的脑袋空空，慢慢变成了真正的回忆总结：这些天里画的画，看到的建筑和见到的人们。比如带着小孩子的父母，泪流满面的朝拜信徒，还有抱着核桃啃的小松鼠。再比如，助教学长学姐们，工作人员，还有丁老师和同学们。

这些剪影像是会流动的画，在脑海里一帧一帧播放起来。是真正发自内心的感慨啊。在现场绘图的经历让我如此印象深刻，它给我不同的视角，触动内心的思考，也为我的建筑与文物学习提供了宝贵的机会和经验。

值得，也很喜欢。

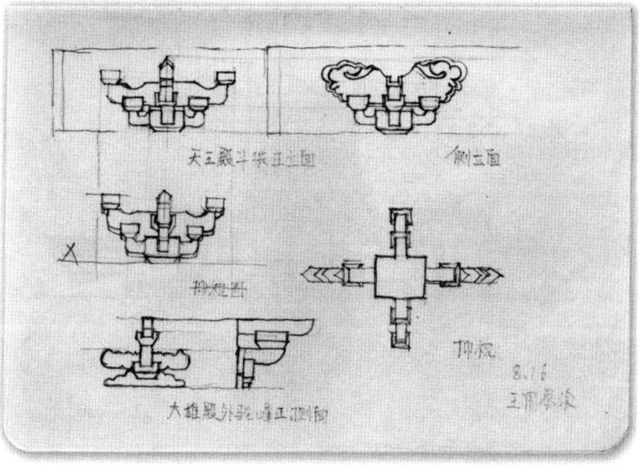

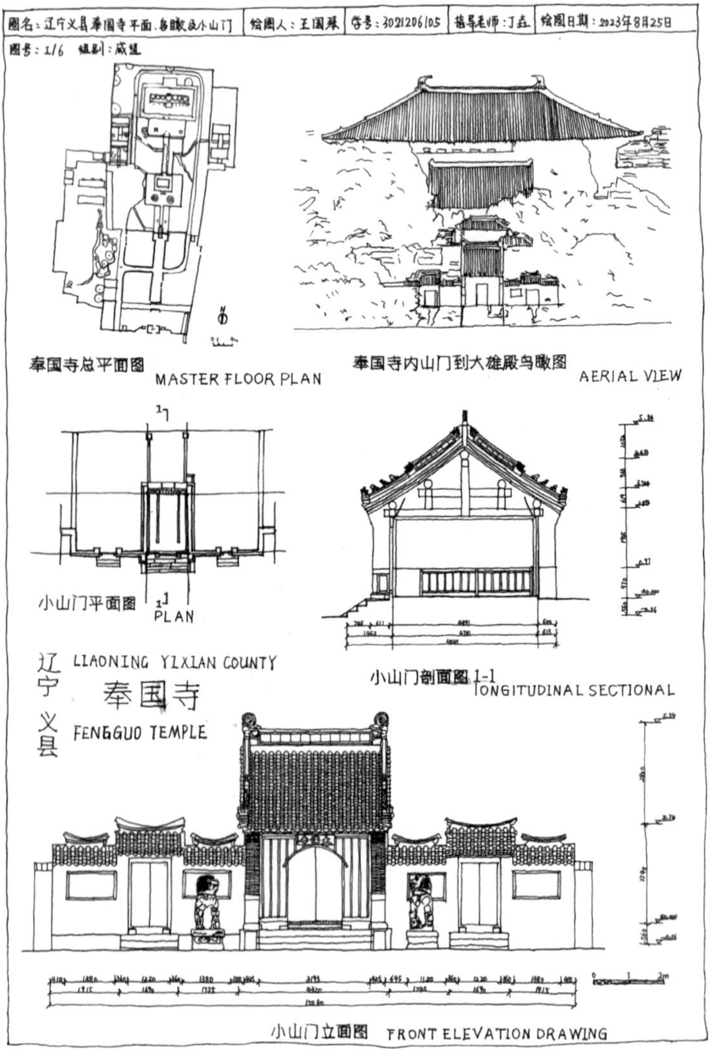

图名：辽宁义县奉国寺平面、鸟瞰及小山门
绘图人：王国琢
学号：3021206105
指导老师：丁垚
绘图日期：2023年8月25日
图号：1/6 组别：咸组
奉国寺总平面图 MASTER FLOOR PLAN
奉国寺内山门到大雄殿鸟瞰图 AERIAL VIEW
小山门平面图 PLAN
1-1
小山门剖面图 1-1 LONGITUDINAL SECTIONAL
辽宁义县
LIAONING YIXIAN COUNTY
奉国寺
FENGGUO TEMPLE
小山门立面图 FRONT ELEVATION DRAWING

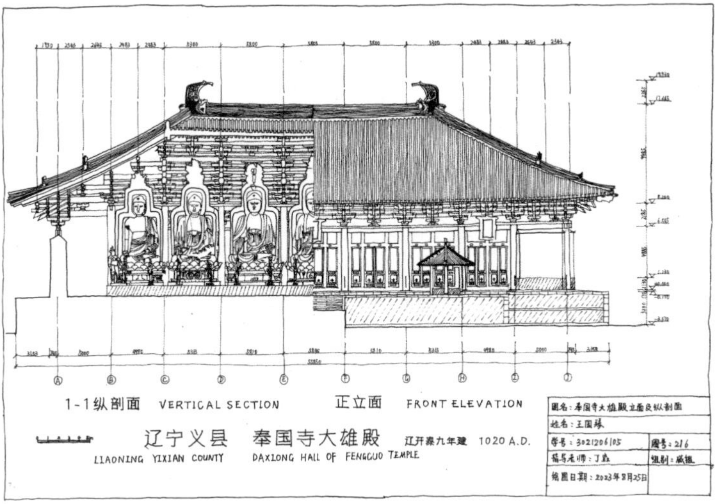
1-1纵剖面 VERTICAL SECTION
正立面 FRONT ELEVATION
辽宁义县 奉国寺大雄殿
辽开泰九年建 1020 A.D.
LIAONING YIXIAN COUNTY
DAXIONG HALL OF FENGGUO TEMPLE
图名：奉国寺大雄殿立面及纵剖面
姓名：王国琴
学号：3021206105
图号：216
指导老师：丁垚
组别：威组
绘图日期：2023年8月25日

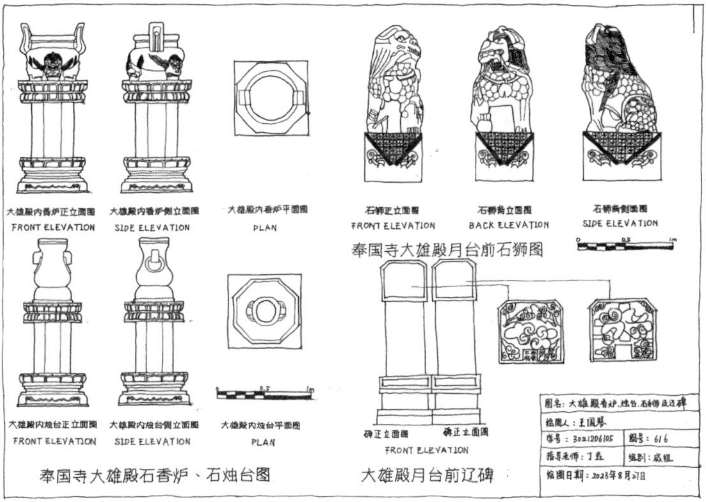
大雄殿内香炉正立面图
FRONT ELEVATION
大雄殿内香炉侧立面图
SIDE ELEVATION
大雄殿内香炉平面图
PLAN
石狮正立面图
FRONT ELEVATION
石狮背立面图
BACK ELEVATION
石狮侧立面图
SIDE ELEVATION
奉国寺大雄殿月台前石狮图
大雄殿内烛台正立面图
FRONT ELEVATION
大雄殿内烛台侧立面图
SIDE ELEVATION
大雄殿内烛台平面图
PLAN
碑正立面图
碑正立面图
FRONT ELEVATION
奉国寺大雄殿石香炉、石烛台图
大雄殿月台前辽碑
图名：大雄殿香炉、烛台、石狮及辽碑
绘图人：王国琴
学号：3021206105
图号：616
指导老师：丁垚
组别：威组
绘图日期：2023年8月27日

如梦幻泡影

王伊莹

在今年六月份，测绘报名问卷下发，我当时对于“测绘”一事一窍不通，并且刚刚结束考试周、交图周，在设计课汇报时被老师批评，结构课作业无从下手，同学转专业离开，我对于专业和未来都感觉很迷茫。看着问卷上一处处地点，尽管不知道每一处意味着什么，但正如最后一天总结会上有人说的“设计课像打工，中国建筑史课像设计课”，丁老师的课更有输入的感觉，隐隐希望能在这次测绘中更多地充实自己，并且探索自己，如果能找到方向就更好了。我简单地想，选择最古的，或许是最“好”的。

放暑假后我参加学校的工作坊项目去了意大利，在罗马看了雕塑、哈德良神庙、奥斯蒂亚古城、圣彼得大教堂等，就连当地学校里看似平平无奇的小楼也是“万历年”的老建筑，心里不免暗暗比较评判，可惜中国古建筑只余星星点点，又不忿东方建筑形式内敛含蓄，视觉表现不及西方震撼。想到之后会去很“好”的古建筑测绘，希望能得到更多解答。

8 月 12 日，从天津出发，我抱着包坐上无座车厢的列车，怀着对于奉国寺的好奇与期待，一路看着旷野远山与恰好绚丽的晚霞，人生中第一次过山海关，在夜晚到达义县。我观察着义县这个东北小县城的一切，街上的矮房与招牌，清真饭馆与招租广告牌，之后入住与大殿相隔不远的咸熙旅舍。

第二天正式进入奉国寺，李桃学姐让我们自己在寺里转转，先用肉眼观察。一眼望去，位于中轴线的群组中新建成的绿化占了大部分，感觉很新，隐隐可以看到大殿顶。之后依次走去，看到无量殿的弥勒佛。再向内走，望见立于高台之上的大殿南面，想起看过佛光寺大殿的照片，都是灰扑扑的红，下部像低调的盒子掩饰内里塑像群的光芒，黑漆的门内等着给拜访者一个惊艳或者震慑，上部又等不及向四周散发着光芒，或者说是溢出的。

进了大殿，本希望在学习了中国建筑史之后能有一些自己的见解或者有什么信息直接进入我的脑海，丁老师之前说在这个阶段应该有一些专业视角，但并没有，可见做事和学习都不是一蹴而就的。于是我在殿内徘徊观看，七佛和胁侍菩萨都立在高台上，我的视线只到胁侍菩萨的小腿，或者下部的衣褶。但是第一次见到好像也没有注意到衣褶，只是总体感受到七佛的高大与“屏幕”的宽。向上看层层斗栱，光线很暗，但殿内很高，看得并不真切，要眯起眼睛仔细看，才能看清一些细节的纹理或者彩绘。从最正面观看、从台侧面观看，安静强大的七佛，姿态各异的胁侍都带来了截然不同的视觉体验。

下午尝试画国宝馆的牌匾。因为有丁老师和助教在北海现场课的指导，加上有素描基础，我是有一点自信可以画出形的。虽然有意识控制，但还是一上来就画了几条辅助线，对于图的大小位置也没有明确的认识，牌匾的纹样彼时并不是我注意的重点，因而龙的走势与云的主次在图上并没有体现，只是含混地带过，彼时我更注意的是字体与龙头纹样的对位关系。老师说画得简单点，但是我也不知道如何简化，磨磨蹭蹭画了第一块，线条很乱。第二块有意识突出纹样，但是仍旧免不了辅助线的加持。第一天下午就这样稀里糊涂地过去了。晚上大家开会，本以为会阐明测绘任务，结果是大家轮流讲述一番，我对于本次测绘安排还不很清楚，只是隐约意识到好像要一直画图。

8 月 14 日，分了组，学姐学长给我分配了画香炉的任务。我一开始还以为要画胁侍菩萨，被学长制止才发现任务都没听清。又是在这样一种全然未知的状态下开始画图了。学长学姐提示可以画上纹样，标注大概比例，也不知道如何构图合适，全凭自己心意，好歹知道要把轮廓描粗，至于为什么，也不知道。后来又画了拘那含牟尼佛佛座的纹样，有意识将蜷曲层叠的线条表现清楚却没能成功，想起丁老师说最好还是快速画，于是又画了殿内的石狮子和毗婆尸佛的衣纹，东一榔头西一棒槌，速度、型准、线条实在难以兼顾。所幸在学姐的指导下知道了一点改进方向。线条形体不行，就从小处入手，于是我开始练习纹样，画了云纹衣褶。找云纹的过程又出了笑话，在现代壁画当中找。游客问我是做什么的，一时不知道怎么说，董一平老师问我画的是什么，我也不知道如何概括回答。一开始就是无知的状态，又尝试让自己沉浸其中理解原因。

8 月 15 日上午，丁老师给我安排了一个画碑亭雷公柱的任务，我还是不明白为什么要画这个。开始画了一个，形不准，把棱角分明的木头画得像橡皮泥，柱子周围伸出很多拥挤的椽子，令人目眩。于是我按照老师说的，快速画，连续画了几个，逐渐观察到了结构衔接的方式，柱头与周围结构联系紧密。最上层是硬朗的棱角分明的构件，中层如莲花似的圆润，但仍向四面八方伸展，最下部的柱头则是浑圆的，最立体的，但是正中的下方又有一个尖，仿佛是受到重力的吸引或者是水之类的欲滴下来，是我反复画了几遍后产生的遐想。

通过反复画，我看到了形体上从硬朗到圆润的变化，画图的时候也发现逐渐可以默画出来，并且从下向上画更容易控制，不容易跑形。我又换到对侧，发现结构更清晰，棱角分明，不知道是常年刮某一方向的风还是什么原因导致的。有了之前的练习，我注意了线条粗细的区分，画起来也更加得心应手，好像找到了一些画图的感觉。

我又回到大殿内画香炉，这次没有用比例线控制，尝试一次就描摹出轮廓，再细分内部，不出所料，形象画矮了。这样的方式更容易注意到内部的细节、有节奏变化的纹样，更容易掌握基座与台的比例关系，但是得到的信息是散点分布的，画出来的图像拼图一样，拼凑在一起，在绘制局部时就失去了对整体的控制与考量。但是整体控制的绘图也不是一蹴而就的，还是需要反复画才能得心应手，统领图面全局。

8 月 15 日下午，开始画七佛塑像群，也慢慢体会出设计者对大殿整体的空间塑造。

七佛、胁侍与力士，通过对细节的控制与调整，营造了丰富充实而有冲击力的画面效果，从最中间看去，拉开一个完整的“巨幕”，又配合人眼的最宽的视角，在有效范围内做到极致。同时开间中间最宽、两边逐渐收小，佛像主尊最大、两侧逐渐减小，大佛像面部平静一致，每一组都很相似，手印与胁侍又各不相同。

在老师点出之前我也并没有意识到胁侍高度在佛像腿之下，在高台下看，肉眼很难分辨，于是又一次紧扣建筑设计的核心问题——不同视角下的效果问题。佛像、衣纹、佛座的样式也都相间安排，各有不同，又在一种统一的引领下，东西两尊最为不同，中间五尊依次变化，主尊衣襟下沿最高。衣褶明显与否、背光高宽形式、手印含义等各不相同。

奉国寺大殿的可读性太高，将如此丰富的变化统一在一个整体下，不得不令人叹服。之后从建筑细部入手，画无量殿斗栱、大殿驼峰，细节之所以为细节，其把控也令人嗟叹，并非信手偶得，还要反复画，反复观察，才能将作者控制其走向时的初心揣测一二。干脆使用水笔，强迫自己放弃修改，改以用反复多画代替。

在学姐安排下逐渐开始画建筑，画了内山门的立面、平面、剖面，如何凭肉眼观察准确还原比例是一个挑战，这个过程也是还原设计者如何控制视觉的过程。内山门看上去并不算高大，稍宽又不至于胖，有一种独立而庄重之感，在王家卫电影里大雪场景中这种感觉更为明显。然而其立面比例实则并不矮小，如果设计时就采用我一开始误以为的矮胖比例，实际效果将不堪设想。绘制时又想起老师展示的莫宗江先生的绘图方法，用几笔表示砖石材质，粗细线条控制等，努力模仿运用，向好的图学习。

之后我去了广胜寺，印象最深的是看飞天的瞬间。我绕着塔转了七圈，塔跟之前丁老师课上讲的佛塔很相似，是同一种类型的塔。老师讲了形象整体的控制，上部的压缩拓扑，铃铛、屋檐、浮雕传播佛陀的教导，然而当真正看到其细节，又与在照片里看不同，与塔下远看也不一样，飞天的立体饱满，美丽轻盈，令人可以忘却其砖雕的材质，仿佛翩翩欲起。与八个面的旋转体配合，力士托起塔身，乐队奏乐，狮子在上因而做大，欲出，然后是菩萨、莲花、屋檐、铃铛，仿佛是将大殿的大屏卷起来成筒，从四面八方看到那一瞬间或者是长久的动态，坚固又有力，丰富又沉静，庄严而华美。确实与周代的截然不同，与汉代的也不同，辽代的是继承唐代的。

回到奉国寺，画了斗栱之后，老师讲关于奉国寺大殿的设计，下部打通与内部的整体性配合，上部的斗栱向下向外又冲击的趋势，方头支撑，圆的内收，尖头放射，富有张力。

横向竖向配合实现效果的最大化。对比善化寺大殿的优劣与梁思成先生的作品，我想我还需要多阅读精彩的作品。

测绘中间反复穿插了练习、观察的过程，老师与学长学姐们给我们很高的自由度，从一开始不太清楚自己要画什么、怎么画，到后来逐渐有所倾向与选择，在自己不觉的时候认识和技巧的提升就发生了。

最后老师在 8 月 21 日晚上讲了很多内容，从周汉唐的源流再出发，讲了汉的重组，隋唐的立体风格，讲了新秩序的产生和西方造型艺术的发达，在帕米尔以西的地理空间上相遇。讲了汉对周的“现代化”的复兴，曹操又将其打破。讲了佛教艺术的传入与兴起，辽继承云冈石窟以来逐渐发达的佛教艺术，其“华严”的完备，其动态与动势从何而来，其立体与“冲出去”。丁老师的讲述让我在更高的视角理解了奉国寺，理解了佛光寺大殿的“秀健整丽”和唐与辽的差别，以及应县木塔斗栱的发光的意象，坐像对于佛教“空”的阐述，观音阁层高的对应关系，等等。在奉国寺旁百米处学习这些内容是提纲挈领式的再学习，使我与这些建筑的距离更近，理解更佳，好像与设计者本人的思想也更近。

最后在 8 月 28 日，交了图之后我好几天没出门，有种恍若隔世之感。我再次去奉国寺看了内山门，看了佛座狮子，数了香炉脚兽的牙有几颗，脸突不突出，看了塑像呈现的“大屏”，以及很想放在正图但没放进去的手印。

在这次测绘实习中，刘学姐在画图观察方法上指导并传授经验；陈学长帮忙改错排版，纠正结构问题；李晓学姐指明方向，答疑解惑；李桃学姐在生活上给予帮助；丁老师讲课指导，创造这一次测绘的场合和经历。以前会想象民国时期先生们在灯下围谈的场景，或者营造学社的先生们如何在时局不定的时候走进这些建筑，保护、测量、画图和研究的，此次测绘使我也沉浸其中，窥见一二当时先生们的所思所想所感。围坐一堂，关上灯，只有投影的幽光与丁老师的讲述；在寺里阳光下站立着，几小时阅读一处；成图绘图阶段，只是俯首画图的时间，没有别的事物打扰。虽然不能说总是沉浸其中，但是有几段安静投入的片段就已经感到很幸运。

“星星翳障和灯光，幻影露珠和泡沫，
睡梦闪电和浮云，应该这样看有为。”

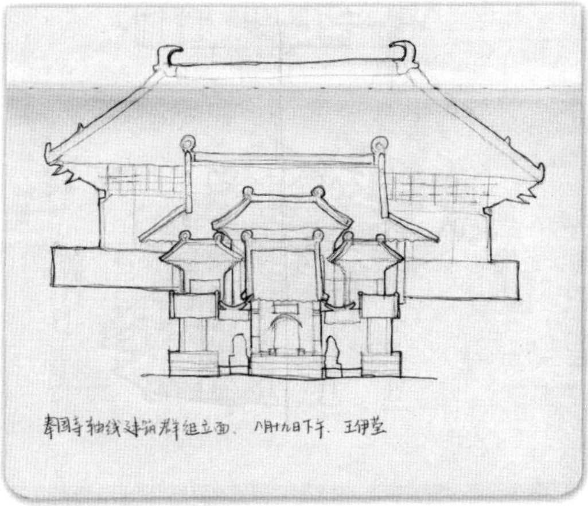

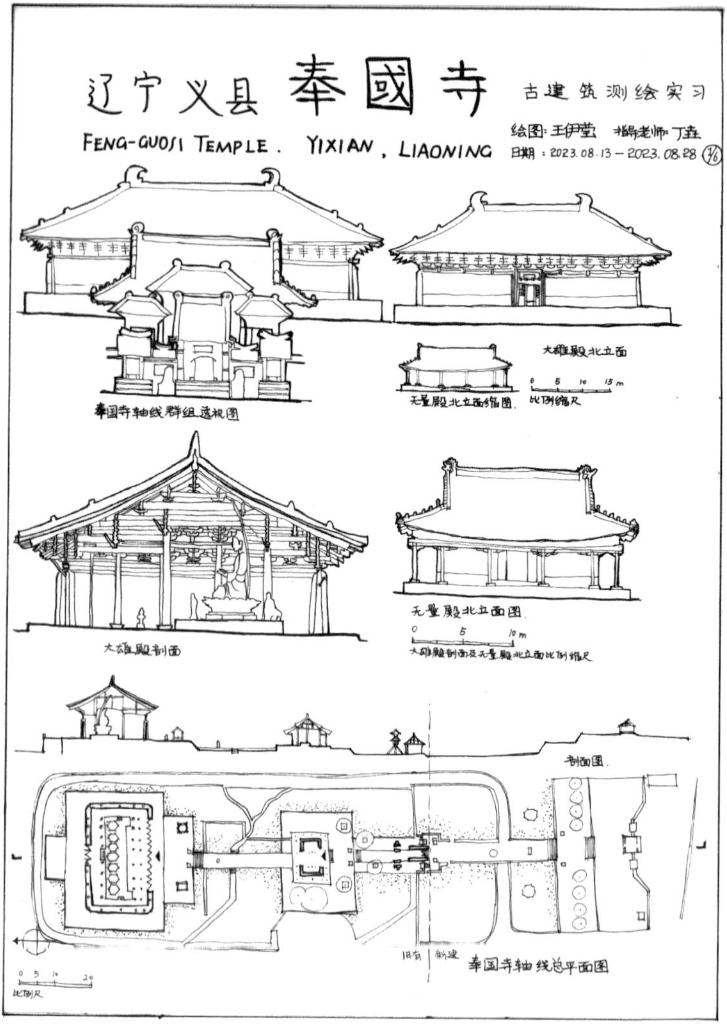
辽宁义县 奉國寺
古建筑测绘实习
FENG-GUOSI TEMPLE. YIXIAN, LIAONING
绘图：王伊莹 指导老师：丁垚
日期：2023.08.13—2023.08.28 1/6
奉国寺轴线群组透视图
大雄殿北立面
无量殿北立面缩图
0 5 10 15 m
比例缩尺
大雄殿剖面
无量殿北立面图
0 5 10 m
大雄殿剖面及无量殿北立面比例缩尺
剖面图
旧有 新建
奉国寺轴线总平面图
0 5 10 20
比例尺

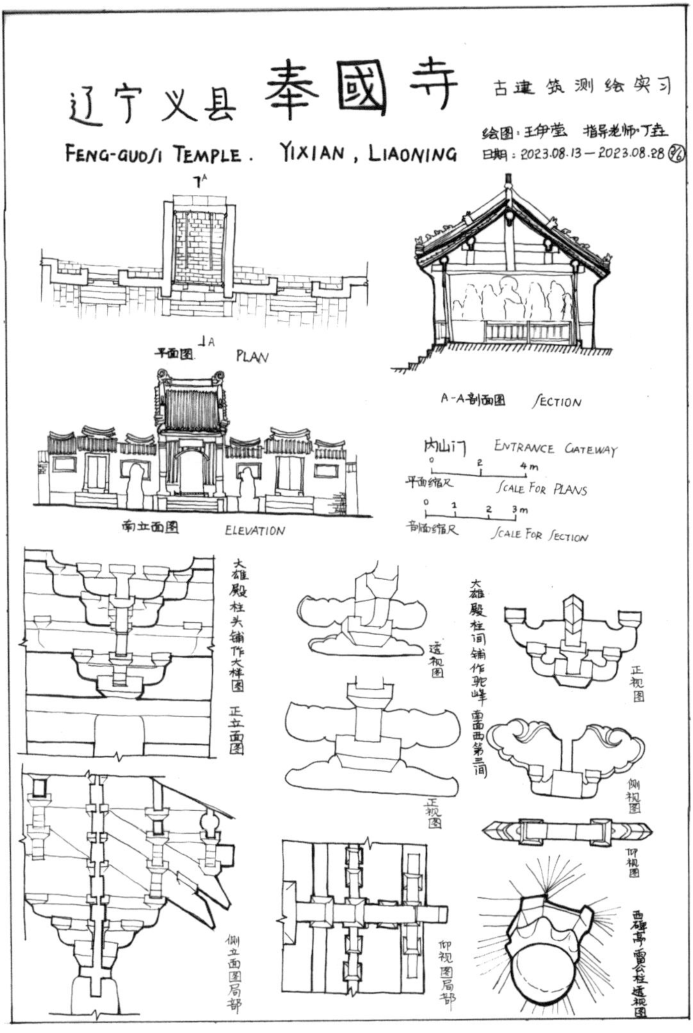
辽宁义县 奉國寺
古建筑测绘实习
绘图：王伊莹 指导老师：丁垚
日期：2023.08.13－2023.08.28
FENG-GUOSI TEMPLE. YIXIAN, LIAONING
平面图 PLAN
A-A剖面图 SECTION
南立面图 ELEVATION
内山门 ENTRANCE GATEWAY
0 2 4m
平面缩尺 SCALE FOR PLANS
0 1 2 3m
剖面缩尺 SCALE FOR SECTION
大雄殿柱头铺作大样图 正立面图
透视图
正视图
大雄殿柱间铺作驼峰 南面西第三间
正视图
侧视图
仰视图
侧立面图局部
仰视图局部
西碑亭雷公柱透视图

锻炼对所描摹事物的认知

王文锐

一、义县印象

凌晨四点，天还未亮，我乘坐火车到达锦州车站，由于换乘车辆还有四个小时才发车，所以并不急着返回车站候车。在站门口长凳上歇息一会儿后，我决定起身逛逛。

车站周围照例是一些招揽旅客或乘客的叔叔阿姨，我简单回绝后就拉着行李箱继续往前走。路旁一个摊位叫喊着卖包子、苞米一类的食物。的确是东北口音，但似乎又与以往遇见的有所不同，他们话音尾调有些许上扬，更像是马来西亚华人或是福建一些地区的人的说话习惯。我不免感到有些诧异，也深感奇特。识别口音是接触了解一个新的地区常见的方式，也很容易留下印象。

45 分钟的车程，火车划过一片平原到达义县车站的月台。不同于我熟悉的车站，这儿的月台没有雨棚，十分宽阔，更像是一个村民广场。由于自己的家乡也一样是小县城，且是福建山区，对义县的预期印象是和家乡相差无几的发展程度。但出了车站便是一条路况十分不好的路，而后出租车路过了脏乱的“金三角”商业区，大声的叫卖喇叭，沿街破旧的低矮平房，还是使我感受到了这里与家乡的经济差距。

有趣的一件事是，住宿的旅店旁便是一座基督教堂，实习期间恰逢两个星期日，能听见教堂里礼拜的歌声；满街是清真餐馆，看来当地多为回民；而我们实习的地点是辽圣宗为其母亲建造的佛寺——奉国寺。

观奉国寺的规模及其后多次大修的经历，可见义县在辽时以及之后很长一段时间都是盛行佛教的。而如今寺庙变为景区，买票方可进入；断了香火，仅许竹签；每月朔望也只见寥寥数人参拜进贡。对比泉州的开元寺及关帝庙，对比如今穆斯林人数之众，对比寂静坐于莲花台上的巨大佛像，实在是让人感慨时空之变化。

义县的饮食也让我印象很深，街上叫嚷的“鸡脖儿五元三根”是我在南方的家乡无法想象的。东北乱炖是从小便听过的一个词，而如今在旅舍食堂我才体验到真正的东北乱炖，尤其是南瓜炖土豆。

二、我的无知

刚下出租车我便被丁老师带去了寺内，而后每天绘图写生的对象是一些文物：狮子、碑刻、经幢、牌匾……无意识地照着实物画，直至某天在画一个碑首时，我疑惑自己所画的一团乱线是什么，仔细观察实物后才发现，碑首底部两边原来是两个龙头，我豁然开朗。才发现曾经所画的不过是一些线条，它们并没有容纳应当容纳的信息。我意识到要改正的并非我们的乱线，而是锻炼对所描摹事物的认知。通过一遍遍观察、记录、修正，我们对于眼前事物的认知才能更加准确、完善。

但我仅仅画了奉国寺内的一些碑刻、石狮、牌匾，仍有千千万万的碑刻、石狮、牌匾还未见到，更没有像如今这般仔细地去写生观摩过，无法正确认知，我深感无力。

在讲解广胜寺塔时，丁老师表示其上的平面镜反射天光，所要呈现的是发光体的效果，联想丁老师在课堂上所讲的佛塔如同灯塔基站一般传播佛教，我又一次有了豁然开朗的感觉。丁老师还对比讲解了塔身的佛像、兽、门洞、莲座，一一对应上了前面在奉国寺大殿所见的场景。联系到《爱莲说》中“莲出淤泥而不染”，丁老师说佛居莲座上象征着哪怕生存于淤泥般的混沌世间，人也要努力认真尽可能不受污染的活着。如此联系，实在美妙。

总结会上一个学长汇报了他对大殿香炉上兽面牙齿的研究，从牙齿颗数到空间排布，猜想其为无意之举或是有意与大殿西侧佛像的特殊性达成一致。研究对象之细微，结论之微妙实在令我叹服。

大殿佛像的手，总体趋势是中间高两边低，一一对应上了佛像的高度、宽度、开间的大小、成佛的先后。还有他们的右手普遍高过左手；袈裟褶皱的不同；对东西两端佛像手势含义的猜想，种种这些问题，我不曾想过，甚至不曾把它当作是个问题，更不用说去了解，去研究。

三、结语

最后让我印象深刻的是丁老师“华严的美术”的讲座，有藻井、佛光纹，有唐的绝妙，有辽的出格。而最让我受益匪浅的是我了解到了我的无知。我甚至不知何为华严寺……而我想，这不可怕，也不迟。

我见到了奉国寺，触摸到了奉国寺，也听说了佛光寺、华严寺、独乐寺等众多优秀的古建筑作品。奉国寺激发了我对自身无知的认知，也激发了我对无限未知的渴求。而重要的是，我应当带着丁老师寻找佛光纹一般求知的迫切去画龙头、数牙齿，去大地上行走。

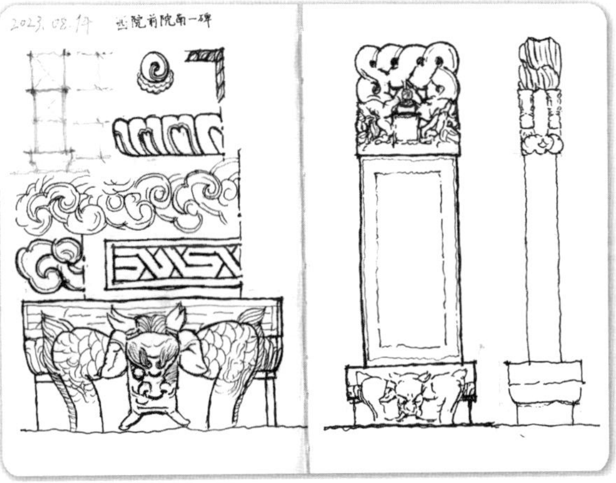

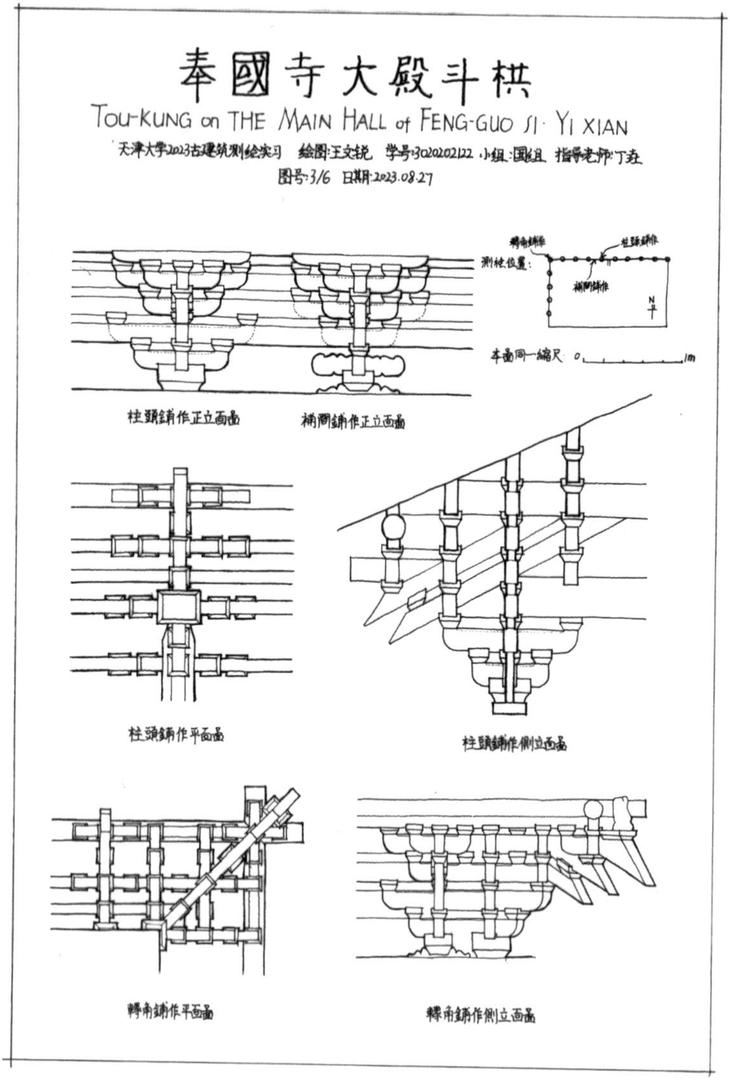
奉國寺大殿斗栱
TOU-KUNG on THE MAIN HALL of FENG-GUO SI · YI XIAN
天津大学2023古建筑测绘实习 绘图:王文锐 学号:3020202122 小组:国组 指导老师:丁垚
图号:3/6 日期:2023.08.27
轉角鋪作
柱頭鋪作
測繪位置:
補間鋪作
N
本圖同一縮尺 0 1m
柱頭鋪作正立面圖
補間鋪作正立面圖
柱頭鋪作平面圖
柱頭鋪作側立面圖
轉角鋪作平面圖
轉角鋪作側立面圖

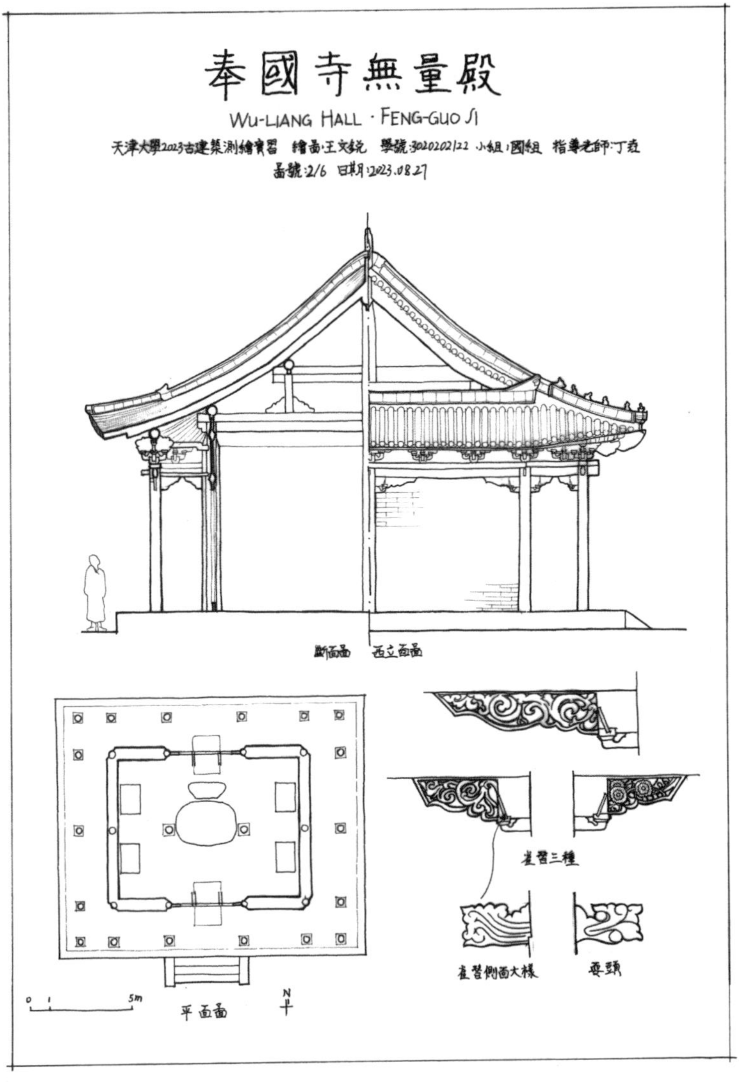
奉國寺無量殿
WU-LIANG HALL · FENG-GUO SI
天津大學2023古建築測繪實習 繪圖:王文鋭 學號:3020202122 小組:國組 指導老師:丁垚
圖號:2/6 日期:2023.08.27
斷面圖 西立面圖
雀替三種
雀替側面大樣
耍頭
0 1 5m
平面圖
N

眼、手、笔以及凝固的生命

赵宇涵

一、经过

8 月 12 日中午十二点到晚上七点半，从天津站坐绿皮火车到义县，我把自己直挺挺地塞进绿皮车的上铺，浅浅地睡了一会儿，但大多数时间还是坐在下面读书，看窗外的大地慢慢展开。对面坐了一个沉默的东北男人，头一动不动地望向窗外，高纬度的阳光和长久的户外作业让他的皮肤变得沟壑分明。他，就是东北给我的第一印象：直白的沉默。当晚丁老师还在二楼组织了一场小型见面会，并且发了铭牌和绿色小本。

规定的抵达时间本是 8 月 13 日下午，但我提早来了一天，还比较轻松。上午提前去奉国寺溜达了一圈，如今的奉国寺给我一种新与旧的矛盾感，比如在建筑前总是放有现代工艺的鼎、香炉，甚至还有现代化的标语，等等，只有大殿给人的感觉最好，和谐且完整，但殿内壁画保存不佳。义县比我想象中要热很多，也许是因为纬度更高的原因，紫外线格外强，这里的人肤色也都普遍较深一些。当晚丁老师在旅舍院内组织了正式的见面会，队伍的组成远比我想象中的要更多元：有重庆大学、华南理工大学、天津大学以及海外高校的研究生、博士生，甚至还有高校的老师和学者……丁老师说测量本身是一门学科，需要更充分的时间学习，我们本科生作为初学者只需负责观察并画下来。这一切都和我想象中的在熊熊烈日下拿着卷尺爬上爬下的画面截然不同。现在回忆起来，那晚李晓学姐的话仍然让我深受触动。她用最真诚的声音告诉大家，希望我们可以珍惜和奉国寺相处的每一天，当时的我还不明白这半个月的时间过得有多快，但却被她声音里的热爱与真诚所打动。

8 月 14 日上午第一个任务就让我觉得很为难 —— 要绘制西宫前的两组石狮以及大殿前的一组石狮。因为石狮磨损过于严重，在我眼中是一个个有明暗关系的面，越画越像素描。我还不习惯用线条去勾勒出它们的形状，反而上了很多不必要的调子。下午绘制释迦牟尼佛座下南侧和西侧的狮子，以及殿内的辽狮，大殿内光线很暗，很难看清佛座下的兽面，西侧还保留有彩色纹样，南侧几乎完全剥落，门口的辽狮也很模糊，看不清楚它的五官。我第一次遇到了松鼠。

8 月 15 日上午在展厅内临摹四号壁画，以及“法轮天地”牌匾。我发现自己用线还是像素描一样不确切，浪费了很多时间，也错过了很多要点，特别是绘制牌匾时抠了很久局部细节后却发现整体上越跑越远。上午结束后学姐让我们交换本子来交流学习，我意识到自己的线条还是太过随性了。

下午在大殿内绘制塑像群，丁老师说画得越简单越好。一开始我还没有明白，但随着不断走动和观察才意识到老师的意思也许是希望我们从这些繁复的、看上去极度相似的细节里面跳脱出来，去找寻它们的不同，如手势、高度、位置，等等。最后丁老师又现场讲解，我发现自己还是过于懒惰，忽略了很多细节，比如佛像们的前后位置和左右间距都是有所变化的。

8 月 16 日上午绘制香炉和烛台。七尊佛前各有两座烛台，一座香炉，每个香炉上又各有三个兽面，共 21 个兽面。我发现烛台的大小似乎有所不同，而且烛台上的纹样也略有不同，但并不明白其中的规律，而看似相同的兽面似乎又不太一样。下午绘制无量殿的平面和西立面及其剖面，在绘制立面的时候我找不到合适的角度，找不准正确的关系，改了很久。最后老师还让大家集合在一起画了大殿的北立面，从远处的高台望过去发现大殿比我想象中要宽一些。

8 月 17 日上午太阳很大，当日的任务是画斗栱。我一开始画得很快，但发现身边的学长学姐们一直在画，凑上去才发现他们画了很多遍，每一遍都有所不同，自己画得过于潦草了。后来丁老师看了大家的本子，强调了补间铺作的曲线要画准确，即便是学长学姐们画了那么多遍也都没有合格精准地把它勾勒出来。我意识到要想把这个专业学好，没有热爱是肯定不行的，但只有热爱也是远远不够的。下午我们去了附近的广胜寺塔，绕塔走了七圈，我选择继续画塔身的狮子，离开广胜寺后，又在远处结合照片补画了塔身。

8 月 18 日上午的任务是继续补充没画完的斗栱，我意识到自己的古建筑知识太少，有些地方仅靠肉眼观察画出来也未见得准确，于是找了一些斗栱结构的学习资料并试着边模仿边观察。下午的任务是画大殿平面和奉国寺总平面，走了很多路才画出来一个很不准确的形，学姐指出来有些结构立柱被我完全忽视掉了。

8 月 19 日的任务是画奉国寺的轴测图、纵剖面以及大殿的侧立面。轴测图之前一直没有画过，我感觉透视不准确改了很多次，本子画幅过小也未来得及加上很多细节。此外我开始思考成图的排图，额外画了辽碑。

8 月 20 日是现场绘图的最后一天，没有新的任务，我决定补画一下之前没画好的图，重新细化了大殿的平面，又新画了纵剖面。画的时候大殿很暗，一些细节很难看清楚，回去之后又找相关资料补充。额外画了金碑碑首。

8 月 21 日至 27 日每天就是在食堂或者宿舍画图，遇到不准确的地方去现场核验或者参考已有的资料，其中 8 月 22 日又去现场重新画了一些之前线条过于模糊的石狮、香炉等，又仔细观察了大殿的鸱尾和内山门。

8 月 27 日晚上七点半开总结会，坐在院子里，我感觉见面会好像就在昨天。丁老师让每个人都分享一下自己的感受。我的位置在第一排。学长学姐们谈了一些非常学术的、系统的观点、发现和体会，到了我们只能讲一些很表层的感受，听到他们的发言之后我感觉自己好像在参加一场我没读过的一本书的读书会。每个人的发言都很真诚、很好，内容的深度又是和个人能力以及学习程度紧紧挂钩的。前辈们的发言让我觉得愧疚起来，也许自己应该更努力地去读这本“书”；我也十分感谢这次义县实习的经历，让我可以从机械的计算机绘图中跳出来，学会观察体会，用最直接也是最本真的方式回归到建筑设计之中，并且深刻地意识到自己学习的路还十分漫长，自己走的真是太少了。

二、建筑文物

整个奉国寺内只有大殿是辽代的建筑，其余均为清代以后修建。大殿采用最高规格的九间体量，足以凸显其重要的地位，然而却不会给人压迫的巨构之感，这得益于大殿严格控制的柱高和间广，以及立面上有冲击性的密密麻麻的斗栱。在沉浸式的七天现场绘图过后，大殿给我最深的感受是它好像是一个有机的生命体，每一处都那么和谐，好像每个构件都在遵从宇宙中最本源的定律。正面看大殿有七扇门，进殿之前其实就已经暗示着殿内的七佛像。

进入殿内，光线一下子由明到暗，待人眼适应光线的变化，可以感受到透过门板缝隙照射进来的光与影与佛像本身的光泽交融在一起，七尊面容相似的巨佛形成了一个 30 余米长、10 米高的巨屏，人在里面好似置身 IMAX 影院。七尊坐佛从 10 米的高处俯视众生，塑像群的佛手由中心的在身前，到两侧将手微微垂下，好像是在向众生施以怜悯，佛手在运动中孕育着和谐和美感。

而如若再进一步仔细地观察，即可发现七佛并非等距排开，而是中间的巨佛微微向前，由中间到两侧间距逐渐缩短，七佛高度也由中心向两端稍稍降低，如此设计使得七佛像浑然一体。八角和圆形的佛座相间排列，使得整体更为生动丰富。这个特点在彩绘和木构件上也有所体现。

除此之外丁老师又提到了木构上的花纹与图样对整体性的作用。在现场如今已难以辨认的彩绘，经过丁老师讲解之后好像又重新出现在我眼前。我好像穿越到了千年之前，看到满目的飞天与祥云。木构上的佛光纹好似《法华经》所描述的那样，佛光像“天女散花”一般洒下来，无处不在地沐浴在我身上，实在是令人感动。

奉国寺的斗栱从唐代发展而来，但又不同于唐代（如佛光寺，柱头的斗栱观感上更强一些，柱间的更弱一些，视觉上强弱的变化给人以节奏感），整体上都很平均，柱头柱间都很强，给人很强的冲击力，密密麻麻形成一个很大的层压在上面，让巨大的大殿整体看上去更紧凑，不至于松散。

无量殿是歇山式建筑，宽 20 米、长 16 米，殿脊高 9 米。

广胜寺塔建于辽乾统七年（1107 年），原名嘉福寺塔，位于古城的西南隅，取自佛法西来之意。广胜寺塔高约 42.5 米，边长约 6 米，立于巨大的塔台南部。广胜寺塔作为北方诸多辽代砖塔中建造年代久远且保存完好的案例之一，在外观上保留了部分唐塔的建筑风格，但平面形制已由方形转变为八角形，13 层，密檐式，砖构。除去占据塔身约五分之一的第一层，剩下的 12 层密密麻麻，给人数不尽之感。塔身的浮雕十分精美，在结构上与奉国寺大殿的七佛座有着相似性，但不同点在于塔身的八个面各有一个石狮，八角各有力士像，且强调南北两个正方向，若站在南北两侧可以看到两个侧边的石狮向中心微微靠拢。

三、学习总结

在义县短短半个月，我提升的不仅仅是绘图水平，更重要的是思考方式的改变，眼界的提高，以及对自身局限性认识的加深。把一团模糊的曲线，用寥寥几笔勾勒出确切的形状，需要改变的不是绘图技法，而是观察方式。在义县我们做的事情就是不断地反复去观察，有更大的自由度而非机械地快速地用尺子测量干瘪的数据。我们用自己的肉眼最直接地去观察和放大每一条曲线，每一处细节，甚至是烛台上兽面的牙缝线也不放过。这让我想到了以前教素描的老师说，把一个石膏头像用两个小时完整地画出来并不难，难的是如何把一个石膏头像一直画下去，去寻找每一个小的灰度的变化。我想在义县我学习的就是如何去观察，去和自己的懒惰与麻木做对抗，去拥抱每个人类基因里对美的相似的渴望……

当线条从毛毛躁躁逐渐变得干净利落，我发现自己的状态也越来越沉浸了，我们正在这里重拾我们身为人类的能力，而这也同样离不开丁老师队伍里浓厚的学习氛围。许多优秀的学者和学长学姐有着比我熟稔很多的绘图技巧，测绘过比我多得多的古建筑，他们不会觉得一遍又一遍的测绘是机械无聊的，反而比我踏实沉浸得多——一遍遍重新修改自己的图，每次修改都带着自己的思考，惊喜着自己的发现……这种简单朴素的热爱令我动容，他们用眼睛创造了一门新的语言，彼此诉说着讨论着。他们的声音让我对未来的想象饱满起来了，我也渴望着可以熟练地掌握这门语言。我好像被一个柔软的泡泡包裹起来，找回了自己选择这个专业的初心，这是我最宝贵的收获。

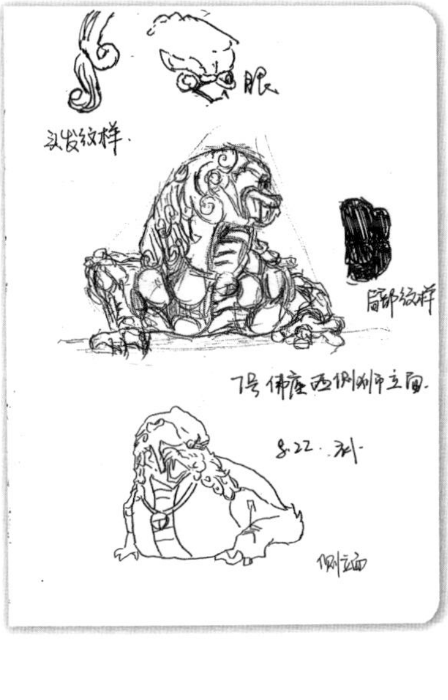

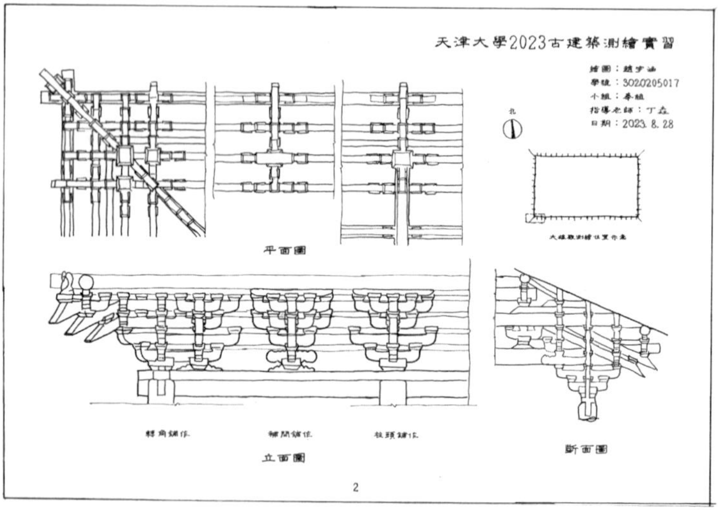

天津大學2023古建築測繪實習
學號：3020205017
小組：奉組
日期：2023.8.28
北
平面圖
轉角鋪作
補間鋪作
柱頭鋪作
立面圖
斷面圖
2

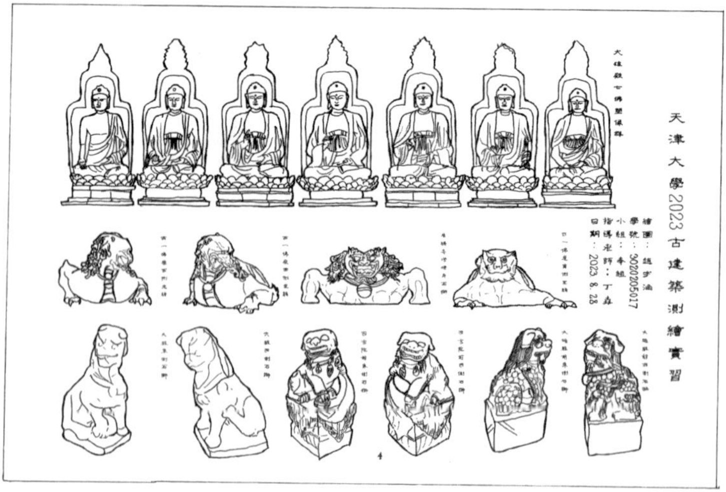

天津大學2023古建築測繪實習
學號：3020205017
小組：奉組
日期：2023.8.28
4

测绘与文化传承

赵云帆

6月18日在建筑学院系馆第六报告厅举行古建筑测绘动员会。何其有幸，可以在建筑学院系馆里接受王其亨先生的教诲——古建筑作为历史的见证者，代表着一个地区的文化遗产和建筑艺术的精华。

测绘古建筑是与之在更具象层面的亲密接触。通过一次次邂逅和“耳鬓厮磨”，测绘者对古建筑本身愈发熟悉，建立起一种亲密无间的关系。然而，我们必须铭记在心，建筑远非冰冷无声的木材石块，它冷漠、沉默、无声地度过蹉跎岁月。测绘的意义远不止于对冰冷建筑的尺度观测，它是时空层面上的一次遇见，我们邂逅了漫漫岁月的记录者，遇见了百千年前的创造家。在这次遇见中，我们交谈、闲聊，思绪纷飞，穿梭于过往时光之中。

测绘不应受限于冰冷屏幕前的守望，我们需要用手亲自抚摸建筑的表面，感受风吹日晒带来的侵蚀裂缝，体验岁月痕迹带来的触感，用心体悟这古老而生动的语言。只有通过实地感知，我们才能真正理解建筑背后的历史和故事，只有了解建筑历史文化，才能更好地传承和发扬。

我希望不仅可以在实地测量中找到准确性，更重要的是在与建筑亲密接触的过程中获得情感共鸣，通过交流、思考和感悟，从古建筑中汲取智慧，传承历史文化，将历史带入生活实践之中。

8 月 13 日，辽宁省锦州市义县咸熙旅舍。很幸运提前买好了车票，12 日晚我便踏上了许久未乘坐的绿皮火车。特地选择夜晚的车次，可能内心期待的是唤醒儿时懵懂的记忆，也可能是为了体验从前的出行方式，感受别样的快乐情趣。列车轰隆着驶向远方，我的思绪也随之不断飘飞，再一睁眼，已是戴着草帽的丁教授来到眼前。

放下行李，没有一丝休息，我们来到了奉国寺的入口。好像从这一刻起，直到离开义县的最后一刻，每每经过检票口，看到奉国寺中轴线时都是同样的震撼。一条笔直的直线驶向远方，内山门、牌坊、无量殿、大殿依次沿线展开。奉国寺建筑群不似颐和园、北海公园等园林秩序井然、雍容华贵，它以一种庄重、朴素一刹那击碎了我的内心。我产生了深深的疑问，怎么会有建筑在朴素、华丽、庄重中找到完美的平衡，为什么我会感到一股庞大的建筑力量扑面而来。这是奉国寺给我留下的第一个印象。我感叹于它的壮观优雅，也对未来的测绘工作充满了期待。

当晚霞的余晖洒在庭院之中时，全体同学来到小院里开始第一次交谈，大家围着丁教授坐下，互相畅谈起来时的见闻与测绘的想法。蚊子在四周徘徊，似乎被知识的交流吸引，渴望汲取建筑学人新鲜的血液以饱腹。

8 月 14 日是测绘工作的第一天，以描绘器物开始。如今想起，我的绘画水平似乎与专业课培养关系不大，受影响较深的反倒是丁教授的中国建筑史课。古建筑测绘要求简单清晰的线条，似乎线条就是某种独特的语言，可以诉说一切。这反倒与我主观认为的建筑外形与功能是建筑独特的语言相似，不觉大呼奇妙。

在丁教授的系列课程中，我的审美与手绘技法似乎有了些许进步，以眼观景，也会额外注意事物的构图与比例。中国建筑史课虽是讲解中国建筑历史，但对我们美学、文学素养的培养和提高也确实是潜移默化的。

8 月 15 日，第二天的新奇之处在于上午十点学姐将我们叫到了大殿后月台处，对于饱经风吹日晒的我们来说无疑是一件乐事。大家把各自的小绿本摊开平铺在胸前，学长学姐一个个观看，为我们指出各自的问题与错误。真是一个温馨的场面，仿佛来到了外出踏青、集体写生的现场。只不过若是单纯叫写生，可谓是对佛教的大不敬了。七佛殿中，倒座观音也让大殿产生一种极强的能量场，敬畏之心自是陡然而生。

下午的工作开始于两点半，内容较为自由 —— 自行到奉国寺里绘制图纸。中午时见到学姐绘制的无量殿韦陀像，我十分心动，于是信步来到无量殿之中观摩学习。

晚饭对于长了东北胃的我来说也十分友好，经过两天的接触，大家似乎也都慢慢熟悉起来，食堂中愉快轻松的氛围似乎也为整段测绘实习工作定好了基调。

8 月 15 日上午八点半，我们来到了大殿月台前的石狮子旁评析今天的图纸，学姐为我们布置了一个更为有趣的任务——画龟趺，从局部到整体，从爪子、耳朵、嘴到龟背、文字。在奉国寺内信步，充分享受寻找宝藏的感觉，在殿内我又发现了数座石碑，心中自是满满的难以言表的成就感。

8 月 16 日，今天主要绘制的是天王殿的斗栱、侧立面、正立面以及仰视，手快的同学画完之后可以画内山门的立面。一听此消息，我自是手痒难耐，立马抢先来到山门处，却被壁画所吸引，深深沉浸在其中，不觉间竟信笔描绘出壁画场景。十分可惜的是今天多次将内山门的比例画错，一改再改，竟在内山门前站了整整一个下午，脖颈因为长时间低头而疼痛不已，所幸最后绘制出完美的测绘稿。

8 月 17 日，学姐并没有特意布置任何事物让我们画，而是佛系地让我们自行测绘，有需要的可到殿内找学姐看图。我深深沉浸在这种轻松随意的气氛之中，自由而不散漫，我们有组织有纪律地统一着装，佩戴工牌，拎着那米白色的小兜，肆意享受辽宁 8 月的暖阳。

8 月 18 日早晨，我们有了统一集合的地点——无量殿西侧，今天的任务是测绘斗栱。我有些摸不着头脑。我确实见过斗栱，也接触过斗栱的模型，但真正见到的惊讶震撼，却远超以前的随意一瞥。我不觉发自内心地赞叹古人的绝妙智慧，站在无量殿侧面，我陷入了深深的思考。

8 月 19 日至 20 日，测绘工作即将结束，学姐开始教学工作的收尾，提醒我们准备好纸笔，迎接即将到来的手绘任务，对此我十分欣喜。其实我特别喜欢且沉浸于手绘工作带来的宁静感，它是属于我和建筑以及建筑师的交流。我试图通过笨拙的线条理解古人的伟大智慧与艺术，而在这一过程中也不断提升自己，审美水平愈发提升。

8 月 21 日至 28 日，七天的画图因为有同学们的陪伴与美食的诱惑而显得轻松了许多。在画图过程中令我感受最深的无疑是排版与构图。我终于明白了不应仅满足于排满测绘稿，而应融合立面与剖面，我如饥似渴地学习着先人们的图纸，并将知识储存进大脑。

我看到梁思成先生、莫宗江先生的佛光寺大殿，感动到无语凝噎。简洁的线条清晰地表达着建筑的构成与比例，佛像的弧度是那么恰当、融洽，构图的比例让我一下子沉浸其中，脑海中也不断盘算着自己的画稿，希望将两周的努力倾泻其中。

在测绘过程中，我深刻感受到了古建筑与文物的珍贵价值和独特魅力。奉国寺和广胜寺塔作为辽宁义县的重要历史遗迹，承载着丰富的文化内涵和历史记忆。通过近距离接触，我更加深入地了解了它们的建筑结构、装饰艺术和历史背景。

在这篇总结的最后，我发自内心地感谢丁教授给予我们宝贵的机会，咸熙旅舍门前的水泥地上永远留下了我的足迹。义县测绘组轻松愉快的氛围在我的大学生活中留下了无与伦比的美好回忆，我为自己是义县测绘组的成员而感到无比骄傲。

当其他组同学在北馆面对冰冷的电脑敲打图纸时，我写下这段文字，我始终坚信科技只是认识古老文化的一种方式，真正有价值的东西始终在于现代人们对古老建筑与文化的内心体会，而这也是测绘实习的意义所在。

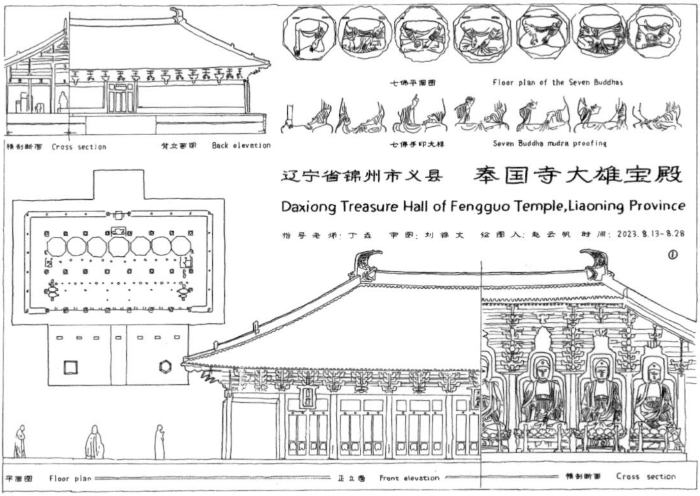
七佛平面图 Floor plan of the Seven Buddhas
横剖断面 Cross section
背立面图 Back elevation
七佛手印大样 Seven Buddha mudra proofing
辽宁省锦州市义县 奉国寺大雄宝殿
Daxiong Treasure Hall of Fengguo Temple,Liaoning Province
指导老师：丁垚
绘图人：赵云帆 时间：2023.8.13-8.28
①
平面图 Floor plan
正立面 Front elevation
横剖断面 Cross section

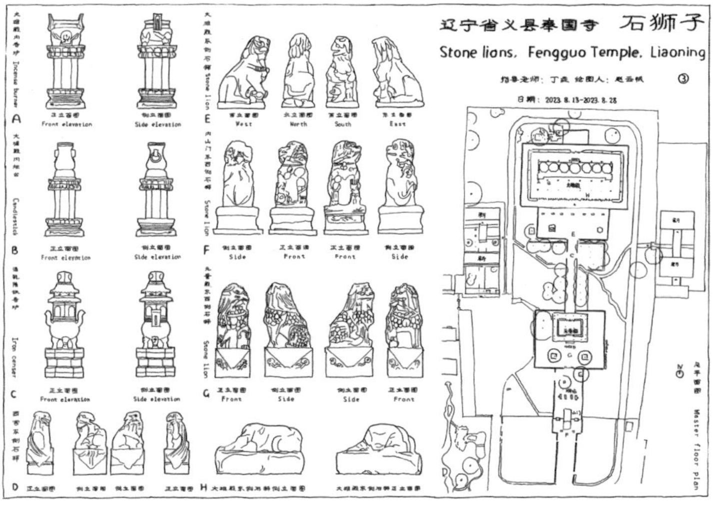
辽宁省义县奉国寺 石狮子
Stone lions, Fengguo Temple, Liaoning
指导老师：丁垚 绘图人：赵云帆
③
日期：2023.8.13-2023.8.28
A Incense burner
Front elevation
Side elevation
B Candlestick
Front elevation
Side elevation
C Iron censer
Front elevation
Side elevation
D
E Stone lion
West
North
South
East
F Stone lion
Side
Front
Front
Side
G Stone lion
Front
Side
Side
Front
H
Master floor plan

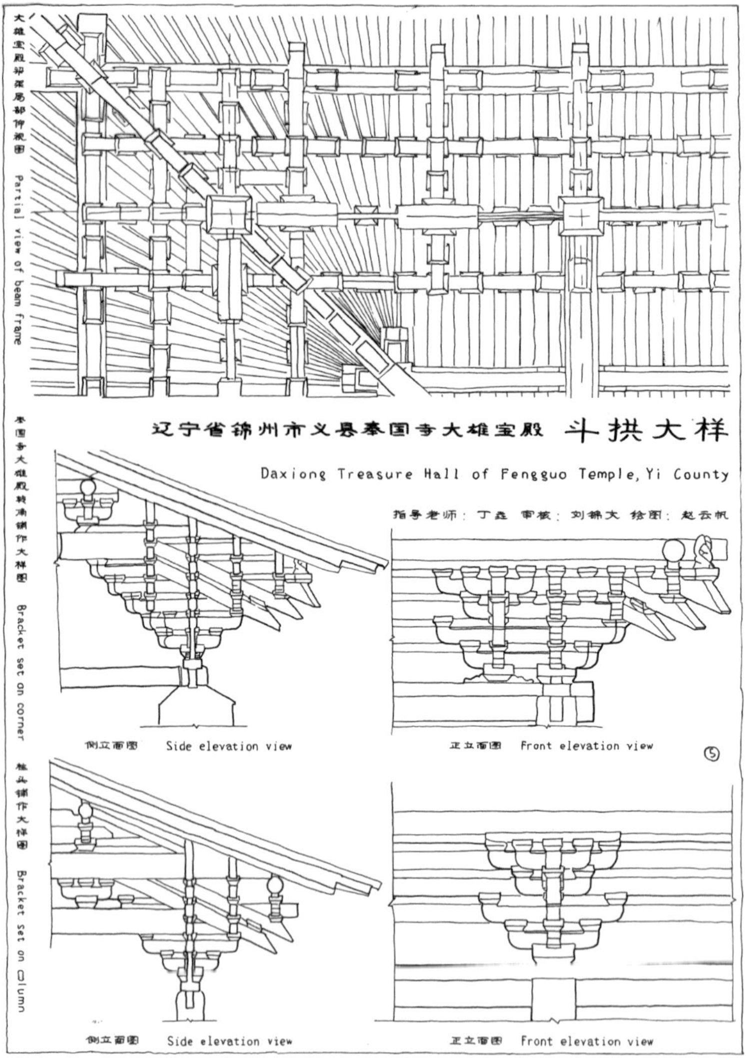
大雄宝殿梁架局部仰视图 Partial view of beam frame
辽宁省锦州市义县奉国寺大雄宝殿 斗拱大样
Daxiong Treasure Hall of Fengguo Temple, Yi County
指导老师：丁垚 审核：刘锦文 绘图：赵云帆
奉国寺大雄殿转角铺作大样图 Bracket set on corner
侧立面图 Side elevation view
正立面图 Front elevation view
⑤
柱头铺作大样图 Bracket set on column
侧立面图 Side elevation view
正立面图 Front elevation view

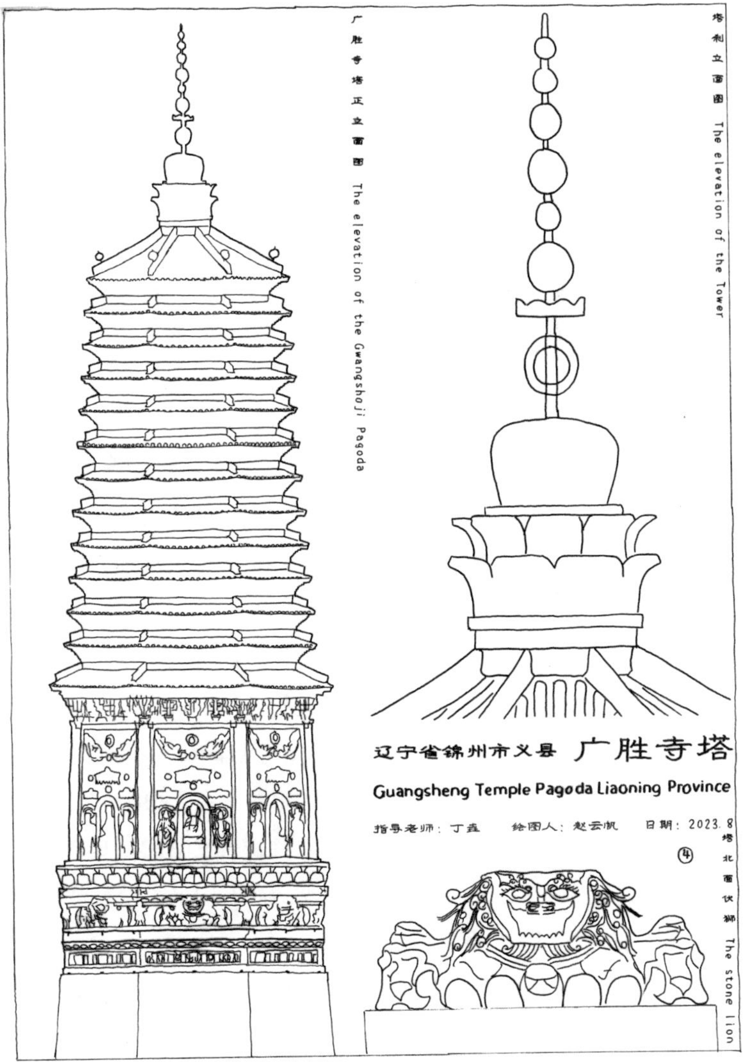
广胜寺塔正立面图 The elevation of the Gwangshoji Pagoda
塔刹立面图 The elevation of the Tower
辽宁省锦州市义县 广胜寺塔
Guangsheng Temple Pagoda Liaoning Province
指导老师：丁垚 绘图人：赵云帆 日期：2023.8
④
塔北面伏狮 The stone lion

在奉国寺感受“盛极辽时”

郑宇扬

测绘报名时看到辽宁义县，我当即想到应该是辽代的奉国寺。在此之前我曾有幸前往蓟州独乐寺以及应县木塔，这二者都是现存辽代木建筑中的知名代表。

8 月 12 日，我乘上了自天津前往辽宁义县的绿皮火车。这是我第一次乘坐绿皮火车，于晚上六点半抵达义县，这座我将生活 16 天的小城。旅舍就在离奉国寺百米远的地方，非常方便，入住后我更是惊奇地发现我们是标配单人间，这无疑是所有测绘组中条件最好的。于是我更加肯定了自己最初的选择。晚上丁老师先召集提前到达的大约十人作简短的自我介绍，我们领到了第一个关键道具：正面印有“盛极辽时”，背面有丁老师亲笔书写的铭牌。在未来的十余天中我们都将凭借这个铭牌出入奉国寺，而在 16 天后离开义县时，我才明白这张铭牌还将裹挟着我在这个小城的所有回忆，继续被我珍藏在抽屉的某个角落。

8 月 13 日是我第一次真正直面奉国寺。上午八点半进入外山门后，奉国寺内山门、牌坊、无量殿、大殿这一明晰而规整的轴线就呈现在我眼前。穿过内山门后见到的牌坊应该是正在维修中，搭上了脚手架的同时，四周围上了一圈防护栏，这未免就有些出戏。牌坊之后是体量并不大的无量殿，无量殿再之后就是高台之上的大殿了。无量殿和高台之间的甬道两旁都是高大的古松古柏，细看树的铭牌，最少的都有两百年的历史。茂密的树冠遮挡了一部分的大殿，远观让人依稀觉得高台之上的巨物并不那么大。

依道前行，大殿也逐渐从古树的屏风中显露出来。见到甬道两旁的清代石狮再走上台阶后，整个大殿如一幅画卷般赫然展现在眼前，硕大而壮阔的开间，雄健而疏朗的斗栱，平缓而舒展的屋面，这一切都令我瞠目结舌，心中暗道不愧是辽代遗存最大的佛殿，实乃神迹也。

在短暂的震撼后，我缓步向殿内走去。走入殿内后迎面而来的是七尊大佛，我瞬间理解了大殿体量如此之大的缘由——若不是大殿建得如此之大，怎能放得下这七尊大佛。初入殿内我便意识到大殿内不设天花，整个大殿的梁架包括屋顶的椽一览无余，这是典型的“彻上明造”做法。当时的我尚不知晓，不设天花这一做法竟与“辽时之盛极”有着莫大的关系。

中午时分我们在旅舍二楼“小会议厅”处领到了小绿本，我们将把测绘期间所思所想记录在本上，更为关键的是我们的草图。从某种意义上讲，这个小绿本将记录我们这些天的成长。

8 月 14 日是我们正式开始画图的第一天，我所在的“咸”“熙”组上午先是在大殿内刻画各种诸如纹样、雕塑、装饰、石香炉兽面、壁画服饰等细节。我一开始选择了石香炉腿上的兽面，虽然有些不习惯将透视的画面转化成立面的草图，但在刘锦文学姐的不断督促下，我努力将杂乱的线条凝聚成了坚定的线条，并逐步找到了适合自己的节奏。接下来我又画了一下佛像莲座上的纹饰以及石香炉的整体样式。虽然对形状的把握仍不是很准，但起码我的线条在当天就有了比较明显的进步，分线型的理念也在学长和学姐的反复强调下运用得越来越熟练。

8 月 14 日整个下午，我都在和大殿外碑亭里的两座清代石碑苦战。此处阳光充足，碑首上雕刻的纹路是最清晰的，但因此也比较晒。正所谓鱼和熊掌不可兼得，为了看到更清晰的一手资料，众人只能忍耐着烈日的曝晒，一笔一画地描绘下碑首上的纹路。

8 月 15 日在补画完碑首和碑座后，丁老师让我画碑亭的椽望，画完后丁老师指出我应该给雷公柱的轮廓线加粗，我认识到线的粗细本质上应该是为了提高图的可读性，线的粗细不仅仅是结构或形制上的差别，更是作画者想要强调的差别。灵活运用不同粗细的线应该贯穿我们画图的整个过程，以达到我们想达到的效果。

在接近中午时，丁老师召集众人来到大殿内东侧的乾隆义州城工碑以及万历重修义州奉国禅寺碑前。乾隆碑不及一人高，碑首略微扁平，碑座分为简洁的三层；万历碑高为前者的两倍多，碑首刻有二龙，碑座为一只背部稍微下凹的龟趺。

丁老师抛出一个问题：这两座石碑哪座更好？经过投票，三分之二以上的同学认为乾隆碑更胜一筹，我也在此列。随后丁老师娓娓道来两座石碑的优劣之处。先是万历碑过于追求修长，追求高，却没能处理好碑身的宽度以及厚度，使得石碑过于单薄，有种易折的感觉；再者该碑座的龟趺背部受压的中心并非整个碑座的最高点，反而有些下凹，缺乏饱满度和支撑感，让整个碑显得松垮。相较之下乾隆碑的碑首虽然大体上呈略微扁平的方形，但其与碑身以及碑座的比例十分协调，美中不足的是碑的尺度略小。碑上的文字较大，使得碑看起来更加稳重，回应了碑首背面雕刻的“千载永固”这一求“稳”的主题。

8 月 15 日下午，丁老师让我们画大殿的塑像群。画的时候我粗鄙地认为七尊大佛高度相同，但经丁老师讲解后我才意识到七尊大佛的高度有所不同。尽管正中最高的佛像加莲座高 9.5 米，其余六尊也均在 9 米以上，在宽大的东西向画面带来的震撼下这点高度差难以察觉，但是找到参照物后仔细看还是可以看出高度差的。

在此之前丁老师将这七尊大佛呈现出来的形象比喻为“巨幕”，既不是单尊或者三尊佛像形成的宽大空间内的视觉中心，又不是较矮的多尊佛像形成的廊道式空间，而是真正意义上的填满视野的“巨幕”，在大殿内想要看到梁架和椽子甚至得仰头超过45度。

随后丁老师还提到七佛的手部置于盘坐着的腿上，这是胁侍的头顶，也是参拜的人们视觉的中心位置，理应有着深刻的含义。七双手的高度似乎也遵从着七尊大佛的高度的规律而上下起伏，最为奇妙的是最东侧大佛的手呈现交叉置于脚上的姿态，最西侧大佛的手则呈现展开的姿态。这一合一开仿佛预示着什么的开始，最西侧一尊释迦牟尼佛展开的双手又如佛祖包容世间万象的光辉形象。

8月16日，丁老师在旅舍二楼会议室夜谈“画图”。丁老师从文艺复兴说起，先是提到了米开朗琪罗在西斯廷教堂创作的壁画《创世纪》，然后顺沿着文艺复兴的脉络提到帕拉迪奥画的一些测绘图，以及同属于科学制图技术推动者行列的小桑加洛，最后讲到修复了巴黎圣母院的维欧勒·勒·杜克画的一系列测量图、渲染图、水彩画等。

丁老师还提到法国大革命后法国对自己本土文化的重视进而产生的巴黎圣母院的修复运动是近现代古建筑修复的开端，而20世纪80年代进行的以大殿为重点的全面修缮可以说是类似于19世纪40年代维欧勒·勒·杜克修复巴黎圣母院的壮举。

而后丁老师谈及梁思成先生赴美留学期间其导师克雷来自法国，从某种程度上梁思成继承了自文艺复兴起沿袭至今的正统的科学制图技艺，这对梁先生后续主导的在中国大地上的一系列古迹探寻是至关重要的。

随后丁老师向我们介绍了中国营造学社（主要是莫宗江先生）绘制的一些图纸，强调了绘图的三个关键点：线型分粗细，比例要准确，图的可读性。线的粗细前文已经谈及，主要是让图的主次更加鲜明，意在强调绘图者想主要表达的对象或者空间中值得注意的轮廓；丁老师在谈及比例时引入了“低科技”“高科技”与“黑科技”的划分，充分引起了众人的兴趣，丁老师认为比例更接近于“低科技”的原因是其普适性，我们初学者都能借助观察比例或画图重现准确比例来学习和进步；至于图的可读性，就莫宗江先生的测绘图来说，适当地加入对不同材质的表现能让原本生硬的测绘图更加生动，图中加入比例人也使得图纸更具有参考性和可读性。

再之后丁老师就谈及从 2007 年开始他借助三维激光扫描技术在奉国寺大殿有了新的发现，再回到独乐寺，然后又回到奉国寺、应县木塔、华严寺等一系列辽代建筑，于是有了新的发现的故事，他提出这批辽代建筑虽然各不相同，但是都指向一个共同点，丁老师将其概括为“华严的美术”。在这之后丁老师提出了辽代建筑的源头都应该追溯到佛光寺这一观点，尽管我们印有“盛极辽时”的袋子上没有印佛光寺，但袋子上的十三座辽代建筑与佛光寺的关系都是十分紧密的。在这之后丁老师讲述了“盛极辽时”这一名号的由来，并着重谈及奉国寺大殿为何最能被称为“盛极”。在这里丁老师又引入“西瓜理论”，这批辽代木建筑就是即将烂掉但还未烂掉的那一批熟透了的最甜的西瓜，而奉国寺大殿又是最接近那个顶点的代表。

由于我以往只去过蓟州独乐寺以及应县木塔，况且当时的我尚未受到丁老师这般醍醐灌顶的输入，并未带着有准备的、针对性的目光去看待这些辽代的木建筑，因此在理解辽代木建筑抽象的“盛极”时我还是有些不明白。

在奉国寺大殿和广胜寺塔这两座辽代建筑的现场，我似乎稍微理解了那种“盛极”的状态。奉国寺大殿首先能体现“盛极”的就是其本身体量的巨大；再者就是雄健疏朗的斗栱，并未如佛光寺一般有大有小，反而是都呈现出绽放的姿态，巨大的斗栱顶着的屋顶平缓而顺滑，仿佛是以大殿为中心向外扩散的涟漪抑或是树木向外生长的枝叶；来到殿内最为直观的感受就是均为 9 米以上的七尊大佛，大殿为了顺应这种盛势也不设天花，大佛的背光直冲梁架之上，以达到“盛极”的状态。而在广胜寺塔上“盛极”的体验也颇为形象。首先是塔身上仿木结构的砖柱呈现一种被挤压的凸出的状态，仿佛塔身中积累了太多的能量即将冲出。柱上有砖枋，枋上仿木构的斗栱也采用了向四面八方“发射”的造型。斗栱之上还托有檐枋，枋上出叠涩飞檐，形成十三层密檐。塔身上八面都装有铜镜，仿佛一个反射光线的发光体，这之中的巧思也使得塔本身更好地回应了“盛极”这一主题。

8 月 18 日晚七点半，我在奉国寺周边的胡同中散步，借着尚未完全散去的天光，我看到了高出周围单层民居的奉国寺大殿的屋顶，那一刻我的心情是无比雀跃的。奉国寺大殿就矗立在那里，历经了千年岁月，在今后的时光里，无论这些民居会不会拆迁、居民会不会搬走，奉国寺大殿都将矗立在那，被后人所景仰，那本就是其“盛极”的一种外化的表现。

8 月 19 日和 8 月 20 日就是我们在奉国寺中到处补全自己之前画的草图的两天。在这两天中我将内山门的平立剖面图都各画了两遍，以求达到准确的比例；我还将寺内四对石狮的西侧的那一只的正立面图和侧立面图等画在了本子上，以方便后期的对比；除此之外我还画下了内山门、无量殿以及大殿屋顶上的鸱尾。8 月 20 日之后我只觉得奉国寺内还有很多东西需要我去看、去画而没来得及。

从 8 月 21 日开始到 8 月 28 日就是排图、画图、改图的时间了。

这 16 天沉浸式的古建筑测绘经历，让我用一个词来形容就是“纯粹”。这是一种天时地利人和的“纯粹”。“天时”主要体现在这 16 天算得上都是好天气，与前不久的台风对比，这真的是难能可贵。“地利”则体现在我们入住的咸熙旅舍是如此接近奉国寺现场，条件又是如此优越，更别说还管我们一行 50 人的一日三餐，这真的是节省了我们很多觅食的时间，让我们得以全身心地投入画图中去。再然后就是义县清净的氛围更是“地利”的一环。奉国寺路本就稍远离义县的中心，周围没有太多别的东西影响我们的注意力。“人和”既体现在不管是奉国寺还是旅舍的管理人员都最大限度地为了我们的方便而行事，又体现在我们一行人为了去感受奉国寺的美而共同学习的这样一个难得的极为一致的过程。

第一周我们就以这般“纯粹”的状态浸润在奉国寺的滋养中，感受“盛极辽时”的辽代之风。相比于前一周的现场体验，后一周画图更像是体验过后所必需的沉淀。当然这种沉淀是需要反复进行的，尽管这周的沉淀也只是暂时的，能帮助我们理解一些现在能触及的东西，在往后的某些时刻这段经历还会激起层层波浪，那时候将会迎来更进一步的沉淀。

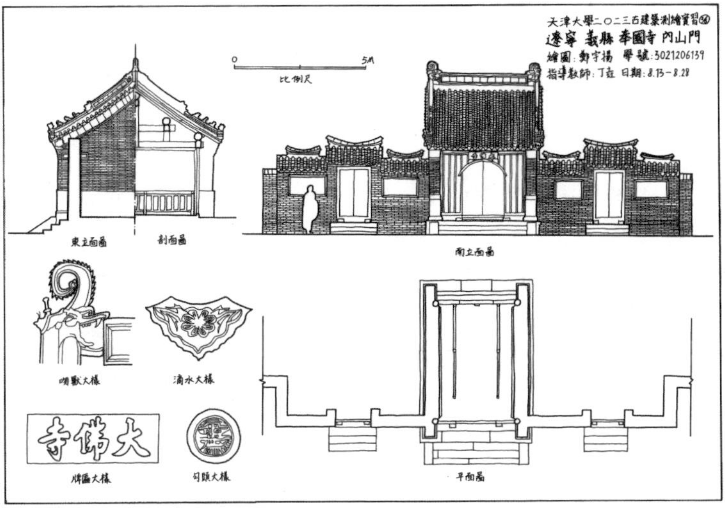
天津大學二〇二三古建築測繪實習
遼寧 義縣 奉國寺 內山門
繪圖：鄭宇揚 學號：3021206139
指導教師：丁垚 日期：8.13–8.28
0 5M
比例尺
東立面圖
剖面圖
南立面圖
吻獸大樣
滴水大樣
大佛寺
牌匾大樣
勾頭大樣
平面圖

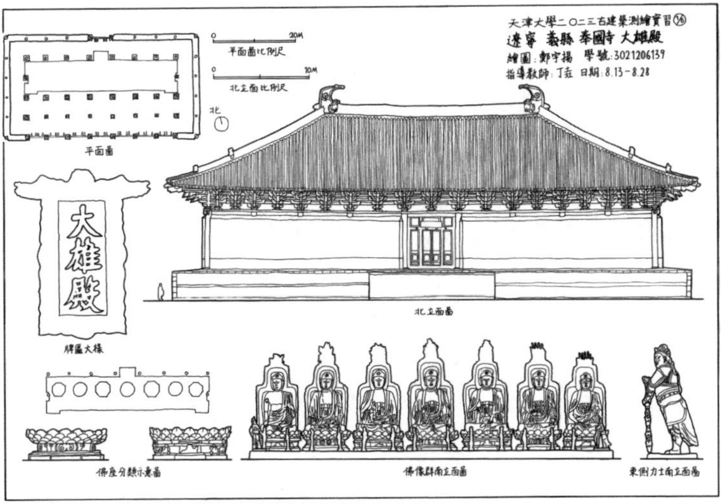
天津大學二〇二三古建築測繪實習
遼寧 義縣 奉國寺 大雄殿
繪圖：鄭宇揚 學號：3021206139
指導教師：丁垚 日期：8.13–8.28
0 20M
平面圖比例尺
0 10M
北立面比例尺
北
平面圖
大雄殿
牌匾大樣
北立面圖
佛座分類示意圖
佛像群南立面圖
東側力士南立面圖

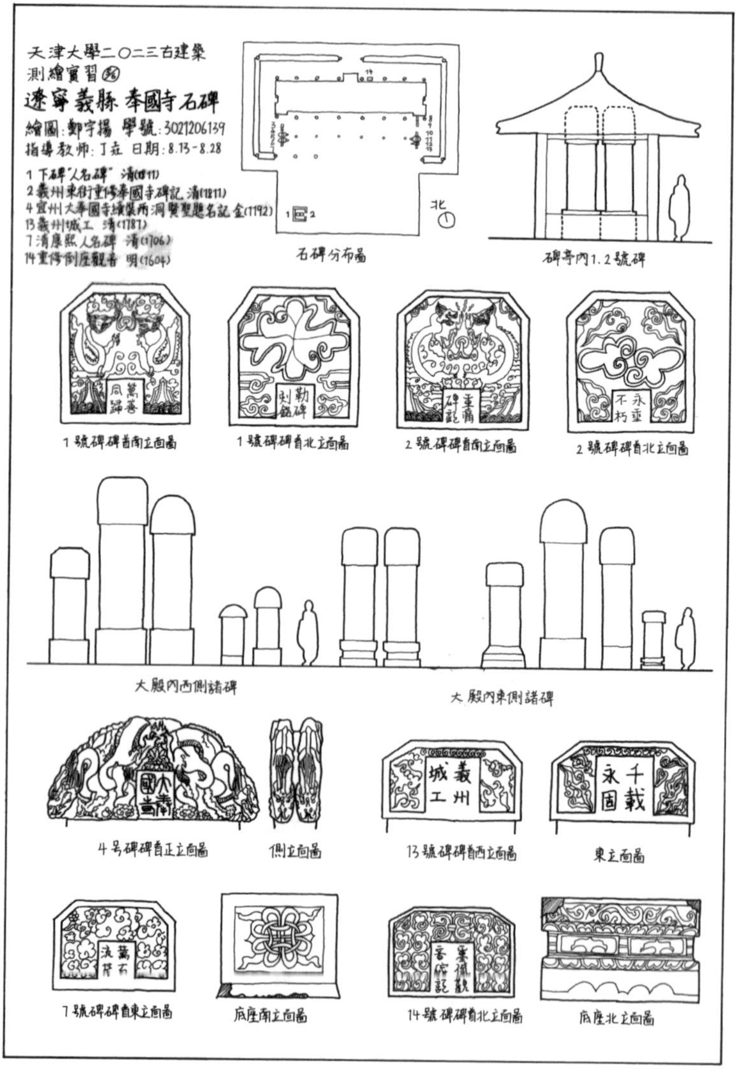
天津大學二〇二三古建築
測繪實習
遼寧義縣奉國寺石碑
繪圖:鄭宇揚 學號:3021206139
指導教师:丁垚 日期:8.13-8.28
1 下碑"人名碑" 清(1811)
2 義州東街重修奉國寺碑記 清(1811)
4 宜州大奉國寺續裝兩洞賢聖題名記 金(1192)
13 義州城工 清(1787)
7 清康熙人名碑 清(1706)
14 重修倒座觀音 明(1604)
北
石碑分布圖
碑亭內1、2號碑
1號碑碑首南立面圖
1號碑碑首北立面圖
2號碑碑首南立面圖
2號碑碑首北立面圖
大殿內西側諸碑
大殿內東側諸碑
4号碑碑首正立面圖
側立面圖
13號碑碑首西立面圖
東立面圖
7號碑碑首東立面圖
底座南立面圖
14號碑碑首北立面圖
底座北立面圖

沉浸

黄晨浩

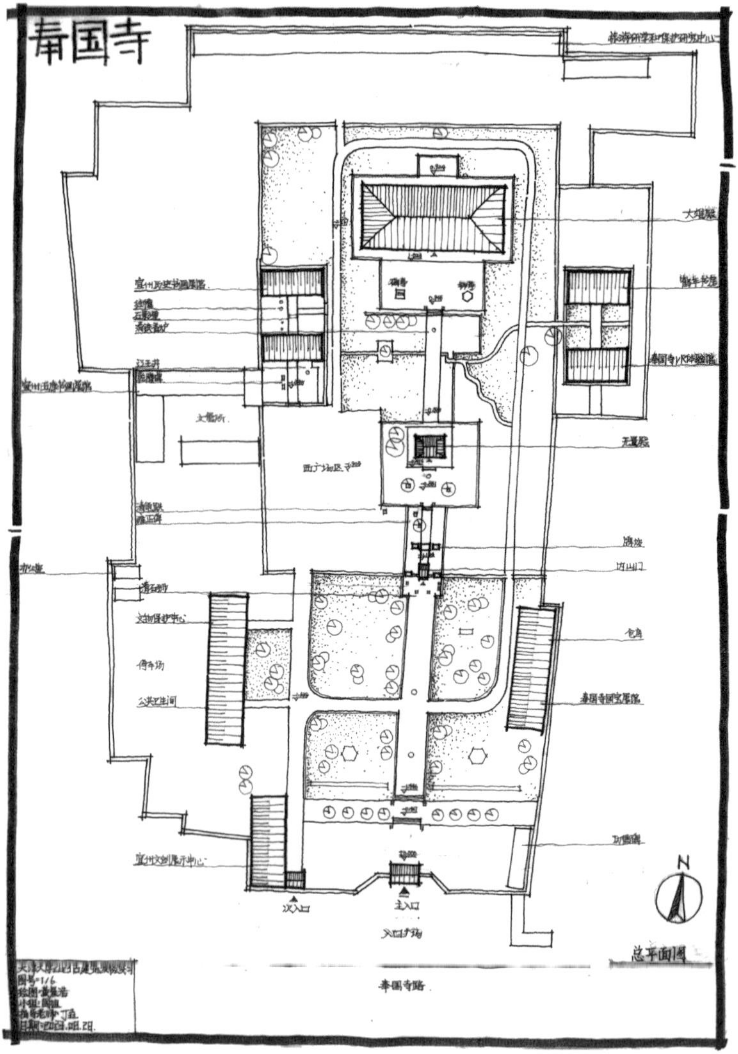
奉国寺
大雄殿
无量殿
内山门
奉国寺路
主入口
次入口
入口广场
总平面图
N

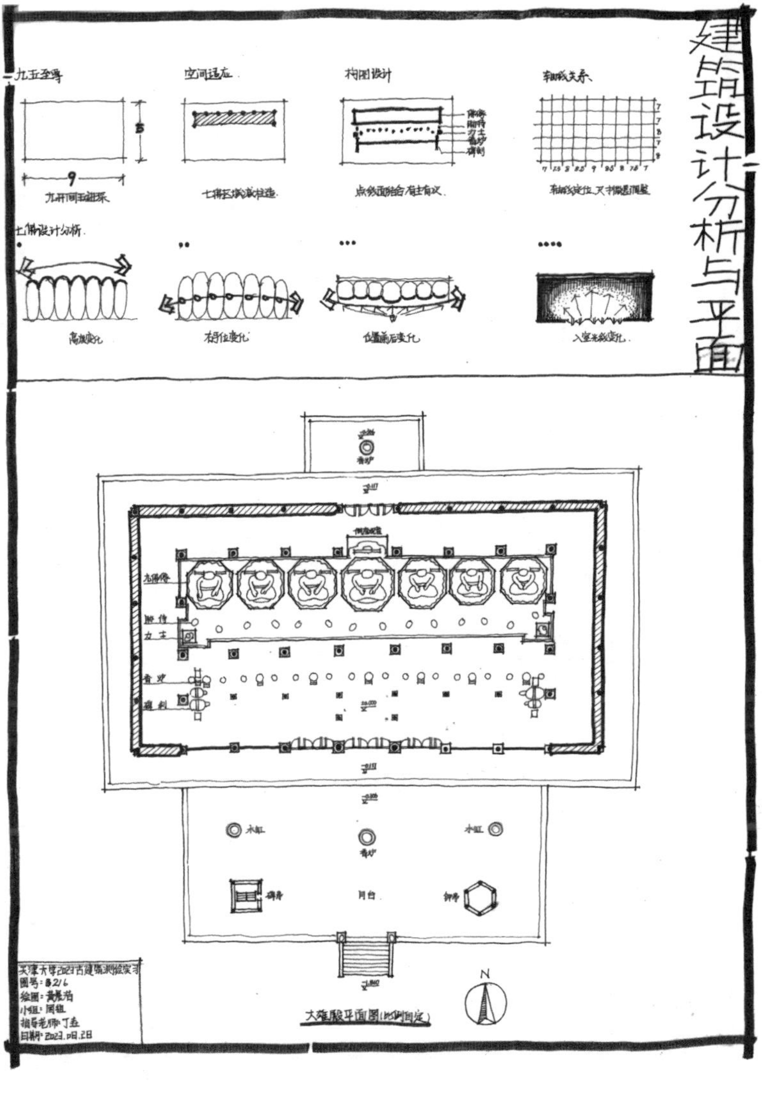
建筑设计分析与平面
九五至尊
空间适应
构图设计
轴线关系
七佛设计分析
高度变化
大雄殿平面图（比例自定）
九佛像
胁侍
力士
香炉
水缸
月台
N
天津大学2023古建筑测绘实习
绘图：黄晨若
指导老师：丁垚
日期：2023.08.28

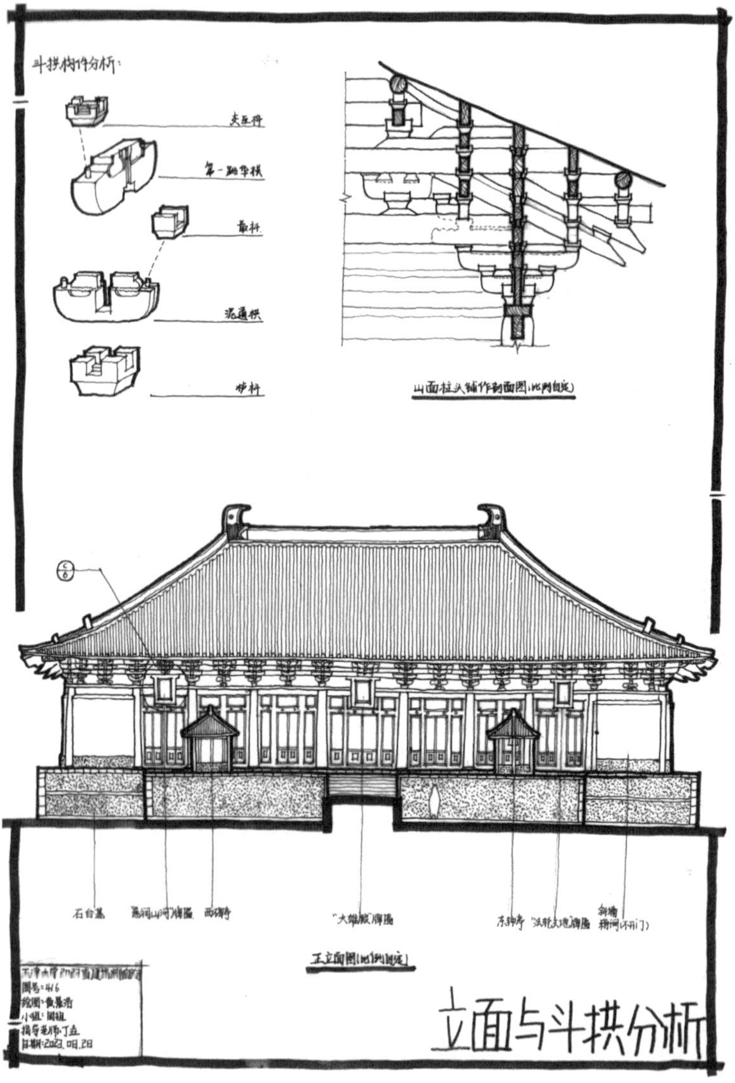
斗拱构件分析：
交互斗
第一跳华栱
散斗
泥道栱
栌斗
山面柱头铺作剖面图（比例自定）
石台基
"大雄殿"牌匾
正立面图（比例自定）
图号：416
指导老师：丁垚
日期：2023.08.28
立面与斗拱分析

在宜州和义县来回走动的日子

黄震霖

初到东北，便觉得是到了很遥远的地方了。

来到义县，更觉得是回到了遥远的时代。义县地势平平的，依靠着大凌河，当地人寓居在矮矮的平房里，似乎过着一种不需要太多城市化的生活，年轻人看起来并不多，整个城市慢悠悠的，似乎还延续着辽代的光景。

大概是因为每日每夜都能看见奉国寺大殿，不管你走在县城里的哪个角落，它都若隐若现地提示着你什么，使人沉浸在一种古今交融的氛围之中，似乎更生动地揭示了古代、古代建筑和现代生活的关联之紧密。

县城是很完整的，大殿也是，它们的完整由很多颗粒组合而来。在几天的观察中，我先是被其规模宏大和各种塑像的相互配合程度之高所震撼，后面又逐渐留意到为了方便砌砖而留出的在泥道栱、驼峰和翼型栱周围的完整木料，栌斗也是如此。大家也经过丁老师的提示认识到了充盈整个大殿的佛光，留意到彩画飞天以及漫天飘落的花，重新发现了大殿周围几乎要冲出来的外檐斗栱们。最后一天临走，我又去了一回大殿，在那里和同伴一起发现了散斗上方为了消除阴影而作的斜斜的抹灰。所有东西都在为七佛和七佛所象征的精神世界而努力，实在是浩大而精巧。

出了奉国寺，大家在某天下午前往广胜寺塔。塔和奉国寺大殿以及不存的鼓楼在平面上能连成一线。在奉国寺大殿浸泡了几日后，我感到塔身的飞天、狮子、佛像、斗栱等与奉国寺大殿的做法如出一辙，一样的强烈。

闲时，我常游走于义县的胡同里。石头垒筑的墙基上用砖混结构做出山墙，木檩条上盖瓦片、抹水泥把屋面做成一种利于保温排水的弧形样式。几乎每家都有小院，木制或铁质的门窗上常出现一些阿拉伯文字，衬在蓝色底上。放眼望去小房子看似样式统一，单个房子和彼此组合却又各有差异。

在两个星期的沉浸中，我看到生活的人，远飞的鸟和受拜的神，我看到这片土地的深和厚，感觉到世界的广大，也获得了一些关于宗教、历史、内心世界和现世生活的提示。

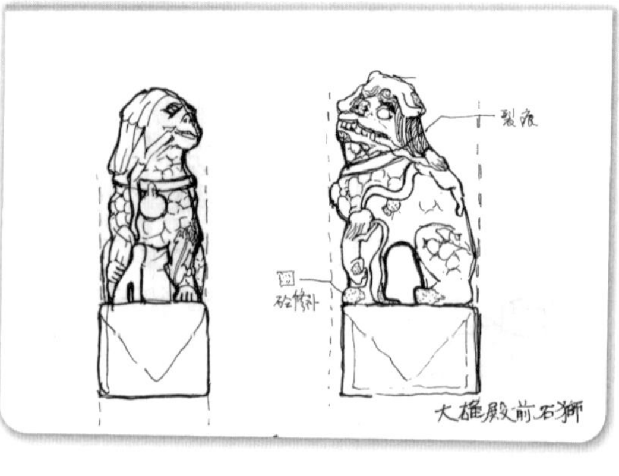

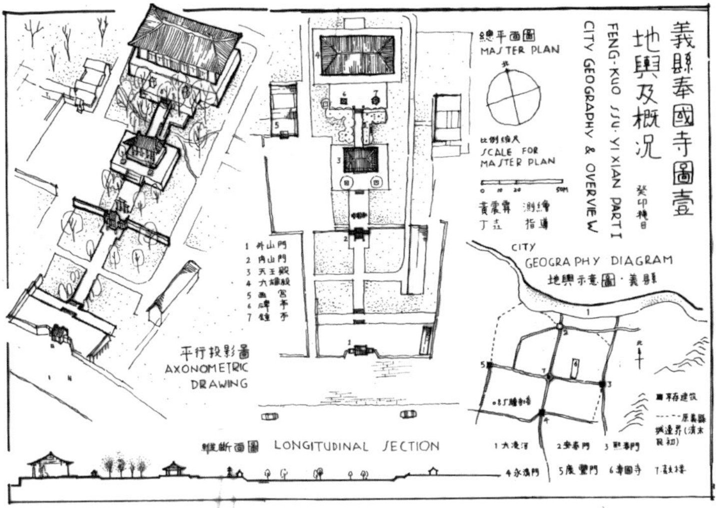
義縣奉國寺圖壹
地輿及概況
FENG-KUO SSU·YI XIAN PART I
CITY GEOGRAPHY & OVERVIEW
總平面圖
MASTER PLAN
比例縮尺
SCALE FOR MASTER PLAN
黄震霖 測繪
丁垚 指導
1 外山門
2 内山門
3 天王殿
4 大雄殿
5 西宫亭
6 碑亭
7 鐘亭
CITY GEOGRAPHY DIAGRAM
地輿示意圖·義縣
平行投影圖
AXONOMETRIC DRAWING
縱斷面圖 LONGITUDINAL SECTION
1 大凌河
2 安泰門
3 熙春門
4 永清門
5 廣豐門
6 奉國寺
7 鼓楼

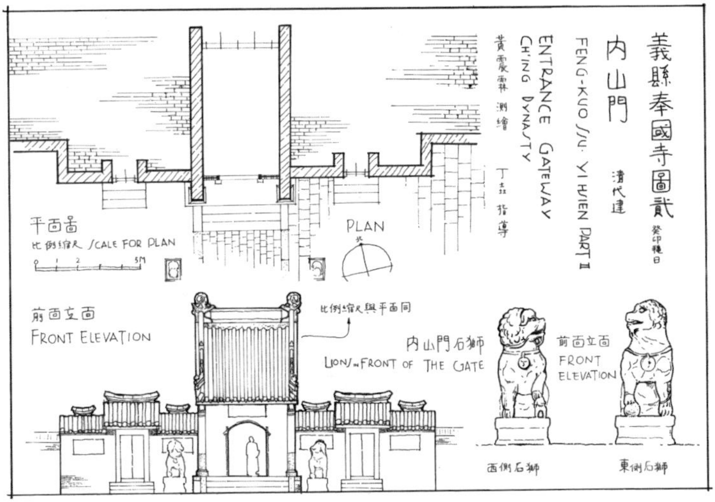
義縣奉國寺圖貳
内山門
清代建
FENG-KUO SSU· YI HSIEN PART II
ENTRANCE GATEWAY
CH'ING DYNASTY
黄震霖 測繪
丁垚 指導
平面圖
比例縮尺 SCALE FOR PLAN
PLAN
前面立面
FRONT ELEVATION
比例縮尺與平面同
内山門石獅
LIONS IN FRONT OF THE GATE
前面立面
FRONT ELEVATION
西側石獅
東側石獅

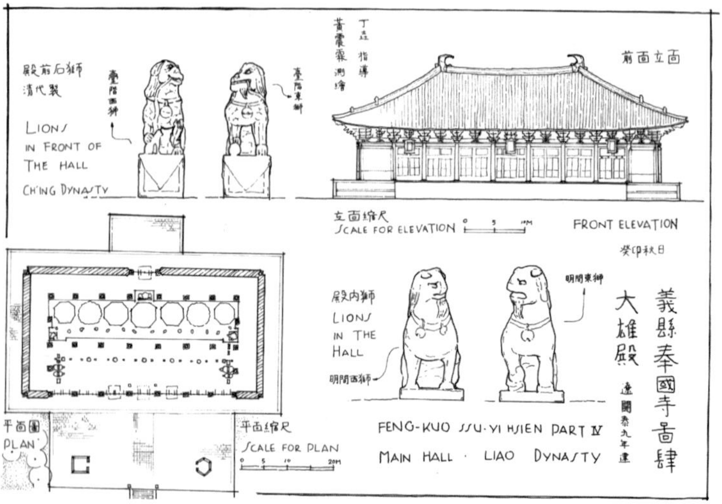
殿前石獅
清代製
臺階西獅
臺階東獅
LIONS
IN FRONT OF
THE HALL
CH'ING DYNASTY
黄震霖 測繪
丁垚 指導
前面立面
立面縮尺
SCALE FOR ELEVATION 0 5 10M
FRONT ELEVATION
癸卯秋日
殿内獅
LIONS
IN THE
HALL
明間東獅
明間西獅
義縣奉國寺圖肆
大雄殿
遼開泰九年建
FENG-KUO SSU·YI HSIEN PART IV
MAIN HALL · LIAO DYNASTY
平面圖
PLAN
平面縮尺
SCALE FOR PLAN
0 5 10 20M

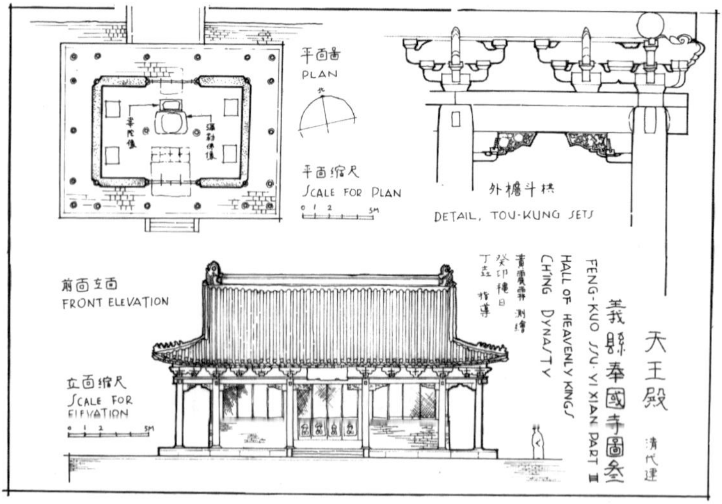
平面圖
PLAN
平面縮尺
SCALE FOR PLAN
0 1 2 5M
外檐斗栱
DETAIL, TOU-KUNG SETS
前面立面
FRONT ELEVATION
立面縮尺
SCALE FOR
ELEVATION
0 1 2 5M
丁垚 指導
癸卯穐日
黄震霖 測繪
CH'ING DYNASTY
HALL OF HEAVENLY KINGS
FENG-KUO SSU·YI XIAN PART III
義縣奉國寺圖叁
天王殿
清代建

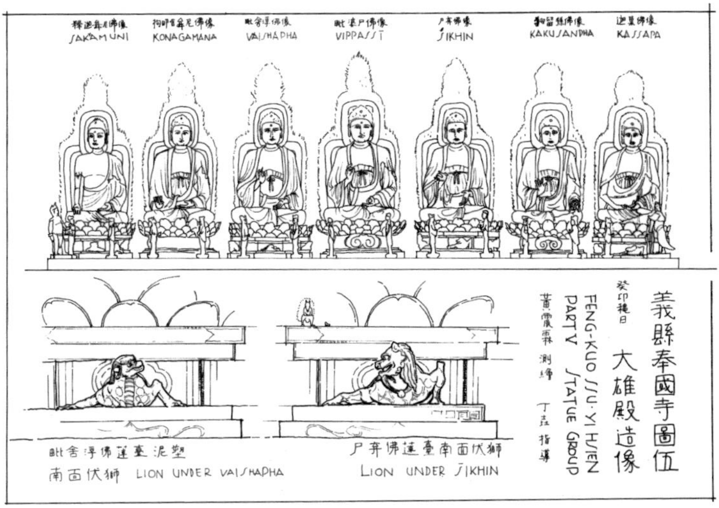
SAKAMUNI
KONAGAMANA
VAISHAPHA
VIPPASSI
SIKHIN
KAKUSANDHA
KASSAPA
毗舍浮佛蓮臺泥塑
南面伏獅 LION UNDER VAISHAPHA
尸弃佛蓮臺南面伏獅
LION UNDER SIKHIN
義縣奉國寺圖伍
大雄殿造像
癸卯穐日
FENG-KUO SSU·YI HSIEN
PART V STATUE GROUP
黄震霖 測繪
丁垚 指導

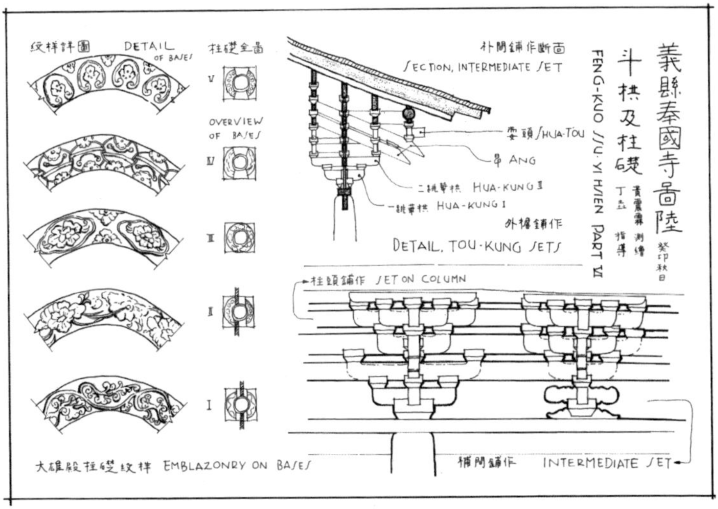
纹样詳圖 DETAIL OF BASES
柱礎全圖
OVERVIEW OF BASES
V
IV
III
II
I
补間鋪作断面
SECTION, INTERMEDIATE SET
耍頭 SHUA-TOU
昂 ANG
二跳華栱 HUA-KUNG II
一跳華栱 HUA-KUNG I
外檐鋪作
DETAIL, TOU-KUNG SETS
柱頭鋪作 SET ON COLUMN
大雄殿柱礎纹样 EMBLAZONRY ON BASES
補間鋪作 INTERMEDIATE SET
義縣奉國寺圖陸
斗栱及柱礎
FENG-KUO SSU·YI HSIEN PART VI
黄震霖 測繪
丁垚 指導
癸卯秋日

那些有关义县的“真实”回忆

卢虹匀

这是 2023 年 8 月的一个下午，我坐着绿皮火车，穿过连片的玉米地与低矮的层云，来到了义县，自此结束了自南海至渤海的两日奔波。义县的天气带着初秋的清爽，抚平了我一路的舟车劳顿。

而 16 天后的那个上午，我带着似乎比来时更满的行囊离开了义县，怀着不知如何作别的心绪。沉浸于义县与奉国寺的这些日子里，我“被迫”去直面“真实”—— 不仅是外在物质的真实，也是内心感受的真实和表达的真实。

8 月 14 日，晴，晚霞极美。这是我们捧着小绿本在奉国寺里写写画画的第一天。早上，当我面对着偌大的大殿迷茫的时候，组长叫我们先画画佛前的香炉和佛像下的莲座，于是我怀着忐忑的心情在小绿本上落下了第一笔。那些立面轮廓的线条还较好表达，似乎只需找到与空气的交界线便可，近似于所见即所得。可是雕刻纹样的部分却让我犯了难，雕刻有阴刻和阳刻之别，将三维雕刻转变为二维图像便不得不考虑取舍 —— 是表达突出来的脊还是凹进去的谷，抑或是都表达？我们又该如何区别这些暗示着立体信息的线条？同时，图幅的大小也影响着表达的细致程度……这些疑惑伴随着我的笔落下，也提醒着我边画边思考。

下午我将目光投向了柱础，疑惑在此刻被放大了。我对着三个不同位置的同一类柱础画了三次，体会到了不断辨认、进而理解纹样的过程。或许是某种巧合，三个柱础的留存情况也越来越好，故而更放大了这种认知的体验。画第一个柱础时，几乎没有什么头绪，再加上该柱础磨损严重，只觉得上边是一团团杂糅在一块儿、难以辨认的曲线。于是，我甚至调用了触觉去感知柱础，尽力把我所能看到、触碰到的雕刻纹样用三线的形式（脊与两侧的谷）塞进画面里，虽然有很多地方无法确定，不过此时我已经对整体的构图有个大致的理解了，我忽然意识到，那一团团曲线似乎是一组组花瓣，且已看出了两种花。我选择了用双线来强调花瓣翘起的轮廓。而当我带着这样的发现去看第三个更为清晰的柱础时，纹样似乎有了逻辑——有四瓣花的一半和八瓣花的一半两类花型，而那些分布在四瓣花周围的条状曲线以及最初被我视为“云纹”的图案，也似乎可以视为包裹着花瓣的藤蔓或卷草。于是，我用单线来描摹片状的花瓣，用双线来表示枝条，此刻，我体验到了一种恍然大悟后的愉悦。

晚上回到酒店，我开始反思。看得见不代表画得出，画得出不代表观画者可以理解，影响着这几者的不只有绘画的技法高低，还有绘图者的理解程度。对比三次纹样的线条，更让我体会到了“理解”与“表现”是紧密相连的，从“看见”到“画出”之间，存在着很重要的一步叫“信息处理”。我们通过过滤、拆分、重组等去推测理解设计的出发点，再选择合适的方式将自己认为的重点表达出来：比如使用不同根数的线条、区分线条的粗细等。

这么看来，沉浸式画图是一种帮助我们理解的途径。若想完成一幅有逻辑、可读且有意义的图像，就必须先理解眼前的实物。这个愿望会迫使着我们一遍遍地在现场观察、比对与辨认，提出猜想并找寻支撑的证据，从而建立起可以自洽的理解。若是如普通游客一般走马观花，是万万体会不到如今天下午般触碰、解读并表达“真实”的喜悦的。

8 月 15 日，一早的阳光便很热烈了。临近中午，丁老师把我们叫去殿前，让我们在乾隆义州城工碑和万历重修义州奉国禅寺碑中选一个看起来顺眼的。经过投票接龙，前者荣获 16 票，后者收获 7 票。“顺眼”这个标准很有趣，它背后的逻辑是我们作为人类，具有一定的审美上的共性。我对于碑刻的了解很少，在环顾了两圈之后，觉得乾隆碑的比例看着更舒服些，故而选择了它。而通过投票和讨论，我发现原来大家对于比例好看与否的判断确实是有一定共识的。我也可以感受到现场观察与观看图片是有很大不同的，现场的物体是有厚度的，我们可以随时切换视角、同时调用多种感官来体验，且可以跟现场的其他物件相比对着来观察——这些都是图片无法带来的。

下午，我们先是画了大殿的塑像群及七佛的手势，稍晚的时候，丁老师进行了细致的讲解。我愈发认可只有在现场画出来，才能感受、理解一些东西，“画”的这一行为会迫使自己去注意一些平时容易忽略的东西，提醒自己去注意设计时精确的控制：比如画控制线时注意到盘坐着的七佛腿的高度相同；比如对于参拜者而言，胁侍的高度在视觉上与腿的上部相近，可是实际应当更矮些；比如胁侍立于佛前的左右，以确保从参拜者的视角出发不会遮挡佛的手势……因此注意到什么也与绘图的精度有关。

丁老师还介绍了一些他研究塑像的收获。诸如，七佛中间的那尊最为高大，往两侧体量依次减弱，整体形成一个橄榄球状的视觉体验，且七佛的手势仿佛是流动的，可以连起来看。又诸如，从当心间跨入殿内的那一刻，一片“巨幕”在眼前展开，七佛的脸不被柱子遮挡（忽略掉后世加上的柱子）。设计者想把这个屏幕做大，但是又得控制在可以感知的 30 米左右的范围内，大殿塑像群的宽度恰好与之契合。

今天，我更体会到了不能因为想象而篡改真实。比如在画大殿平面图时，我会下意识地把佛像、胁侍们分别排在一条对齐的直线上，可事实上，最中间的佛像和胁侍会稍微往前些，两端的胁侍受到力士的挤压会更后些，且更靠近佛像。而这些差异，恰是重要的。

8 月 16 日，户外清爽阴凉。今天的要求是找一组翼形栱和驼峰画出来。从大家画这组较为“简单”的驼峰时形状各异的表达上（丁老师打趣道这些差异甚至比辽代建筑本身的差异还要大）可以看出大家的关注点的不同，以及不合格的观察能力。

今日老师提了很多遍“不专业”，言语直白，但确实一针见血。比如这组驼峰、翼形栱，我画了三遍，主要是为了调整它的比例以及构件连接上的问题，而在评图时关注的重点却是驼峰和翼形栱轮廓曲线形态的精准定位——精确到曲线的长短、控制点、弯折的弧度和走势等。回想绘图过程，似乎反而是第一次画时，我会因为无知和谨慎而较为仔细地定位轮廓曲线的控制点，而后两遍时关注的重点便不在这件事上，下意识地把这个东西给放掉了，故而画得甚至不如第一遍准确。直至评图时我才知道原来它才该是观察的重点。

有趣的是，丁老师在评图前说我们“各有各的错法”，我们聚在一起对比图纸却找不出问题的关键。这更加印证了这次画错不是偶然，也不是疏忽，而是我们一直都没有这个意识。如此想来，确实“不专业”。

通过这件事，我一方面似乎体会到了意识的缺漏、错位等表现出来的“不专业”，一方面也似乎理解了“大一、大二的同学更适合来此次测绘”的话语。我们现在可能是有些自大和傲慢了。因为无知与敬畏带来的仔细和谨慎，似乎更能导向一种专业性的雏形。就好比一个空瓶子才能往里头倒水，像我们这些瓶子里头装了不少过期饮料的，要先把饮料倒出来洗洗干净，或者换个新瓶子再倒入新鲜的茶水。

晚上大家聚在一起听丁老师跟我们分享前辈们的测绘经历。看着投屏出来的精美图纸，我不禁忆起前段时间阅读《图像中国建筑史》时了解的往昔。当年战火纷飞，贫苦困顿，覆巢之下，先生们是如何用费事的鸭嘴笔一笔笔地描绘出如此精美的线条的？

丁老师还同我们分享了一些珍贵的测绘手稿。我很赞同丁老师在《卢星野在义县》一文中所表达的：“原稿的趣味就是可以看到作者的构思，看到推敲，看到运动的思维。所以其实诗也好，文章也好，总是写不完的，总是可以再改，因为作者创作着，就已不是原来的他了。”这也是“真实”的一种表现。原稿传递了作者那一刻的真实感受与思考，而透过原稿，我们好似能去触碰当时那一刻的真实，令人动容。

8 月 17 日，天凉好个秋。今天我特意去感受了从大殿松木柱子中渗出的千年松油。从此，大殿于我心中有了味道——和着秋风的松香。

8 月 18 日，一场跨越千年的秋雨。这天下午下了一场绵绵的秋雨，雨后的奉国寺格外晴朗。我沿着大殿的外墙根行走丈量，看着自己的影子长长地打在地砖上。贴着红墙行走，我第一次如此真切地感受到大殿的高大与自己的微小。我拼命地仰起头，仰望着翘起的屋角和挂在转角铺作下的似乎生了锈的铃铛，感觉迎面而来的秋风似乎从千年之前吹来。霎时间，一阵不舍涌上了心头。

8 月 19 日，秋意渐浓。今天的空气仍带着昨日那场秋雨的余韵，我继续靠双脚丈量奉国寺。对比着昨天下午走出的数据，我感叹道，原来心情真的会影响步距。下午回到酒店，果不其然，老大（冯江老师）来了。我们本想拉着老大一起逛逛义县，最终却不能成行，不禁感到些许遗憾。

8 月 20 日，依旧秋色晴朗。今天上午老大来到奉国寺，站在大殿前评阅我们的小绿本。令我印象很深且深表赞同的是，我们应当更多注意构造做法，尤其是诸如转角等特殊的位置和材料的相接处等。

下午听完丁老师的讲座，我非常有触动。其实这几天我一直在思考，为什么这些天一直让我们测绘的是局部的构件，而非更整体的结构，却一直在强调局部与整体的关系。直至我看见《妙法莲华经·序》中所写："尔时，佛放眉间白毫相光，照东方万八千世界……是时，天雨曼陀罗华、摩诃曼陀罗华、曼殊沙华、摩诃曼珠沙华，而散佛上，及诸大众。"我想起了第一天画的柱础，我辨认出的花瓣的纹样，还有抬头于梁架上看到的隐约的佛光纹。一刹那，一座奉国寺大殿栩栩如生地立于我的眼前。

8 月 21 日至 26 日，群星璀璨。一周的奉国寺现场工作一晃而过，接下来的一周大家聚在咸熙旅舍的公共空间里画图。晚上画图累了，我们便去院子里看星星。义县的夜晚，星河耿耿，银汉迢迢，很适合思考关于生命与宇宙的命题。

8 月 27 日，落日绚烂。这天交完图后，我们去看了大凌河的落日。极尽瑰丽绚烂，与义县的星空一般，有种超越生命的力量。晚上大家围在院子里，一起分享这两周的沉浸式体验。大家妙语连珠，带给我很多启发。其间，有关于龟趺符号化的反思，还有伯乐的朋友相马的故事，有关于牌匾“原物”与“在原处”的讨论，也有抛开尺子用身体去丈量的体验。“沧浪之水清兮，可以濯吾缨；沧浪之水浊兮，可以濯吾足”，浸润于义县的大凌河，我似乎理解了，比起测绘的成果，去做这件事情本身就足够了。

感恩这场“迫使”我直面“真实”、表达“真实”的际遇，感恩大家为了这次相聚的机缘而付出的努力。至今仍令我动容的是最后李桃师姐的剖白——亦是丁老师的宽慰——前辈的光芒之下，恰是建立自信的过程，我们应当看向自己，以二十年计。

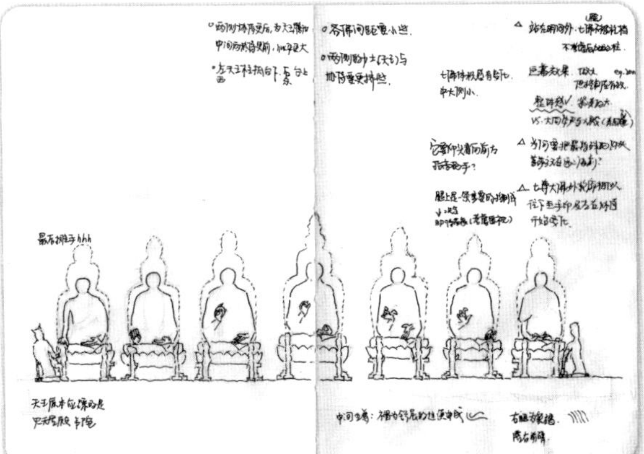

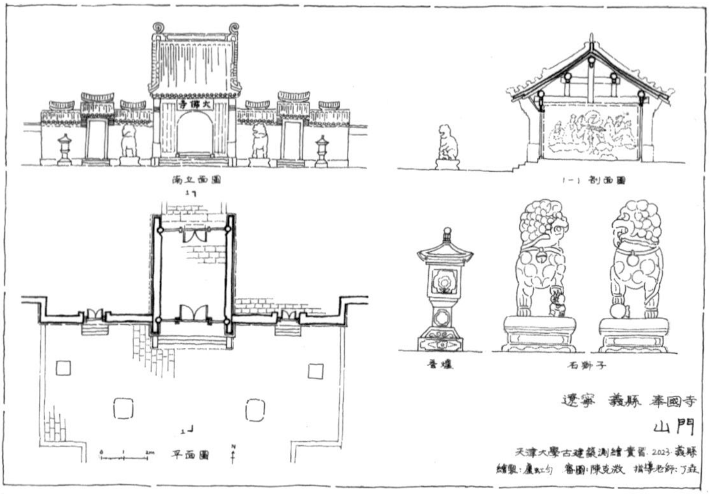
南立面圖
(一) 剖面圖
香爐
石獅子
平面圖
遼寧 義縣 奉國寺
山門
天津大學古建築測繪實習 2023 義縣
繪製:盧虹匀 審圖:陳克微 指導老師:丁垚

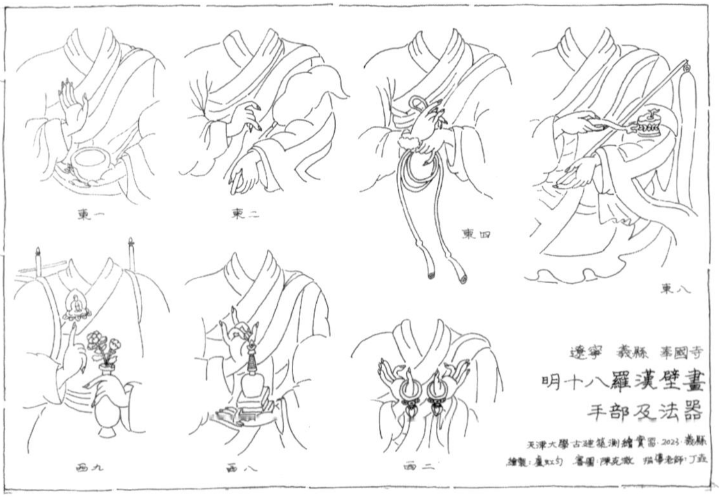
東一
東二
東四
東八
西九
西八
西二
遼寧 義縣 奉國寺
明十八羅漢壁畫
手部及法器
天津大學古建築測繪實習 2023 義縣
繪製:盧虹匀 審圖:陳克微 指導老師:丁垚

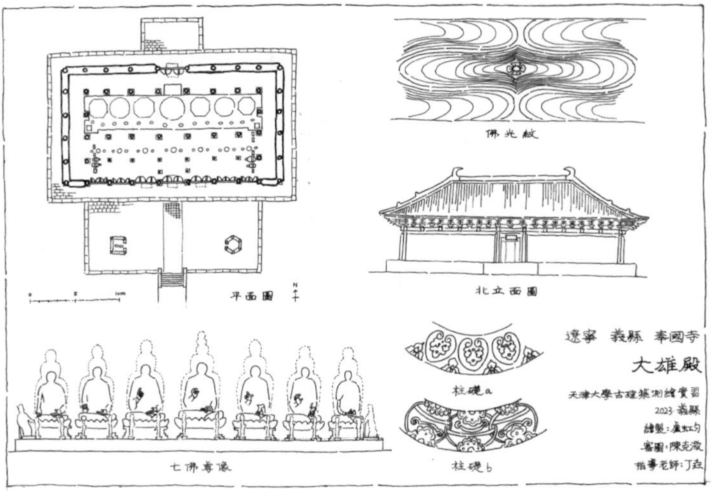
佛光紋
北立面圖
平面圖
七佛尊像
柱礎a
柱礎b
遼寧 義縣 奉國寺
大雄殿
天津大學古建築測繪實習
2023·義縣
繪製:盧虹匀
審圖:陳克澂
指導老師:丁垚

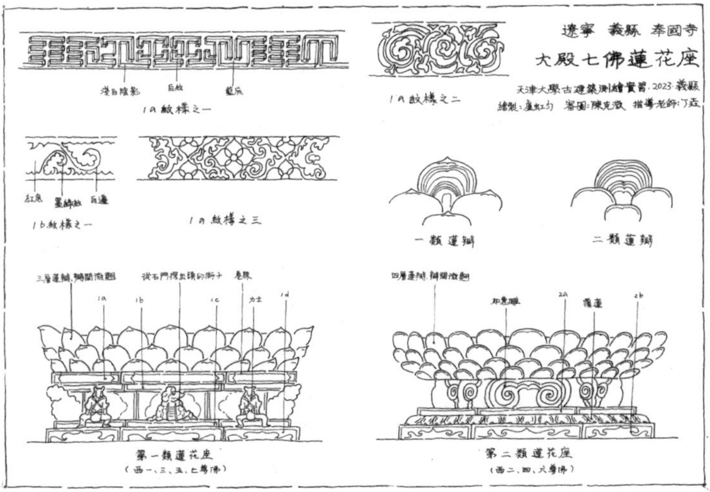
遼寧 義縣 奉國寺
大殿七佛蓮花座
天津大學古建築測繪實習·2023·義縣
繪製:盧虹匀 審圖:陳克澂 指導老師:丁垚
白紋
1a 紋樣之一
1a 紋樣之二
1b 紋樣之一
1a 紋樣之三
一類蓮瓣
二類蓮瓣
1a
1b
1c
力士
1d
2a
2b
第一類蓮花座
(西一、三、五、七尊佛)
第二類蓮花座
(西二、四、六尊佛)

现场绘图是一个完整思考的流程

陆映琛

本科时的古建筑测绘对象因疫情从古建筑改为了骑楼街，我一直为自己对古建筑的了解之寡感到羞愧。怀抱着期待又不安的心情，2023 年 8 月 13 日，我坐着绿皮火车慢悠悠地踏入义县这片土地，当时的我还未曾想过这段实习会是如此令人澎湃。

一、将眼前所见化为纸上所见

虽名为“测绘”，实则不“测”只“绘”。一开始我以为手绘最重要但自己却不擅长，为此忐忑不安，第一天即发现静心感受和观察分析能力上的缺失更为致命。

一周的现场绘图，从碑刻到奉国寺总平面图的尺度变化促使我学习用不同的方式去观察不同体量的内容。虽体量差距极大，却要表现在同样大小的纸上。最后将这些图转绘于A3图面，经历排版、草图、正图绘制，亦促使我不断地再阅读、再理解自己的现场绘图。

绘图的第一天，最早接触到的是西宫的两块碑碣。未见实物时我以为其体量较小则较易绘图，实际其存在大量开裂、破损、磨损部分，需花费大量时间辨认细部。一开始望去，只觉得碑首是一团模糊的、似有雕刻的灰色物体。于是除整体结构外，仅绘出易于辨认的数根线条。

望着图面，我感觉自己是在用笔来进行一场凑时长的胡说八道，遂被自己的浮躁所深深惊吓到。于是我开始认真、仔细地观察、理解我面前真实存在的这座碑碣。我逐渐看清一块的碑首为天上祥云中升腾的双龙，而另一块的碑首则为祥云中交缠的双龙，二者画面的元素大体一致，表达方式和内容却不一样。

绘图的过程中眼睛明明看到了所画内容的位置关系，笔却总是在纸上落错位置。我想绘图最重要的点就在于需要真实、准确地表达所绘内容。这一天共绘四块碑碣，坦诚而言，我似乎一直被困难与失败环绕，同时也为能发现自己的不足并迫使自己改正而感到鼓舞。

第二天的测绘对象为牌匾、十八罗汉壁画以及大殿塑像。有了前一天的反思后，今天的绘图速度上相对快了些许。

下午在大殿内观察塑像，绘制立面图时，因观察对象一下子变得立体起来，且体量亦有所增大，又马上感到吃力且茫然了起来。抱着“今天一定要好好观察，并且看准了再下笔的想法”，我迫使自己忽略身边的嘈杂声音，沉浸在观察中。大殿内光线昏暗，游客众多，很难找到一个适合的观察位置，只得不断来回踱步，眯起眼睛去看清线条。在这一天的末尾，我感觉自己似乎才终于找到了一些应有的沉下心来的状态。

后面几天我们绘制无量殿和大殿及其外檐铺作的平立剖面图。在此之前我并未仔细端详过无量殿，歇山顶的收山方式使我思考了很长时间。在观察对象的体量逐渐增大的情况下，我开始用除肉眼看以外的其他方式来进行比例的推断：数地砖、数步数、以人为参照物等。

到了观察大殿外檐铺作的时候，又变得困难起来。铺作与我距离极远，无论怎么走，眼前的画面都是底面透视图，需要不断进行三维空间的想象与思考。整整一个上午才勉强绘制出柱头铺作和补间铺作的平立剖面图，且与图集对比时，发现存在很明显的比例、交接关系的错误。

画大殿的平面图时，我选择先确定轴网关系。我留意到地砖缝总与轴线齐平，于是数出面广方向上九间 13.5，13.5，14.5，15.5，15.5，15.5，14.5，13.5，13.5（块地砖）与进深方向上五间 14.5，14.5，14.5，14.5，14.5（块地砖）的尺寸及比例关系。在定下大致正确的轴网后，细心和耐心尤为重要，如柱子的排布、柱半径的区别、方形柱础的存在、砖坛与柱子之间的关系、七佛像的位置与大小关系、胁侍菩萨的位置、力士的位置、碑碣和香炉的位置、墙体厚度、墙柱的交接关系……这样才堪堪勾勒出大致的平面图。

剖面图的绘制实在很困难，一是梁架的光线尤为昏暗，二是我知识储备和空间想象力上的双重缺失。

最后任务是画奉国寺的总平面图与鸟瞰图。我先草草地凭印象画了一张比例完全错误的总平面图，而后马上快速在寺内走一圈，绘出一张比例错得不那么离谱的图后，即刻开始以步为度量单位在寺内到处行走。行走了一个白天后，将数据转化为不同的线条时我又不由得感慨在这样的体量之下，仅凭肉眼观察已经不那么可信（我不均匀的步距当然也只是减少些许误差）。

随着绘图对象体量的逐渐增大，从不够重视肉眼观察，到沉下心去观察，再到不信任肉眼观察，双眼的意义和局限逐渐开始被感知。现场绘图是将肉眼看见的物体转化成脑中的思考，再以手和笔为工具创造出二维图面的过程。

曾几何时，我以为眼见一个体量不太大且不复杂的物体就想象出其平立剖是自然的能力，一次与奉国寺游客的对话令我开始意识到原来这是一种思考。该游客询问我是如何画出某座碑的“无人机视角”的，我心生奇怪，却也仔细地将我绘出平面图的过程告知。

至此我才发现，现场绘图是一个完整思考的流程，并不是糊糊涂涂就画成的。

第一天，我感受到自己缺乏观察和思考的意识，图画得自然也是不够准确与有主次，后来也没有特地留意每天画的图是否有进步，只感觉画得比较顺了。在最后将小绿本上的图转绘至 A3 图面上时，明显感觉后画的图比例更准确、线条更流畅、表达更清晰。将眼前事物转化为二维图面的过程，无疑使我更重视观察、思考，也使我纸上表达能力迅速提升。

二、看见奉国寺

浅读部分碑文，辅以阅览《义县奉国寺》，我了解到奉国寺初名咸熙寺，其屡经战乱、自然灾害，经七次大规模翻修后，格局与规模全然不同，唯有大殿基本保持辽代建筑的原貌。现今的奉国寺是以山门、无量殿、大殿为中轴线，西侧附西宫禅院，平面前窄后宽的格局。

大殿是其中毋庸置疑地最动人心魄的一部分。丁老师多次强调要多去感受大殿的空间和它的动态变化，我将其想象为一出“巨幕”电影来感受。大殿以其适度的空间尺度，形成广角的效果。空间紧凑而有整体变化，开间与佛像向两边变窄、变矮，同时正中间的毗婆尸佛位置更前、离人更近，当踏入大殿当心间时，透视的效果被进一步加强，同时又能在视线范围内看见七尊佛像。佛像的头部稍稍朝左，似是暗示前行的方向，具有一定的指向性。佛像、胁侍菩萨、力士的排布，前后、左右相间的位置关系，形成整体画面饱满而平衡的效果。仰头看向佛像，眼前画面闯入明露的屋顶梁架和大量已褪色或消逝的梁底彩画，立体感进一步加深的同时，仿佛佛光由上而下洒下，照亮了佛像，也照亮了观者的眼。随着每一步的行走，尽管目光重心不舍离开佛像，景象仍皆有变化与指向性。建筑空间与塑像相辅相成，只有这样的建筑空间才能充分表现塑像的魅力，也只有这样的塑像群，才能使人重视建筑的空间。

8 月 13 日至 28 日，在义县的 16 天转瞬即逝。难忘初见七佛的震撼、被挫折感围绕的茫然、意识到自己无数缺陷时的愧疚、尝试感受大殿空间的奇妙、摸索对不同体量的理解方式的经过、发觉自己这段时间进步时的惊讶，也难忘一夜入秋、满目繁星的记忆。如最后一夜分享体会时所说，离开以后，在观察时，我会以就像我要把这个东西画到小绿本上一样，来观察与思考。在离开义县前的那个上午，我又走进奉国寺。口头上说是要以游客的视角再游一次，但又有哪个游客会在大殿内转悠两个小时仍不舍离开。将眼前的物体再与前一天还在画的图的记忆相重叠，感觉自己画的图是多么不完善，原来图面上还有那样多的内容没有表达出来。眼看离开的时间已到，只得不舍地回到旅舍收拾行李。后悔机票买得太早，我好像还有很多东西没看到。哪怕再迟几个小时，我也可以再在殿内多看几个小时。是遗憾，也是再访的动力。

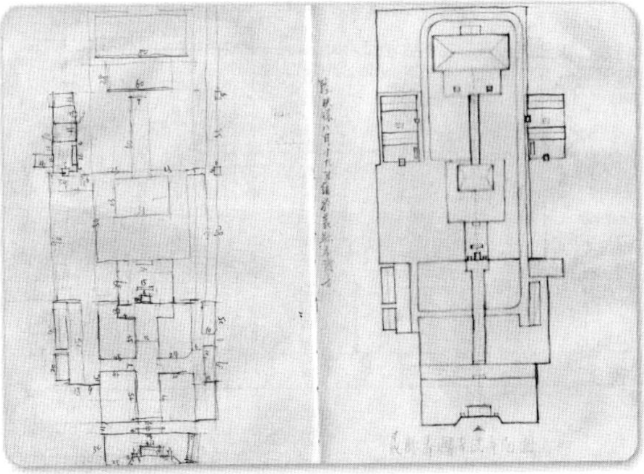

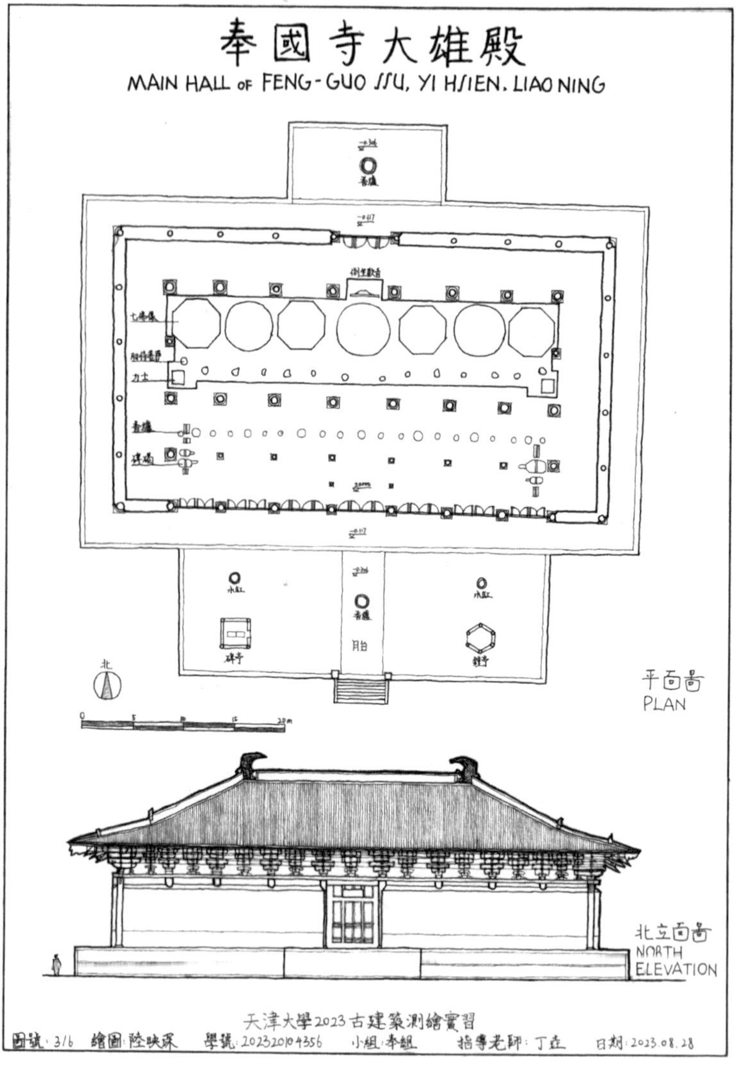
奉國寺大雄殿
MAIN HALL OF FENG-GUO SSU, YI HSIEN, LIAO NING
七佛像
力士
香爐
小缸
月台
碑亭
北
平面圖
PLAN
0
5
10
15
20m
北立面圖
NORTH
ELEVATION
天津大學2023古建築測繪實習
圖號：3/6 繪圖：陸映琛 學號：2023201014356 小組：奉組 指導老師：丁垚 日期：2023.08.28

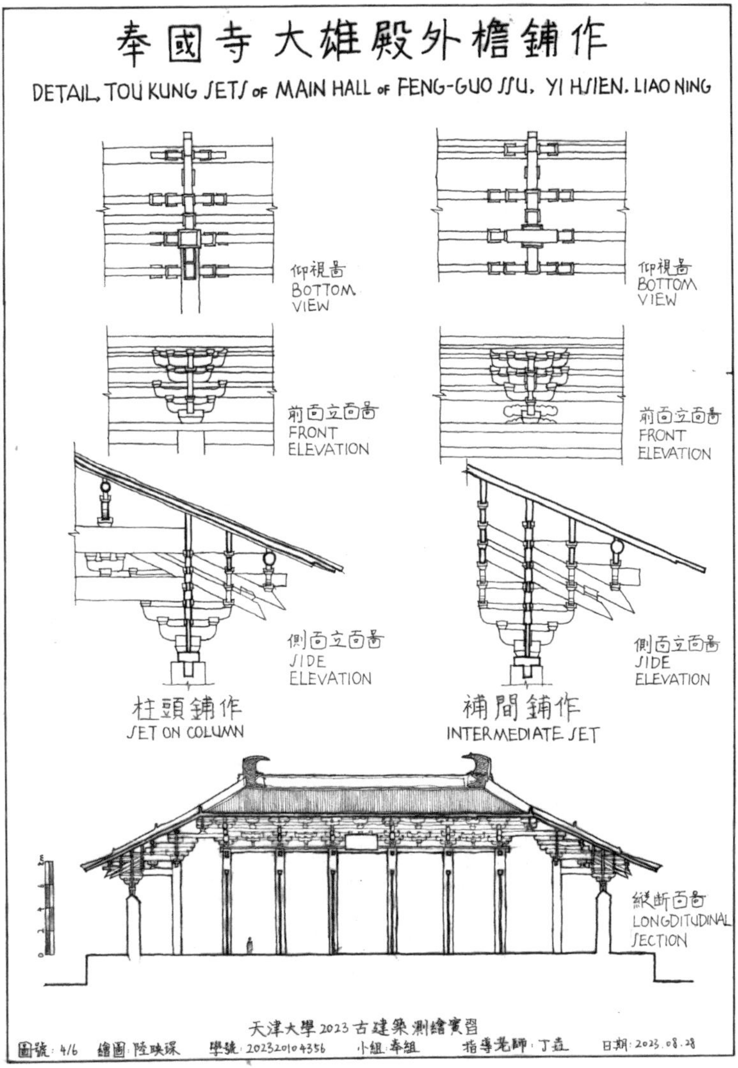
奉國寺大雄殿外檐鋪作
DETAIL, TOU KUNG SETS of MAIN HALL of FENG-GUO SSU, YI HSIEN. LIAO NING
仰視圖
BOTTOM VIEW
仰視圖
BOTTOM VIEW
前面立面圖
FRONT ELEVATION
前面立面圖
FRONT ELEVATION
側面立面圖
SIDE ELEVATION
側面立面圖
SIDE ELEVATION
柱頭鋪作
SET ON COLUMN
補間鋪作
INTERMEDIATE SET
縱断面圖
LONGDITUDINAL SECTION
天津大學2023古建築測繪實習
圖號：4/6 繪圖：陸映琛 學號：202320104356 小組：奉組 指導老師：丁垚 日期：2023.08.28

跨越时空的相遇

张振杰

一、初见奉国寺

绿皮火车行驶在宽阔的田野上，车厢里的人用窗帘遮挡住刺眼的阳光，几个小孩在大人怀里上蹿下跳，发出令人难以忍受的声响。8月13日晚6点24分，火车缓缓驶入义县火车站，出站口的一个角落可以隐约看到广胜寺塔的塔尖。我打了一辆黑车，穿越县城抵达咸熙旅舍。太阳消失后不久，所有人在院子里集合，围坐，聊天，为期15天的实习就这样开始了。

次日早晨，天公作美，晴空万里，胡同口的大黑狗正趴在地上打盹，街道上的人不多，多是中老年人。我们穿过奉国寺路，向西行走一百余米，来到奉国寺的前广场。此时，我渐渐放慢了脚步。惭愧的是，我对辽代大木作的印象仅限于影像，而从未亲眼得见，所以当我即将郑重其事地踏入奉国寺的山门时，竟然会心生羞怯，像是多年以来远在他乡的恋人突然出现在面前，又像是懵懂无知的少年突然得到了一份贵重的礼物……

几秒钟之后，我的幻想被远处商贩的叫卖声打断了，我咬紧牙关迈进了山门的第一道门槛。虽然万恶的智能手机曾经向我展示过这个画面，但是山门后的景象依然使我感觉到巨大的震撼：内山门、牌坊、无量殿以及大殿的屋顶同时出现在眼前，空间的纵深感被削弱，变成一幅扁平的画作，大殿的屋顶位于最上方，两侧的垂脊就像展开的翅膀，庇护着寺中的一切，它们在表演，就像央视春晚上的千手观音。

这一瞬间，我收起了对智能手机的责备，因为亲眼看到的和图像传递的画面完全是两件事情。

建筑物们被涂上了重重的阴影，但每一根木头都清晰可见，清风徐来，树叶发出沙沙的声音，阳光很刺眼，但气温较舒适，义县的蓝天似乎比南方更明亮一些，衬得建筑也愈发明亮。地上的砖缝很大，仔细一看原来是蜜蜂们挖的洞。它们拥有这种本领：快速找到砖缝上最脆弱的点，迅速挖出一个洞口并钻进去。聪明的动物不只有蜜蜂，还有在斗栱上歇脚的麻雀和偷供果的松鼠。

我在最好的时机遇见了奉国寺。

二、投笔

在小组长的引导下，我的第一个测绘对象是大殿内的纹样，包括莲座、石供、香炉、柱础、梁底……这些纹样有些已经残损，因此是边猜边画，一开始只敢用铅笔 —— 手中的这个小本子目前仅有的墨迹是丁老师亲笔写下的一行字。然而很快我就找到了节奏，把铅笔换成了墨线，测绘的对象也从纹样转变成了雕塑。其中最吸引我的是香炉上的兽面。每个香炉有三个兽面，它们表情丰富各异，有的眉头紧皱，像是受了委屈，有的神采奕奕，像是在炫耀着什么。我开始想象一千年前的石匠是如何设计并雕刻它们的：他们用了什么工具，从哪个方向用力，费时多久？无数个问题出现在我的脑海里，观察得越久，疑问越多。

我陷进去了。

于是测绘的前三天，我一直在寺中寻找各种兽面，韦陀身上，四大天王身上，各个建筑物的瓦当，甚至壁画上的兽……我几乎集齐了奉国寺所有的兽面。由于我一直在画兽面，难免会心生疑虑：我正在做的事情是否和建筑学脱节？尤其是当别人都在画斗栱、建筑平面、立面的时候，这种疑虑达到了顶峰。

第四天下午，当我们聚集在七佛面前时，丁老师解答了我的疑惑——“整个建筑物是一场表演”。这个说法几乎颠覆了我对殿堂建筑的认知。原来上到屋架，下到香炉，大殿内的全部事物都是相互依存、相互补充的，这是一场持续了一千多年的表演。“整体设计”，我脑海中出现了这个词语。

就连松鼠也参与了表演。松鼠一共有三只，其中两只在中轴线附近活动，沿着固定的轨迹偷拿供果，另一只则在书院活动，尤其喜欢趴在书院垂花门的屋架上。它们是主，我们是客，所以我不敢惊扰它们，然而无论我画什么，总会有一只映入眼帘，因此我不得不把它们也画在纸上。

三、古塔与古城

广胜寺塔在宜州古城的西南角，也就是今天的义县“金三角”往西走六百余步的位置，它和古城北面的安泰门共同标示着这古老城市的尺寸。前往古塔的路颇具魔幻色彩：下午五点，沿宜州大街向南步行的途中，人群熙熙攘攘，店铺的音乐被开到最大声，水果摊围满了人，几个老人坐在街边静静观察着一切……突然，通过胡同口向西远眺，看到了被夕阳染红的天空，以及广胜寺塔挺拔的身影。宜州，就像在曾经的某个时刻被按下了暂停键，除了空中凌乱的电线，城市的肌理、民居的形式和高度都没有改变过，广胜寺塔的威仪也从未被削减。正如站在安泰门城楼上远眺奉国寺时，那种跨越时间的诉说。

两天后，丁老师率大部队前往广胜寺塔测绘。我相信在两个小时之内初步理解一个古建筑是很难的事情，索性再次绘制了石狮、力士等拟人化的形象。

其实我更关心的是古塔周围的环境。对当地的居民来说，古塔并不是非常神圣的事物，它最大的作用可能是在下午四点的时候在广场上投下长长的阴影，为人们提供休息的场地。古塔下的生活平静、平凡。但是我注意到这里的民居的外墙面普遍拥有华丽的装饰，人们不惜把砖砍成一些不可思议的曲线或锐角来组合成卷草纹和拱形曲线，并且这些图案和构图都拥有着考究的比例，这令我百思不得其解。

四、画图匠

很快，现场工作迎来了尾声，大家在寺内跑来跑去，希望尽可能多地捕捉到心仪的图像。从最初的兽面到小构筑物、各建筑物的平立剖，再到大殿的斗栱梁架，从简到繁，从小到大，我通通画了一遍，以至于最后一天补画时信息严重过载，精神疲乏。就这样，现场工作结束了，实习进度过半。

咸熙旅舍的食堂是为我们临时准备的，也刚好成了我们画图的场所。我们的目标是把小绿本上的图画整理成成套的图纸。这个过程较痛苦，因为这意味着你不得不舍弃一部分图，增补一部分图，重画比例不合适的图。其中重画是最令人头疼的，因为对着自己的初稿临摹和对着实物描绘的感受天差地别，有时不得不跑回寺里，只为了再看一眼龟趺的牙齿、斗栱的曲线，甚至只为了听一听咸熙书院前整日单曲循环的《铁血丹心》。

绘图的“基本标准”是莫宗江先生的手稿。事实上，我认为想要企及莫老的图纸，需要再练习许多年。我虽然已经读研究生了，但依然无法保证自己的手上功夫，只能姑且假装自己是莫老手下的绘图员，亦步亦趋地跟着莫老学画而已。

小城的夜晚，天空格外清澈，画图之余，我喜欢深夜来到院子里仰望星空。我想，建造奉国寺的工匠们大概也会喜欢在夜深人静的时候享受这难得的安宁。

五、再见，再见

尽管最后一晚的总结会是在乌云底下进行的，没有月光，气氛冷清了许多，但是大伙聊得热烈，也就弥补了这个缺憾。具体的聊天内容我已经记不清了，只记得欢声笑语和此起彼伏的掌声。这是一场大伙与奉国寺相约的聚会，它像一个老朋友一样静静地等待着我们的到来，静静地送我们离去。那一晚，大伙聊到了深夜。

第二天早上，我匆忙赶到火车站，没能再见大殿一面，我站在车站月台无人的角落，远眺着广胜寺塔的塔尖，最后一次用力捕捉着这座小城的阳光、空气、灰尘。

再见，义县；

再见，大伙。

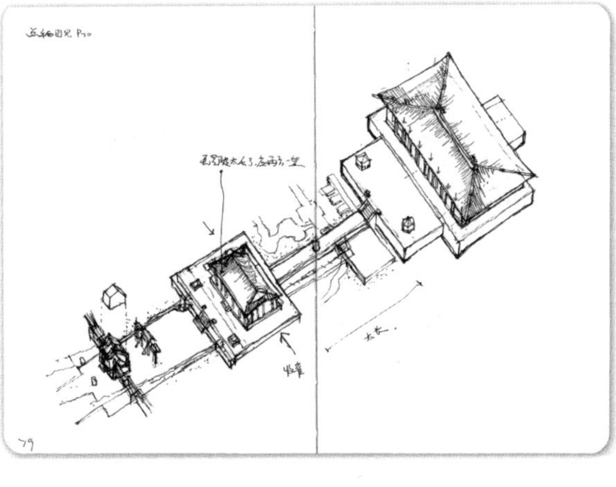

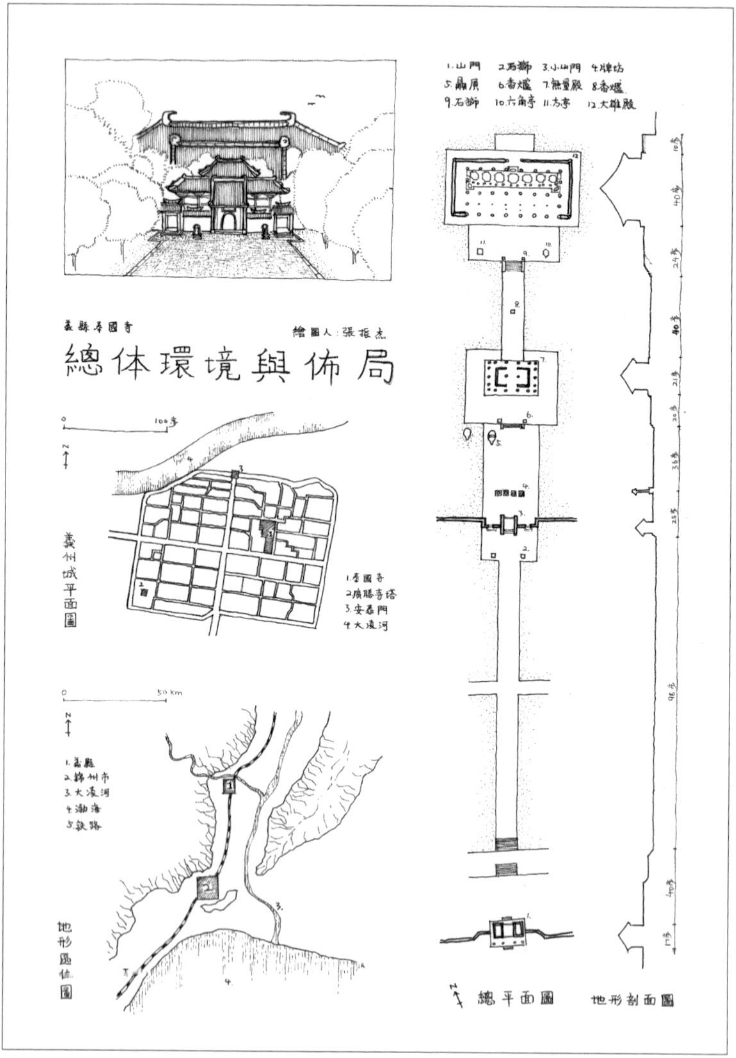
義縣奉國寺
繪圖人：張振杰
總体環境與佈局
義州城平面圖
1.奉國寺
2.廣勝寺塔
3.安泰門
4.大凌河
100步
50 km
1.義縣
2.錦州市
3.大凌河
4.渤海
5.鐵路
地形區位圖
1.山門 2.石獅 3.小山門 4.牌坊
5.贔屓 6.香爐 7.無量殿 8.香爐
9.石獅 10.六角亭 11.方亭 12.大雄殿
總平面圖
地形剖面圖

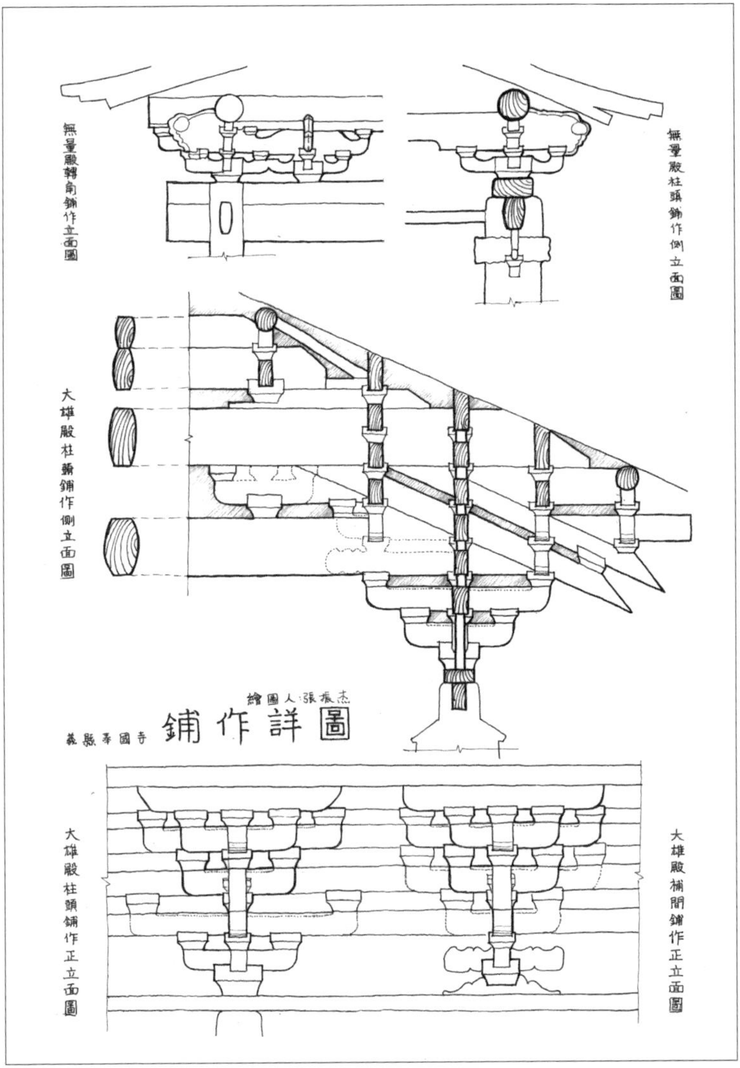

無量殿轉角鋪作立面圖
無量殿柱頭鋪作側立面圖
大雄殿柱頭鋪作側立面圖
繪圖人:張振杰
義縣奉國寺
鋪作詳圖
大雄殿柱頭鋪作正立面圖
大雄殿補間鋪作正立面圖

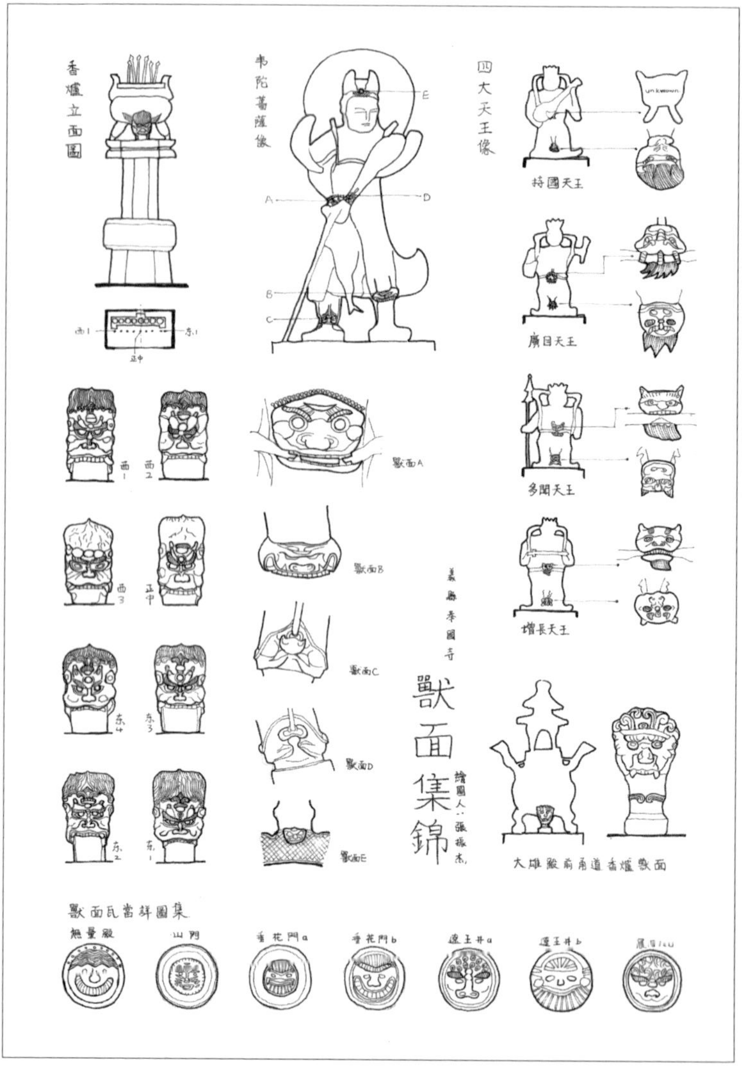
香爐立面圖
西1
东1
正中
韦陀菩薩像
E
A
D
B
C
四大天王像
unknown
持國天王
廣目天王
多聞天王
增長天王
西1
西2
獸面A
西3
正中
獸面B
獸面C
东4
东3
獸面D
东2
东1
獸面E
義縣奉國寺
獸面集錦
繪圖人：張振杰
大雄殿前甬道香爐獸面
獸面瓦當拼圖集
無量殿
山門
香花門a
香花門b
遼王井a
遼王井b

摆脱走马观花的打卡式学习

高 靖

很荣幸作为重庆大学研一新生参与此次义县古建筑测绘实习活动。就个人而言，此次实习的主要目的是学习并体验天津大学古建筑测绘的方法及流程，为建筑历史研究做准备。同时促进各院校同学之间的交流与学习。此次测绘实习共计15天，我们因开学事宜，提前几天离开，主要包括前期准备、室外测绘、室内绘图三个阶段。

奉国寺始建于辽，初名咸熙寺，也因殿内七尊巨型佛像被称为大佛寺，是典型的汉传佛教寺院布局：沿中心轴线对称布局，自南向北依次为景区大门、内山门及东西角门、牌坊、天王殿、大殿。西侧院落为展厅及办公区，东侧院落为书房及VR体验馆。

内山门为清代所建，屋顶为硬山顶，面阔一间，进深两间。山墙内壁绘有彩绘，据解说员讲解为近代补绘，整体画风有明显汉地寺院之风，且精细度和完整度较高。

天王殿始建于辽，清代重修，屋顶为歇山顶，面阔三间，进深两间，殿身周围包绕一圈外廊。殿内造像布局遵循汉地寺院，正中南侧供奉弥勒佛，北侧为韦陀像，建于明万历年，四角分别供奉四大天王。

大殿上承唐风，整体风格雄浑，为庑殿顶，面阔九间，进深五间，坐落在高台之上，北侧出小月台。大殿原有巨柱48根，其中殿内20根柱的柱底处大多有一圆形小洞，且七佛像前六柱均有方形抱柱，此外，殿内八根细柱为后期所加。大殿的梁架是最复杂的部分，大致分为横架、纵架两类，在梁架的对照学习中，对“缴贴”“栱方”“单材栱”，六椽栿上的“抱槫口”“襻间”“扶壁栱”等名词术语有了更直观的认识，同时对叉手或侧脚与各槫、襻间或替木、梁栿及缴贴等构件间的支撑关系有了初步认识。大殿檐下斗栱硕大，为七铺作双抄双下昂偷心造。

殿内正中为辽代彩绘泥塑群，东西两侧各立一力士像，七佛像结跏趺坐于莲座上，每尊佛像两侧立胁侍菩萨两尊以及三尊石供，形成“巨幕”式的空间体验。在测绘过程中，我统计和记录了石供的纹样，试图寻找其摆放规律。此外，在正中佛像背后，有一尊明代倒坐男相观音，极其罕见。

殿内壁画均已漫漶，隐约可见东西两壁各绘有五尊佛像，北壁壁画受损严重，据资料记载绘有八尊菩萨像，南壁隐约可见十一面千手千眼菩萨像的头部。

与我所去过的召庙、汉地寺庙相比，奉国寺内的石狮引起了我的注意。首先是因为其数量之多，整座寺院中新旧石狮像共计约七组，且形态各异各有特色。此外，石狮像一般分公母，且一般放置于大门东西处。而大殿内的一组石狮像，不仅位于殿内且面朝室内，东侧为母狮，西侧为公狮，引人深思。

石碑是寺庙建寺和历史沿革的重要佐证，也是一门具有专门评判标准的石作艺术，一般由碑首、碑身和碑座（龟趺）组成。奉国寺内有石碑十余座，不少同学临摹碑刻纹样及造型，但由于我对此观察较少，就不过多赘述。

广胜寺塔始建于辽，塔与小庙均位于高台之上，高台高出室外地坪约三米左右。该塔平面呈八角形，为十三层密檐砖塔。现状已经过修复，表面泛白部分为抹灰加固部分，表面发青的部分为后期修复所用的青砖造成的。整个砖塔在塔身底部占比较高，且十二层的各层八面均有三面铜镜，底部浮雕部分各面有五面铜镜，据丁老师讲解或许与塔向四周发射的特性有关。同时，通过丁老师的讲解，我对塔上砖柱的收分、砖雕伏狮的头部朝向以及塔刹及塔身的莲花意向有了认识。

此次的古建筑测绘之旅，让我接触到了各院校优秀的老师和同学，从他们身上学习了认真、严谨的研究态度，汲取了基本的专业知识，同时，让我用更专业的视角解读所到达的场所，摆脱以往走马观花的打卡式学习，也让我认识到了自己在古建筑相关知识方面的不足，巩固了以往书本上的知识。此外，天大独特的测绘方式——以手绘为主的测绘训练，打破了我对以工具为主的测绘的认知，增强了我的手绘和观察能力。

由于资料的阅读以及自身专业知识的储备不足，导致关注和思考的点过于浅显和杂乱，在测绘的过程中，无法进行系统、深入的思考，无法有新发现。希望在接下来的学习中，能够广泛阅读古建筑相关的文献并对具体课题形成自己的认知和理解。

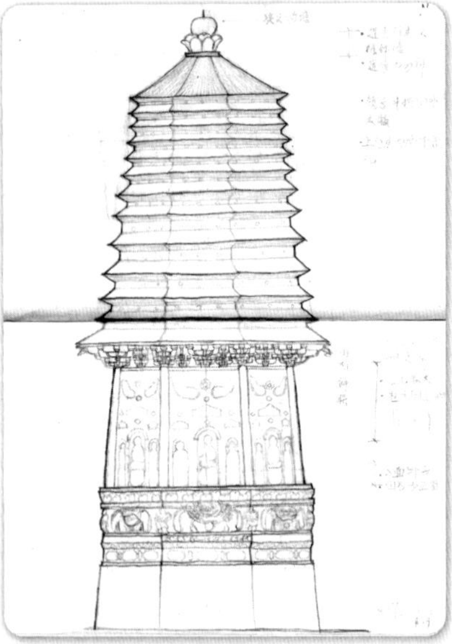

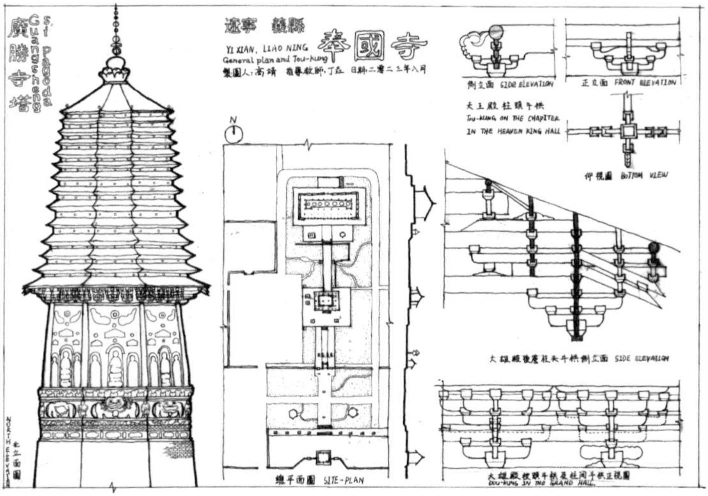
遼寧 義縣 奉國寺
YI XIAN, LIAO NING
General plan and Tou-kung
製圖人:高靖 指導教師:丁垚 日期:二零二三年八月
廣勝寺塔
Guangsheng Si Pagoda
側立面 SIDE ELEVATION
正立面 FRONT ELEVATION
天王殿柱頭斗栱
Tou-KUNG ON THE CHAPITER IN THE HEAVEN KING HALL
仰視圖 BOTTOM VIEW
大雄殿後檐柱頭斗栱側立面 SIDE ELEVATION
總平面圖 SITE-PLAN
北立面圖
NORTH ELEVATION
大雄殿柱頭斗栱及柱間斗栱正視圖
DOU-KUNG IN THE GRAND HALL

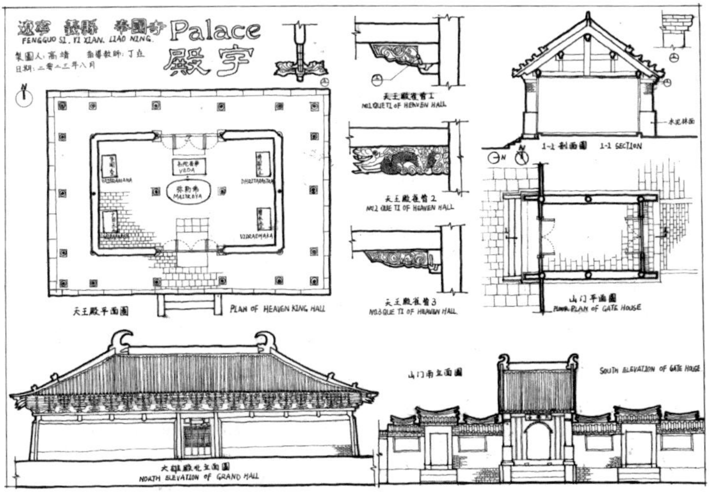
遼寧 義縣 奉國寺
FENGGUO SI, YI XIAN, LIAO NING
Palace
殿宇
製圖人:高靖 指導教師:丁垚
日期:二零二三年八月
天王殿雀替1
NO.1 QUE TI OF HEAVEN HALL
天王殿雀替2
NO.2 QUE TI OF HEAVEN HALL
天王殿雀替3
NO.3 QUE TI OF HEAVEN HALL
1-1 剖面圖 1-1 SECTION
水泥抹面
VEDA
彌勒佛
MAITREYA
DHRITARASTRA
VIRADHAKA
天王殿平面圖
PLAN OF HEAVEN KING HALL
山門平面圖
PLAN OF GATE HOUSE
山门南立面圖
SOUTH ELEVATION OF GATE HOUSE
大雄殿北立面圖
NORTH ELEVATION OF GRAND HALL

跟我想象中的测绘实习不太一样

何曼琪

这次实习时间不长，我和同门阿皓、亚美 8 月 12 日从重庆出发，赶了早班飞机、坐了绿皮火车、打了滴滴出租车，终于在傍晚时分到达义县，与师妹阿靖、慧慧会合。由于学校开学报到的时间要求，所以 8 月 25 日便提前离开了。下飞机时还有些恍惚，跟最初到达义县，站在奉国寺门前时一样。

十二天的学习可以大致分成三段：前四天概览奉国寺各处，重点绘制建筑细部，如香炉、烛台、佛像莲座、柱础、胁侍、天王的服饰纹样、法器、牌匾、石碑碑身、碑座、石狮子等；中间四天聚焦于建筑平、立面，屋脊、角兽、鸱尾、屋架结构、斗栱节点等；最后四天则是集中排版出图。过程中穿插了六次丁老师现场集中指导和几次晚上的分享小会。

跟我想象中的测绘实习不太一样，熟悉而又陌生，我的心情也几度发生变化。起初，我是好奇的。这是我第一次接触古建筑测绘实习，跟以前的古典园林测绘有什么不一样呢？古建筑从景观的构成元素之一变成关注重点。如果说画四角亭的雷公柱是为了理解建筑构件的搭接做法和受力关系，那画碑首、画龟趺、观察不同的云纹、细看兽面之间的关系、关注每一对石狮子，又是为了什么呢？我由好奇转向不解，像一头毫无顾忌的小牛横冲直撞，试图寻找确定的唯一的最终的答案，无果。此时，丁老师引导我们从对比明万历重修义州奉国禅寺碑与清乾隆义州城工碑，到分析七佛的高起与低落、佛像手势、胁侍的眼神，从观察柱间、柱头的斗栱与驼峰，到揣测大殿背立面正脊、屋顶与屋身的关系，我好像逐渐开始理解这位千年老人，和它对话。但理解并不多，到现在为止，我懂了吗？懂了多少？不清楚。一种难受的情绪从心底钻出，我是要去寻找答案的，可是真的很难，我没法儿弄明白，又或许，根本没有答案。我又陷入无助和迷惘当中。另外那两场还是三场分享会，我恨不得全程录下来，反复咀嚼，估计才能理解丁老师所想、所表达。在巨大的知识量面前，我反应更加迟钝了。

当然，我也受到了多方的点拨。在此除了感谢丁老师的无私指导之外，助教李桃学姐、锦文学姐和克溦同学，华南理工大学冯江老师及其研究生虹匀、振杰等同学，华中科技大学双羽同学，天津大学本科生诗韵和伊莹同学也在测绘的过程中对我帮助极大。我从他们不同的角度，看他们眼中的奉国寺和广胜寺塔，观察他们所观察之细节和全局，很妙。

放远来看，测绘是古建筑遗产保护工作众多环节中基础而重要的一环，我还是像一片白纸，手眼心能力还需要多多锻炼，希望有机会能更多参与到实践工作中来。

最后，用电影《一代宗师》中的台词结束吧！宫二对叶问说："习武之人，见自己，见天地，见众生。"期盼在这条路上，永远有明灯指引我，更希望有一天自己也能成为别人的明灯。

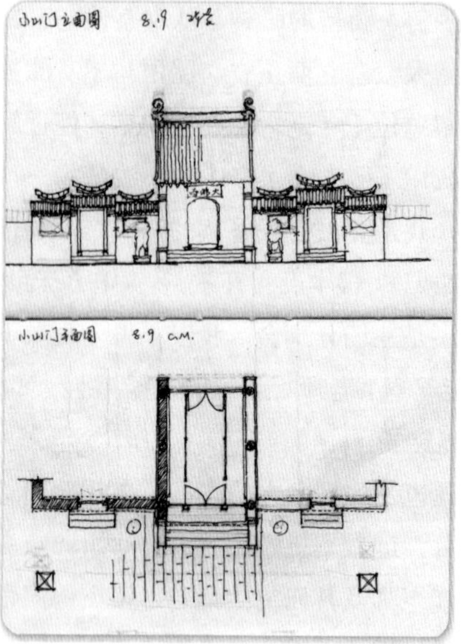

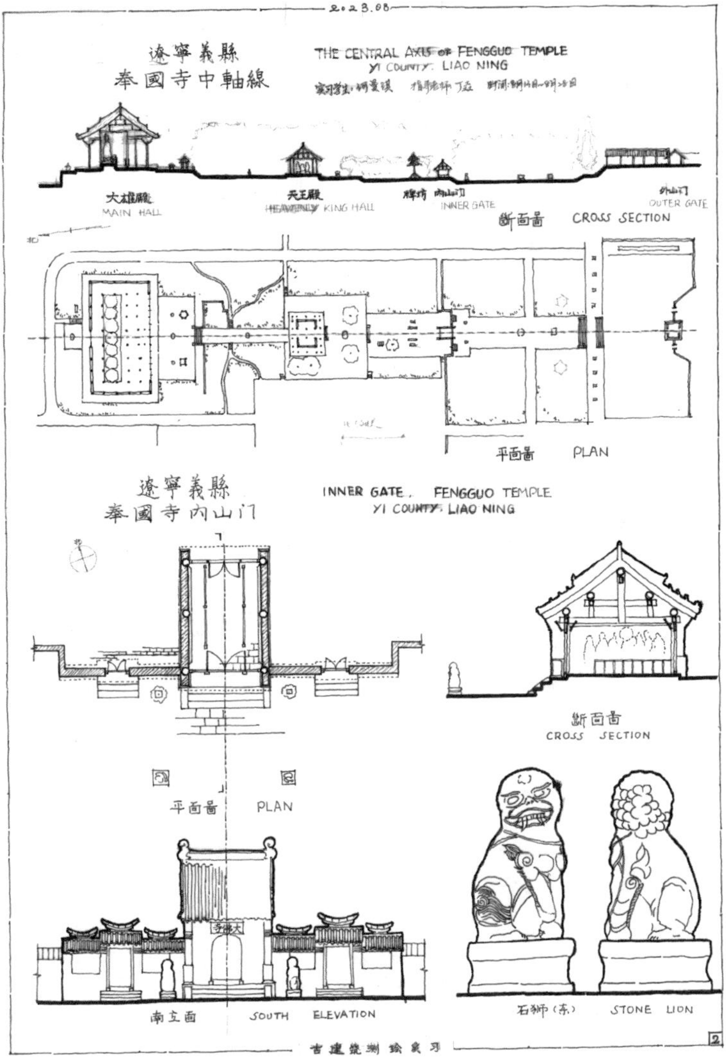
2023.08
遼寧義縣
奉國寺中軸線
THE CENTRAL AXIS OF FENGGUO TEMPLE
YI COUNTY, LIAO NING
大雄殿
MAIN HALL
天王殿
KING HALL
牌坊
内山门
INNER GATE
外山门
OUTER GATE
斷面畵 CROSS SECTION
平面畵 PLAN
遼寧義縣
奉國寺内山门
INNER GATE, FENGGUO TEMPLE
YI COUNTY, LIAO NING
斷面畵
CROSS SECTION
平面畵 PLAN
南立面 SOUTH ELEVATION
石獅(东) STONE LION
古建築測繪實习
2

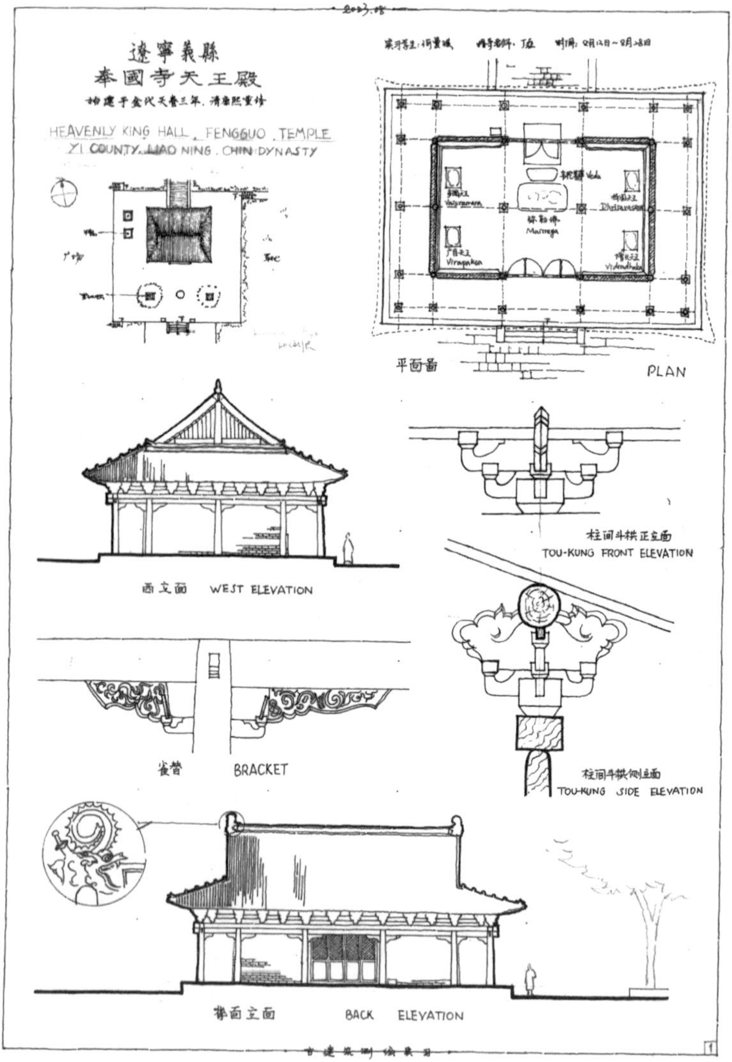
遼寧義縣
奉國寺天王殿
HEAVENLY KING HALL, FENGGUO TEMPLE
YI COUNTY, LIAO NING. CHIN DYNASTY
平面图
PLAN
西立面
WEST ELEVATION
柱间斗拱正立面
TOU-KUNG FRONT ELEVATION
雀替
BRACKET
柱间斗拱侧立面
TOU-KUNG SIDE ELEVATION
背面立面
BACK ELEVATION

学习对于中国古代建筑美的敏感

欧亚美

一、测绘经过

8 月 10 日至 11 日：结束自贡、宜宾的民居调研，返回重庆，稍加整理后在 8 月 11 日晚前往江北机场附近就住。

8 月 12 日：主要行程就是赶路。早上五点半，与阿皓、曼琪一同前往江北机场。十点半到达沈阳，前往沈阳站。下午两点乘坐绿皮火车前往义县，五点半到达义县站。七点半左右入住旅馆。当晚已有近半数同学到达义县，九点左右丁老师召开一个小会议，主要让大家进行自我介绍并发放铭牌。十一点结束会议，通知次日早上八点半于奉国寺门口集合，自行调研奉国寺。

8 月 13 日：上午八点，昨晚已到的同学在奉国寺门口集合，一同进入奉国寺自行调研。下午两点半继续。晚上所有的同学都已来齐，在丁老师的安排下于旅舍院内展开第一次正式会议安排测绘工作，组织大家自我介绍。

8 月 14 日：所有同学于八点半在奉国寺集合并分配任务。上午“咸”“熙”两组在大殿内，“奉”“国”两组在室外西宫，下午室内外人员再交换。我被分配到院内画碑刻。午饭过后，又分别绘制大殿东西两侧碑刻，我所绘制的是大殿东面碑刻从南数第三块及第五块。下午五点半回到旅舍，晚上无会议。

8 月 15 日：上午“奉”“国”两组绘制十八罗汉壁画与大殿的清代牌匾。临近中午，“奉”“国”两组组长集中看图，然后去大殿听丁老师讲碑刻。下午一点四十分，丁老师安排大家到大殿绘制佛像群，要求尽可能简洁。之后丁老师现场讲授了佛像群的特点。晚上丁老师赠送了我们《发现独乐寺》一书，签名并合照。

8 月 16 日：“奉”“国”两组继续 8 月 15 日的任务，我的任务是绘制胁侍，之后便前往东展厅绘制罗汉。下午两组前往天王殿绘制平面立面及剖面，我负责绘制天王殿东立面、平面及剖面。下午四点半，丁老师安排所有同学均在后院绘制大殿北立面。晚上七点半，丁老师在旅舍二楼召开会议讲测绘图，晚上十一点十五结束会议。

8 月 17 日：上午八点半，“奉”“国”两组任务为绘制大殿柱头、补间、转角三组铺作的平立剖，我负责绘制北立面斗栱，实际上几个立面的斗栱均相同。下午前往广胜寺塔。

8 月 18 日：上午“奉”“国”两组任务为补画之前未完成的图。下午由于天气原因，丁老师让我们自由选择是否前往奉国寺继续绘图。我们几个比平时稍微多休息一会儿。下午任务为绘制大殿平面图和全寺总平面图。三点便前往奉国寺西院，继续补画图纸。晚上无会议。

8 月 19 日：“奉”“国”两组继续绘制大殿平面图和全寺总平面图以及鸟瞰图。上午十一点四十分，于大殿前听丁老师讲课。

8 月 20 日：补画之前未画完的图。

8 月 21 日：“咸”“奉”“国”几组在食堂绘图，“熙”组在酒店大厅绘图。绘图时间为早上九点至十二点半，下午两点半至五点五十，晚上七点至九点半。按主题绘制六张 A3 图，晚上八点半丁老师讲授“华严的美术”。

8 月 22 日至 24 日：集中绘图。24 日中午，一行五人于奉国寺集中拍照记录。

8 月 25 日：一行五人于义县火车站乘坐九点半的火车离开。

二、建筑、文物

奉国寺大殿。奉国寺除轴线最末的大殿为辽代遗构外，其余均是清代重修。大殿面阔九间，进深十椽，庑殿顶，一等材。大殿用材硕大，气势雄劲，构架精密，一丝不苟，呈现出“严”的气质。构件少用雕饰，多用彩画。殿内七佛像山一样排开，面容严而不凶，神态细腻，身体端庄但手部柔和。佛像背后及两边木枋层叠，为佛像头部提供一个实的背景。

斗栱里跳承枋四五层，非常明显能感觉到斗栱与井干的相似性。大殿斗栱七铺作，双抄双下昂，出要头，柱间有一补间铺作，转角处多一补间铺作与转角铺作相连。斗栱几乎无装饰，仅补间铺作栌斗下有云状驼峰，栌斗不出泥道栱而出一翼形栱。

大殿在结构上需要解决的问题是——空间需要满足环绕祭拜的功能；足够的佛前祭拜空间，七尊大佛并排也需要相匹配的佛前空间以满足视觉上的效果，太近会使单个佛像过于高大而失去对七座大佛整体的感受；为配合大佛的尺度，大佛所处的位置在结构上应是最高的。从结构关系看，中间一槽上的六椽栿压在前后梁栿上，佛像处梁栿高度最高。大殿枋间、襻间之间多用小斗，并尽量与斗栱小斗对齐。

大殿是我第一次见到如此严密、规整、高大、雄浑的官式建筑。辽代特点非常明显，结构、空间、佛像相互配合，浑然一体，没有不合理的地方，也没有刻意的设计痕迹。

大殿内槽南部除角柱外的柱子均有抱柱，从柱础可看出设计时已考虑抱柱，因跨度大而增加。外槽四椽栿外端位于柱头斗栱，内端插入柱身，此处梁栿仅榫头受力，接触面积小且截面尺寸小，因此必然需要增加抱柱。抱柱通过钉入销榫与内柱相连。

大殿均质的空间。大殿梁架上多用枋层叠，连续的、重叠的枋非常直接地将各间联系起来，从斗栱里跳开始，每一跳都承一枋。斗栱仅泥道栱为横栱外，其余横向均为横枋，不做隐刻，仅放小斗。

从高度上能看出中间佛像最高。平面上看，莲座从两边向中间增大，前后均是。

斗栱与梁架的关系。外檐柱头斗栱里跳承梁栿，梁栿间用斗承接。内柱柱头出斗栱，柱头均有普拍方及阑额。另外墙身在转角处与柱抹角相接，南面两角及南北入口处均抹斜角，北面两角均抹直角。墙身上端也抹棱与阑额相接。

广胜寺塔。广胜寺塔胡同中也看到了一些北方民居。胡同民居，砖拱大门，有叠涩，有木檩横跨两端砖墙（砖木两种材料的结合），檩上承椽。

十八罗汉壁画为明代绘制，整体五官、比例都接近于现实中的人。牌匾与碑刻相似，常用盘龙。

三、讲课记录

8 月 15 日中午 —— 碑刻。丁老师讲述碑刻完整性、比例、整体趋势（是稳定还是向上拔）、文字与碑身的尺度对比、碑刻美学与题材、碑刻从立面二维观察与侧面三维观察时的不同视角，以及碑刻自身尺度的对比和不同时代工匠对体积的把握。丁老师强调审美感受与其背后的美学逻辑，非常细节且敏感，有很多视角是自己所不曾意识到的。丁老师还就碑刻与底座的龟背的关系进行讲解，碑刻与龟背间的小高差非常重要，这样才有碑刻放置在龟背上的视觉效果。并且，乾隆年间的龟趺背部曲线较拱，而明万历年间的龟背曲线较凹，因此乾隆年间龟背仍有立体感，而不像万历年间龟背是一种已经被碑刻压扁的感觉。

8 月 15 日下午 —— 佛像。下午丁老师讲授了奉国寺大殿中七佛的视觉效果。他首先将七座佛像的视觉效果概括为“巨幕”，解释奉国寺大殿的重点在于——如何在做大画面的同时进行整体控制。高大佛像的最佳视觉距离为20~30米，因此也应在此区间范围进行设计把控。与太和门、太和殿展示地平线的视觉需求不同，奉国寺大殿在高大的同时需要紧凑感。通过较为均质的佛像高度、宽度、间隔、背光、胁侍高度营造整体感，但同时又有细微的变化，并且变化并不是呈线性的。特殊佛像或特殊视线通常安排在四分之三，接近两端的位置。大佛看似一样，但胁侍不同，手部动作也不同。从高到低，七座佛像头部相似度最高，往下手部动作不一样，再往下两个胁侍更加不同。佛像腿部是非常重要的控制线，胁侍高度位于腿部控制线之下。与佛光寺相比，奉国寺并不重视在纵深方向的设计，而是重在“巨幕”感的实现。佛像手部均是左手低、右手高，从中间佛像往两边佛像手部高度也逐渐降低。除两端佛像腿部为密褶曲线外，中间五座佛像为舒展的曲线。

8月16日晚上——丁老师为我们展示文艺复兴、营造学社的测绘图纸，并讲解到测绘图重点在于要知道自己想表达什么，强调重点的地方；需要有展示尺度的细节；线型要分粗细、轻重、深浅等。

8月17日下午——广胜寺塔、莲。丁老师从广胜寺塔与奉国寺都有的石刻狮子讲起。七佛莲座的狮子与人像相间分布，人与狮的大小相近，高度约在观看者视线高度；广胜寺塔的狮子与人像尺度差别大，位置也不同，狮子占据八边形的八个面，而仅在八个角上雕刻小人像。八面的狮子并不是都朝向各自方向，除正南北的狮子外，其他狮子会将头和眼略微扭向南面或北面，强调正方向。

塔身柱子微拱，各柱砖砌的角度很准，是看不见的力量的展现，八面悬挂有反射镜。柱顶转角出斜栱，表现向外发散的特质。与同类塔相比，塔基占比与塔身接近，叠涩的十三层屋顶是城市尺度，而精细雕刻的塔基则是近塔尺度。最后，丁老师与美院老师讨论了塔中“莲花”意象的作用——将对象从下部出离。

8 月 19 日中午——大殿铺作。丁老师从柱头铺作与补间铺作的对比讲起。奉国寺柱头与补间铺作对比小，立面上无节奏变化，用均质的斗栱打通九间，并用体量感、方向感强的构件占据画面（同一方向伸出的重叠的昂），产生一种“冲出”的感觉。这是辽代与唐代所不同的地方，是一种“爆发”式。唐以佛光寺为例，会有明显的柱头与补间大小的对比。丁老师还提到梁思成设计的鉴真和尚纪念堂，并给予了极高的评价。

8 月 21 日晚上——“华严的美术”：汉到唐，雕塑艺术发达的同时也带来空间效果的发展。立体造型是正型，空间则是负型。东汉末年，佛教与造型艺术的结合，艺术思路发生变化并影响生活各方面。华严具有系统性、完备性，“华”同“花”。唐代注重节奏感，例如佛光寺原有前廊，立面被廊柱分割。丁老师特别强调佛光寺大殿秀健整丽，比日本的古建筑设计得更好。接着丁老师开始讲解建筑构件。驼峰与莲的相似性。佛光寺有天花，天花使得下面空间形成“宽银幕”效果。而奉国寺大殿无天花，但有顶面的设计。奉国寺大殿上边的黑空间同样有用，是空间设计者对空间可能性的利用，形成“巨幕”效果。月梁北方仅佛光寺大殿有，而南方多——北方的构件加工技术不如南方。

独乐寺在辽代建筑的独特性——是辽代建筑中最早的，近于唐；但又不是唐，比如从藻井就可以看出。唐代的高级建筑对建筑的顶面更有控制感，而辽代更“冲”，顶面变得活跃。独乐寺观音阁有十六米高，因此竖向设计是重要的，观音的垂带位置与观音阁的竖向分隔有相关性。

应县木塔。塔每层的高度与周长有关。木塔的斗栱常不具有结构功能（注意构件是否起结构作用，它们是怎样设计的，为什么）。应县木塔的“空”与发光体——第三层的四方佛均面向外，而使佛像围合一“空”的空间。

我也记下了丁老师提到了几位建筑史学者，关野贞，陈明达，莫宗江。

四、简要总结

总结本次辽宁义县测绘，学习上最有收获的几点在于——对辽代官式建筑的认识；丁老师对于中国古代建筑美学、空间特质的敏感以及剖析；一次手绘的重新练习，不仅练手上功夫，更是训练对建筑及非建筑的阅读意识。最后，感谢丁老师对我们这段时间的包容和关照，学习了很多平时自己所没接触和意识到的东西，不虚此行。

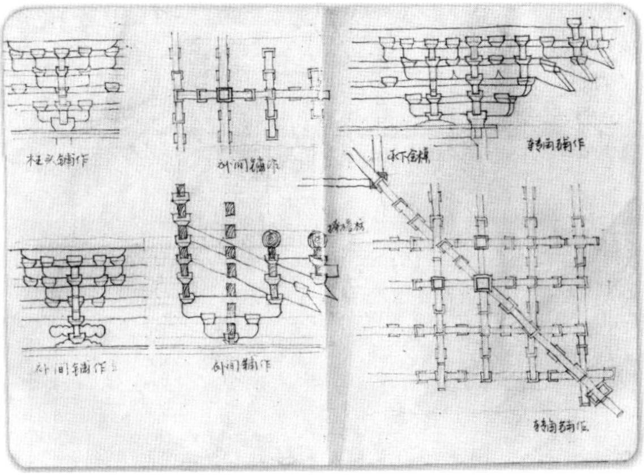

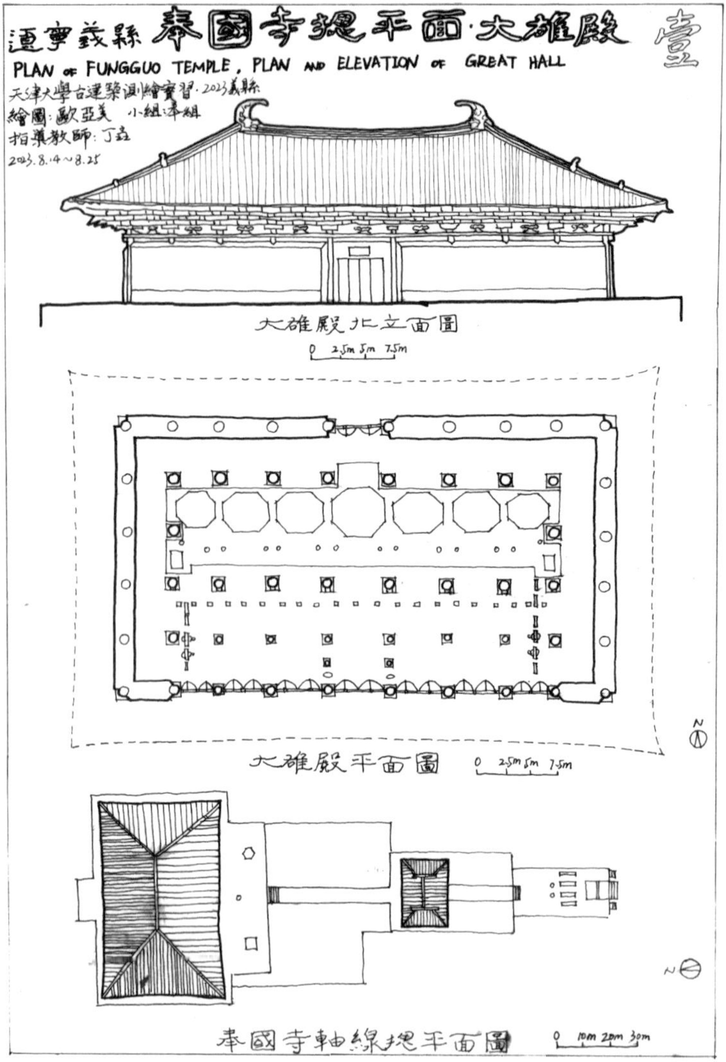
遼寧義縣奉國寺總平面·大雄殿
壹
PLAN OF FUNGGUO TEMPLE, PLAN AND ELEVATION OF GREAT HALL
天津大學古建築測繪實習·2023義縣
繪圖：歐亞美
指導教師：丁垚
2023.8.14~8.25
大雄殿北立面圖
0 2.5m 5m 7.5m
N
大雄殿平面圖
0 2.5m 5m 7.5m
N
奉國寺軸線總平面圖
0 10m 20m 30m

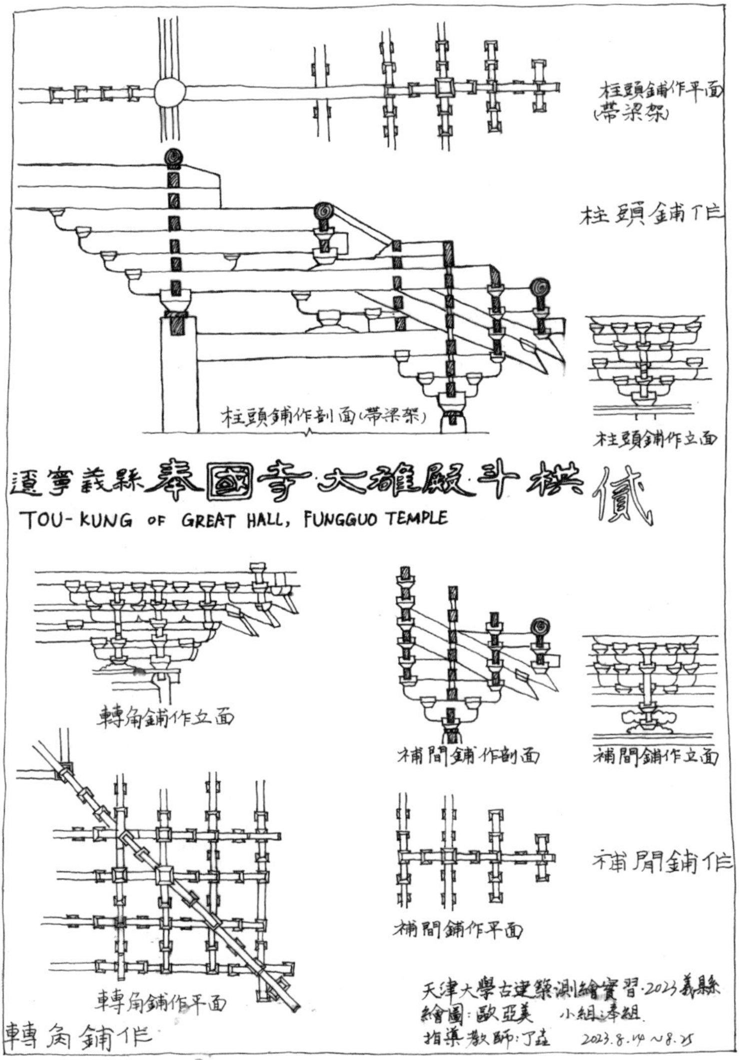
柱頭鋪作平面(帶梁架)
柱頭鋪作
柱頭鋪作剖面(帶梁架)
柱頭鋪作立面
遼寧義縣奉國寺大雄殿斗拱
TOU-KUNG OF GREAT HALL, FUNGGUO TEMPLE
轉角鋪作立面
補間鋪作剖面
補間鋪作立面
補間鋪作
補間鋪作平面
轉角鋪作平面
轉角鋪作
天津大學古建築測繪實習·2023義縣
繪圖:歐亞美
指導教師:丁垚 2023.8.14~8.25

探索古刹之美

乔 慧

十分荣幸能在学期开始之前拥有这次机会来到义县。奉国寺大殿是我第一次现场观摩的辽代古建筑。难以忘记初次走进这距今一千年历史的巨大辽代建筑时的震撼，七尊大佛如山一样地排开，横空闯入我们的视野。在来此之前仅从课本、网络中汲取过古建筑的知识，这也是我第一次长时间地在现场学习，可谓更加直观和深刻。

在正式绘图前的一天，我和同学借助丁老师的论文对照着实物去了解大殿的构造，认识了柱洞、抱柱、扶壁拱等。

前七天主要在寺内绘图，我们穿着背面标有“盛极辽时”的T恤，挎着画有辽代的十三座殿宇比较图的单肩包，戴着铭牌，自由地穿梭在这辽代巨构中。我在有限的时间里分别绘制了“万古流芳”碑、大殿内的元大德七年碑、罗汉像以及其衣领分析、“法轮天地”牌匾、七佛手印及衣领、天王殿的平立剖、大殿三类斗栱的平立剖、广胜寺塔塔座立面、大殿的平面和北立面、奉国寺轴线的总平面图和鸟瞰、倒座观音立面以及各种大样图。绘图过程中丁老师也反复强调线的粗细深浅，图的比例关系以及标记图名和日期等。

在绘制大佛以及罗汉的衣领和手印时，需要简要绘制涉及的其他部分，做到详略得当，突出重点。在绘制建筑的平立剖面时，注意建筑各部分的比例关系。当我第一次绘制大殿北立面时，由于透视变形的问题，将屋顶和铺作层画大了，之后也做了整改。

在这次绘图的过程中，我也发现了一些问题，并积极询问他人。比如在大殿南边墙体的端面与尽间的檐柱以钝角交接，东、西、北侧墙体与尽间檐柱都是直角交接，但在北边门的部位，墙与柱子在室外是钝角交接，室内为直角交接。组长说这样可以强调“南”这个正面，可以让尽间檐柱显露出来，这样正面都能看见柱子，强调其结构性。

不仅如此，墙体也有收分。另外，在画天王殿的雀替大样图时，我发现在雀替上有“斗”的存在，并承托了一个装饰性的构件，感觉挺突兀的，因为它与两端的其他构件都没有联系，我不太理解这个做法。在归纳整理图时，我还发现大殿的地面铺装两侧与中间不一样。

在丁老师的集中授课中，我也学习到了很多新知识。对于丁老师所讲的唐辽建筑对比的问题印象较为深刻。丁老师讲到辽代为佛教艺术发达的时代，其造型空间艺术也极为发达。丁老师对于辽代的建筑评价为更加“冲”，我理解的是更为大胆和直接，而唐代建筑“冲”中有“收”，它考虑的因素相较于辽要多，不如辽大胆。丁老师也对比了奉国寺大殿和佛光寺东大殿的室内屋架，佛光寺东大殿上有天花，遮挡屋架结构，而奉国寺大殿不做天花，屋架暴露无遗，并且在梁枋下皮绘飞天纹和佛光纹，达到更加完整的空间效果。其中佛光纹分为三种类型，越靠近佛像越密，反之越稀疏。

在奉国寺大殿南门站立时几乎可以将七佛尽收眼底，如同电影的“巨幕”，而佛光寺东大殿只能称为“宽幕”，视野不如前者宏阔。老师还讲了很多关于佛塔、石窟等的内容。无论白天还是晚间，每一次集中授课都是一场知识的盛宴。

十几天的义县奉国寺之旅不仅让我学习到很多辽代建筑的知识，也让我结识到了很多志同道合的小伙伴们。非常感谢丁老师给我的这次学习机会！

总之，义县之旅，不负此行！奉国寺，我还会再来的！

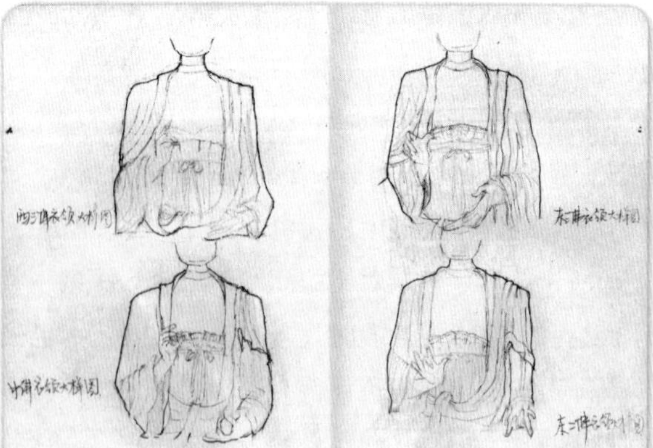

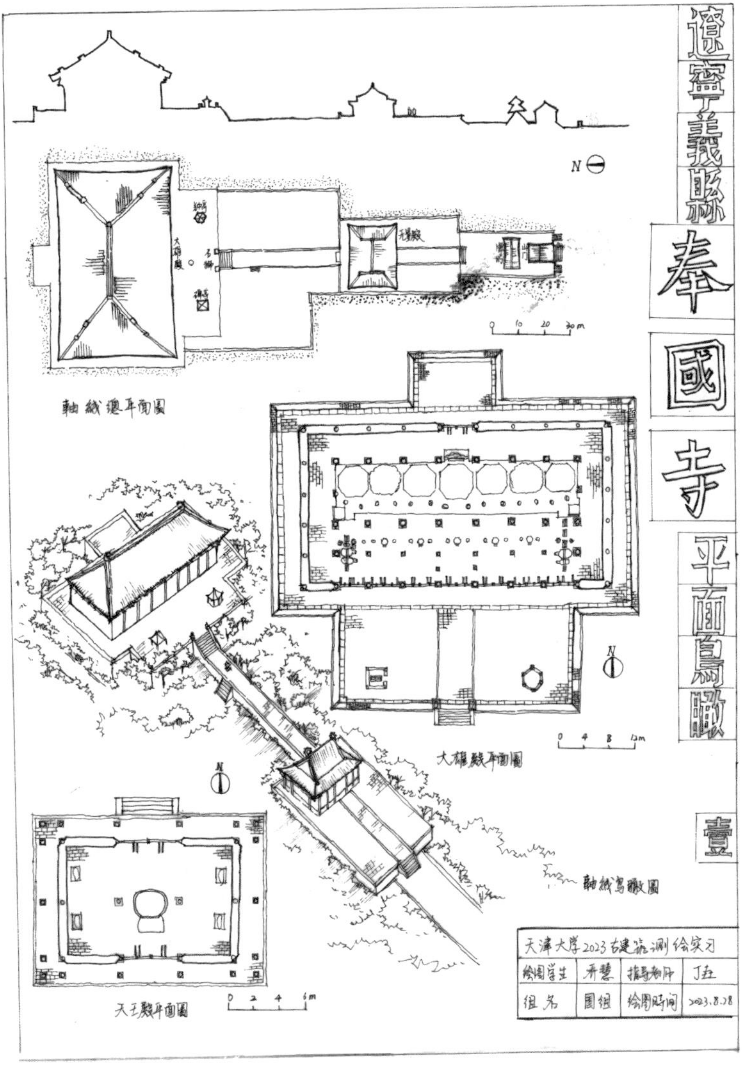
遼寧義縣
奉國寺
平面鳥瞰
壹
軸綫總平面圖
大雄殿平面圖
軸綫鳥瞰圖
天王殿平面圖
天津大学2023古建筑测绘实习
绘图学生
乔慧
指导老师
丁垚
组名
国组
绘图时间
2023.8.28

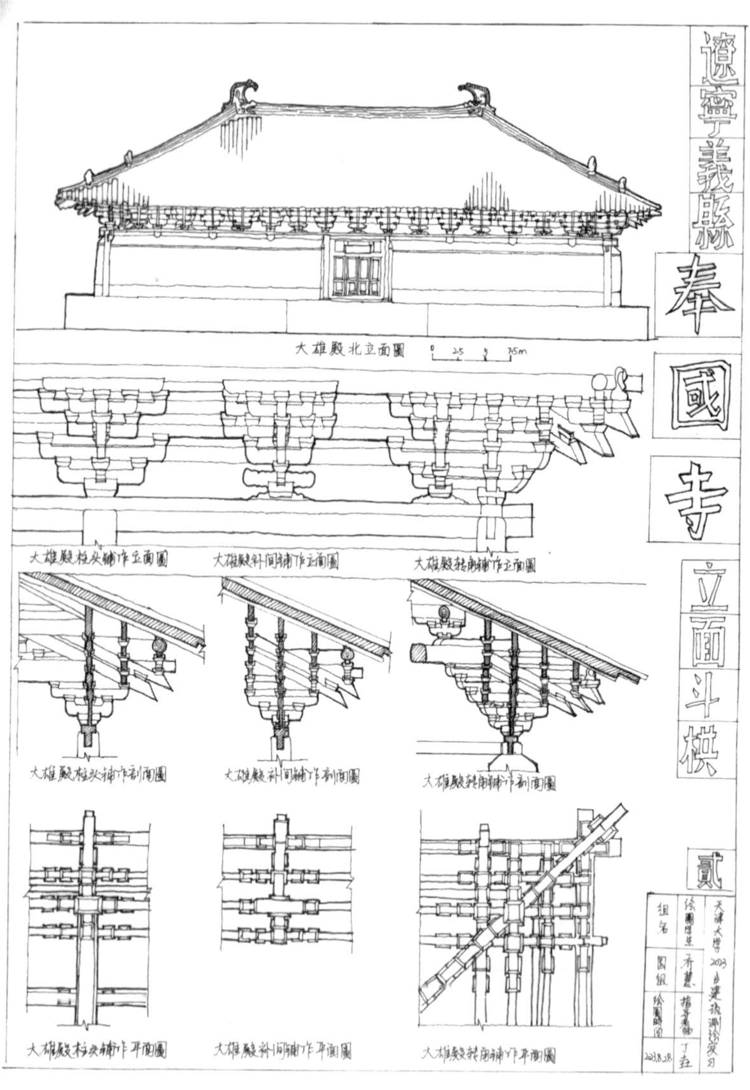
遼寧義縣
奉國寺
立面斗栱
貳
大雄殿北立面圖
0 2.5 5 7.5m
大雄殿柱头铺作立面圖
大雄殿补间铺作立面圖
大雄殿转角铺作立面圖
大雄殿柱头铺作剖面圖
大雄殿补间铺作剖面圖
大雄殿转角铺作剖面圖
大雄殿柱头铺作平面圖
大雄殿补间铺作平面圖
大雄殿转角铺作平面圖
组名
绘图学生
天津大学 2023 古建筑测绘实习
图纸
乔慧
绘图时间
指导老师
2023.8.28
丁垚

一次眼与手的辽构北游记

滕文皓

一、一些杂谈

我们是乘飞机转火车到的义县，离开时是乘火车转飞机。来的时候沿途是大量的玉米地，回去的时候选择了还未被核污染的海边。去年我也来过东北，也到过大连，但今年的海更蓝，天也更蓝。东北的晚霞很美，天空好像就在正上方，云的形状很美，总带着粉色的晚霞夹在老旧的街道中，犹如漫画里的小城记忆，这让我们在画图的时候有了一丝宽慰。

画图的日子并不是那么快乐，但要说悲伤也不至于，自己能在其中感受到伟大遗构从整体到细节的美，扩展了很多方面的认知，即使不成熟，也在观察的角度上得到了提升。说到画图，我的手绘功底确不如其他人，这个也不是一朝一夕能够提升的。

遥记大一刚入校时，我连基本的速写都画不出，可能是天生缺乏艺术方面的修养，手绘的不精准在这次测绘中是最大的困难，不然就有机会可以更多更深地去认识到每一个兽面，每一个表情，每一道纹样。这难免有些遗憾了。

在画图上我能感受到自己的提升，对比例与线型有了更多的理解。比例说起来其实很玄乎，就像丁老师让我们选两个碑看哪一个更顺眼，比例其实刻在每一个人心中。而对于不同的古代建筑或者石刻而言，从整体的比例到局部的比例，要做到尽善尽美才是建筑艺术的巅峰。

这一段时间在我身上留下的印记十分明显，至少在肤色上明显黑了几分。早听说丁老师一向有赶人的传统，前几天我们重庆大学几人战战兢兢。我站在太阳下手拿着本的影子，在每一块砖上都留下了痕迹。

“熟透了的西瓜”是这段时间常被提起的比喻，东北的西瓜确实很甜，这奉国寺给我的甜度震撼已经超越了任何一座我见过的建筑。听了多次佛光寺与奉国寺的比较，山西对我的吸引更甚了。

丁老师是一个特别有“仪式感”的人，从毛笔写下的名字到吊牌、小本、努力地记住每一个小孩的面孔，再到每个人独有的“盛极辽时”文化衫和背包，给这次的研学铺垫了一个很好的开端。我们受赠了《发现独乐寺》，这也是我第一次被签名赠书，印象深刻，记忆非凡。

建筑方面的学习我觉得不如其他方面，因为奉国寺的细部纹样雕像等太多了，这些都各不相同，却传达着同样的主题与故事题材。以前我们重庆大学的训练缺乏了很多细节，也可能是受疫情影响。当时我们的测绘是在校内，再加上平时的培养也是注重于梁架等结构要素，这次在装饰艺术上的提升让我感觉收获很大。

测绘前几天主要针对装饰纹样部分，后面开始了建筑部分。其实还没开始的时候我就已经在绘制斗栱了，沉迷于梁架与佛像的结合，空间的塑造与佛像的塑造浑然一体，彩画虽有些看不太清了，但好在可以想象亮丽的飞天与佛光纹在佛像上投射出的视觉震撼。

广胜寺塔在大平房胡同的东北特别突出，仅台基都高出普通民居一大截。广胜寺塔的美分散在各个部分，又统一到一个整体。一开始关注的是仿木斗栱与上部的屋檐形式，没料想居然连三个大狮子在视线上都有变化，这三个大狮子的冲击力和小狮子不一样。托架起的菩萨配合带有曲线的柱子，在莲花的精神衬托下向整座城市发散，砖构之美一览无余。

二、收获与感想

先说说知识层面。其实测绘期间丁老师并没有直接指导我们，基本都是由几个研究生助教布置每天画的内容以及评图，所以画图方面主要靠自己。丁老师花费一个晚上讲解的关于中外测绘的历史和自己对于营造学社独特的情感，大多是对于莫宗江先生图纸的不吝赞赏，强调比例与线型的重要性，当然非朝夕可领略其内在真谛。

由于此次测绘，确切来讲是古建筑美术实习，较为颠覆传统测绘的认知方式，接收到的内容也更深刻。这更像是给明了哪些东西物件是有价值的，然后自行感悟画图。从以前对古建筑并无多少感触，再到存了一些认知后有意识地接触，再到认知广度层面的拓展。

建筑、壁画、塑像、雕刻，确是要富于艺术美的，唐、辽至明、清，设计艺术、结构、内外一体的连贯性，甚至微小到一处花纹，一尊小塑像，一个石碑。建筑的整体艺术认识是知识层面的最大收获。丁老师多次对比佛光寺与奉国寺大殿，说唐代风格是强弱相间的，艺术水平极高，包含有中原建筑独有的含蓄优雅，与整体大气磅礴的风格相得益彰。而观之佛教为首的辽代，其建筑风格被丁老师评价为“冲”。这个“冲”不仅是在建筑立面上整体向外扩张的趋势，更是辽承唐风的一次突破。

奉国寺的立面已经不再是一间一间划分，而是水平方向“巨幕”的实现。在建筑外可以看到连续的水平向展开，而当进入之后，七尊大佛恍然映入眼帘，如果去掉明代后加的柱子，水平向的视觉感受将更加震撼。竖向设计也在一直延续。大殿的视线设计，在水平向的“巨幕”上叠加了好几个层次。从大佛的头部、眼神，再到不同的手印与衣褶，然后就是每尊佛前面的胁侍，最特别的还是西二佛前的，一仰一俯之间，仿佛跟佛陀有了直接的对话。两个天王在两侧魁梧肃穆，整体画面也到尾声。

梁架设计上与七佛联系紧密，去掉了小方格的天花，裸露出更高更广的空间，这并不代表着不处理，而是梁架与七佛对应，重栱层层上挑留出顶部的空间，梁枋下的飞天彩画与佛光纹虽已黯淡，却可以想象当时的壮美与震撼。这次由小及大，由雕塑细部、柱础纹样到佛像与梁架的经历，给我的认识打开了新的思路。

再谈谈非理论知识的层面，一部分关于丁老师，一部分关于我自己。丁老师的确算得上是一个古怪的老师。这在第一天听华南理工大学的同学讲述丁老师的赶人经历以及其他事情给我们初步勾勒了一个形象。但在签名、自我介绍、送书及本子与袋子的过程中感受到了他的儒与雅，换句话来说就是“仪式感”。在各种临时的讲课中虽然冗杂的话比较多，也能从他时断时续的节奏中体会到他思辨的过程，以及关键词。他有自己独特的幽默和规则，也有自己高远的追求。现在依然记得他说：“如果学建筑史都不对标梁思成，那还不如不学了。”他有着自己的坚守，对于奉国寺的感情也是相当深的。2007 年他过来测绘。2008 年和 2009 年也在这儿负责测绘出书等工作。他说他得出过许多的结论，而有的结论是今年才总结出的，照我的理解来说是“发光体”——塔是比较重要的载体。以应县木塔第三层的讲述最为贴切，“空”的布局，八角的斜栱，证明从此处开始发光，而佛光寺也是这种发光的一种象征。丁先生对于梁思成先生与林徽因先生的感情之深，在整理梁先生作品后更拔高了梁先生的形象。他的古怪中有着他的世界。

送我们的《发现独乐寺》我大致翻阅了一半，感悟略浅，也暂且记录一下。作为一个建筑史科普的读物，里面分为了很多个章节，前面几个章节先讲了建筑史与艺术史，从介绍沃尔夫林与潘诺夫斯基开始，有句话很精妙：“巴洛克叩响门扉的时候，文艺复兴才真正认识到了古代”。个人愚见——从仿古到变古，变的角度出现之后，古之最重要的部分才显现出来。再到梁思成、刘敦桢、陈明达等对中国建筑史研究的进程与其发展。接着是“华严的美术”，丁老师讲解了佛教的内容怎么融入建筑、改变建筑、决定建筑。梵字“om”是能量源，也就是前面说到的“发光体”。后面的各个章节相对独立，主要还是围绕营造学社上一代的内容。《发现独乐寺》讲述了梁思成的学术研究，《独乐寺考》太好了，好到不似那个时代短期能得出的巨大成果。同时将斗栱与柱式（order）相提并论：“斗栱之变化，谓之为中国建筑之变化，亦未尝不可，犹 order 之影响欧洲建筑，至关重大。”这不仅是梁先生的独乐寺，这本书代表了丁老师的独乐寺，一个学者，十五年的坚守，再回到奉国寺做工作，激动地感慨今年才认识到斗栱中斜栱的设计也是象征佛光这一过程历时之久。

我自己的部分到这似乎也不太重要了，未提的也就是我偶然旁听的冯江老师与丁老师等人的对谈了。对谈我是前半段加入的，听到了“季风计划”“建筑师的中年危机”。关于国际形势的谈论相对有趣，而这场对谈因为冯江老师的存在，谈论到学生以及身边人的发展——考公、考编、设计院。在他们的讲述中体制相对自由，而未来最可能的发展——古建院、考古所等或许也还有好的出路——这与我预先料想的差不多，避开设计院拥挤的日常，在前半生积极地拥抱生活。类似于测绘实习的经历，在我的生命中是一次不寻常的经历，虽然晒得比较黑，同时也很疲惫，常常感到睡觉的时间都不够，但自认为对我的益处是比较大的。走之前还看了锦州与大连的海，还是那么美，即使夹杂着腥味的海风也依旧让我神往。

文到此处，测绘之旅也真正意义上结束了，不知下一次见面会是何时，感谢丁老师这一段时间的指导与照顾。

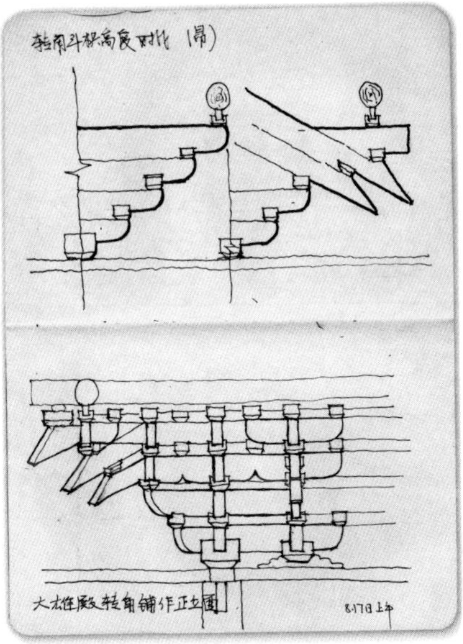

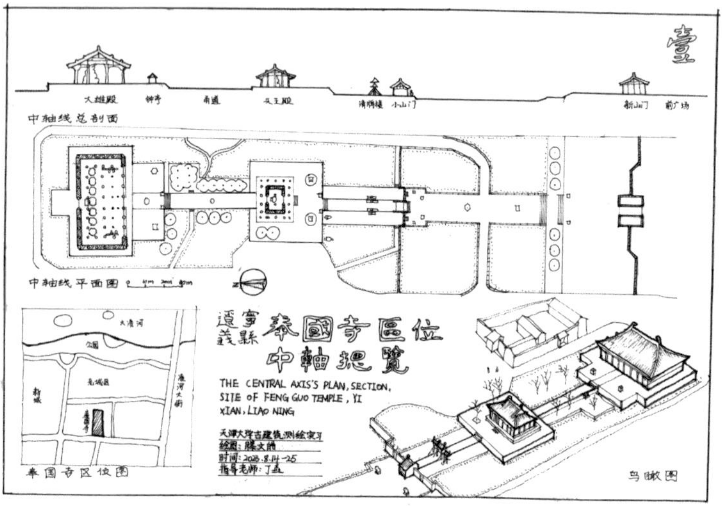
壹
大雄殿
甬道
天王殿
小山门
新山门
前广场
中轴线总剖面
中轴线平面图
大凌河
公园
老城区
新城
奉国寺
奉国寺区位图
遼寧義縣奉國寺區位中軸總覽
THE CENTRAL AXIS'S PLAN, SECTION, SITE OF FENG GUO TEMPLE, YI XIAN, LIAO NING
天津大学古建筑测绘实习
绘图：
时间：
指导老师：丁垚
鸟瞰图

义县之行

张双羽

在义县奉国寺的半个月的测绘实习中，我认真阅读奉国寺相关文献，对辽代建筑有了初步了解，现场近距离观察学习古建筑的结构、装饰和壁画，对奉国寺有了更深入的了解，徒手绘制奉国寺的重要内容，掌握了古建筑测绘的基本方法和技巧，提高了自己的手绘能力。

在本次实习中，我完成了以下成果。

（1）实地观察奉国寺的山门、天王殿和大殿，记录各项数据比例，并绘制平面图、立面图和剖面图。

（2）更加深入了解研究奉国寺的意义。奉国寺是辽宁义县的一座古寺，是中国重要的文化遗产，具有极高的历史、艺术和文化价值。奉国寺建筑群规模宏大，建筑风格独特，是中国古代木构建筑的杰出代表之一，对于研究中国古代建筑艺术和技术发展以及传承和弘扬中国传统文化具有重要意义。

刚开始收到导师万老师让我参加义县奉国寺古建筑测绘的消息时，我内心非常忐忑，因为这个任务对我来说是一个非常重要的挑战。当我到达义县时，负责人李桃学姐带我入住咸熙旅舍，入住第二天就开始进入奉国寺测绘。首先，测绘古建筑需要我们有扎实的专业知识和技能，同时，我们也要了解古建筑的特点和结构，以便更好地理解和反映在奉国寺的测绘结果中。

奉国寺建于辽开泰年间，不仅承载了丰富的文化内涵，还体现了中国传统建筑的独特之处。我在奉国寺进行测绘时更深入地了解了奉国寺的历史背景、建筑结构和文化意义。

此次义县之行，我收获了许多宝贵的经验和体会，不仅学到了专业知识和技能，而且深入了解了辽时建筑的独特魅力和历史价值。我相信，在未来的工作中，我会继续努力学习，提升自己的能力，为保护和传承古建筑文化做出更大的贡献。

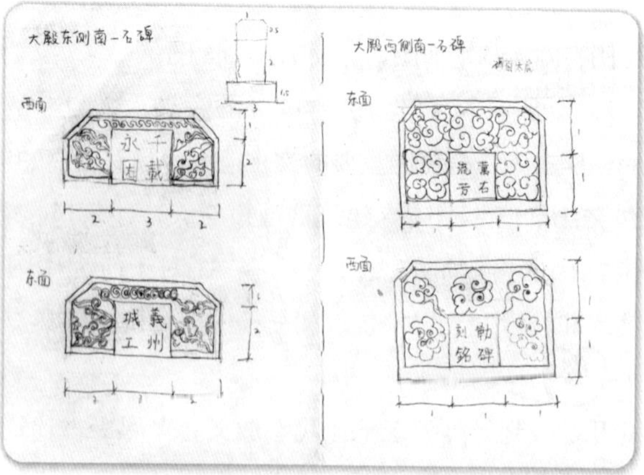

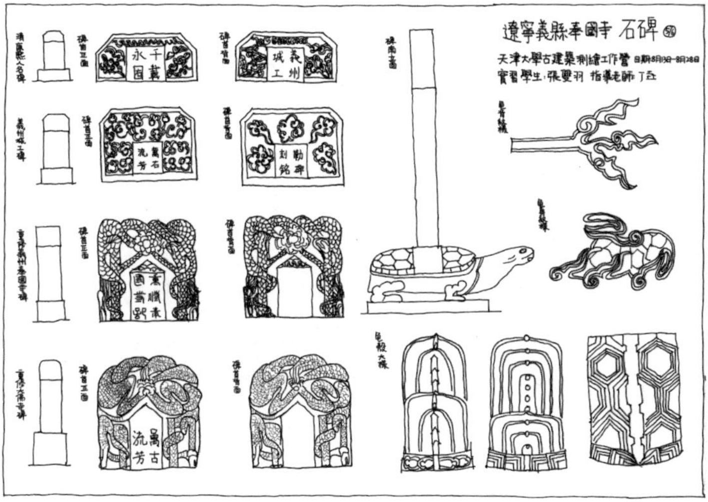
遼寧義縣奉國寺 石碑 56
天津大學古建築測繪工作營 日期8月13日–8月28日
實習學生：張嬰羽 指導老師：丁垚
千載永固
義州城工
萬石流芳
勒碑刻銘
萬古流芳

义县的风景——一次从极北之地的返乡

张亦弛

一、序

返乡　2023年6月2日，我离开了天色已不会变黑、却依然还要穿羽绒服的赫尔辛基。在空荡的万塔机场，我掏出手机看着六月的赫尔辛基和广州的30℃温差，心想，20小时后重新踏上珠三角土地之时，我要在那烈日下奔跑。后来，我兑现了诺言，并立竿见影地中暑了。因此，等正式回到九楼报到——时隔一年再次见到老大，已是十天后了。

重逢　去九楼报到的前晚，突然听闻村长和我不约而同在三月份就向老大提出了暑期实习。这么一看，与其说是实习，更像是神兽归笼。次日一早，我们俩站在九楼的走廊上，复习展板里讲述的那些祖辈传说，村长和我聊起了龙庆忠先生关于南越王墓遗迹的论战，这时走廊另一头依稀传来电梯开关的声音，紧接着出现了一个熟悉的剪影。“冯老师，好久不见！”老大依然背着那个亮橙色的挎包。

于是，当年去了纬度最高的城市读书的两个人，重新又坐在913的长桌前，对着互相的电脑屏幕指指点点。这一幕惊得本来匆忙飘过的肖旻老师，连退三步回头看着我们，定有一秒觉得自己经历了时光倒流、怎么这倒霉的一届还没毕业的恍惚。走过来询问一番，丢出一句“冯老师真厉害，能把你们都弄回来干活”，非常感慨地离开了。

北上　当确定一个月后就要北上两千公里，手上的项目突然紧张了起来。南方的炎炎夏日第一次过得如此之快，转瞬就到了临出发的最后几天，也是大良的项目最紧张的几天。正当焦头烂额的我完全想不起即将启程的测绘，却看见了某著名公众号上更新了图片信息。

图片信息很清楚，丁老师已经过了山海关收费站，燕山山脉的背景迅速唤起了我儿时记忆中北方大地的印象。而后接连两三天，奉国寺大殿的实时影像与当地天气等都被随时更新着。那时广州还是三十五六度的高温，而我分明感受到了秋意开始蔓延。

二、义县的风景

开局　终于到了正式启程北上之日。义县地处偏远、交通不便，为了节省时间，我选择了最昂贵的路线。在转了两班飞机加一趟黑车之后，我同样站在旅舍的四楼走廊里，看到了暮光中奉国寺大殿的屋顶。

当天晚饭后，第一次的集会开始于天色近乎昏暗的时刻。院子里放着几排长板凳，需要三人配合而坐，每次坐下站起都考验着互相的默契。

会上，丁老师以非常规的叙述方式讲完了类似于概要、简介、注意事项等常规事项，之后便开始要求大家逐个介绍自己从哪里来、如何来的。听完发觉，一院子的人凑在一起，可以说涵盖了除去骑马之外的所有交通工具，多数人都要在路上花费两天。

画不出的大殿　次日，清晨，初到大殿。

大殿正中三个开间的门扇完全打开，而东西各两个次间仅由窗户透光，东西尽头两尊稍许隐藏于阴影中。我止步在跨门进入大殿的第一步，许久才能向前再走近。

七佛盘腿而坐，背光前倾、稍加弯曲地指向了脊檩。整个大殿即是依托这七佛的尺度而建，称得上分毫不差，这是对大殿建造准确性的信任，即在这般宏伟的尺度下，连十厘米的变化也必然是有意为之。

理解细部则需要多一些时日。促成如上提到的我们踏入门第一步压倒性的空间感受，背后存在多处精准的视觉控制。佛像低垂向下的目光与向前微倾的背光，佛像从中间到两侧细微地逐渐变小，正中一组胁侍菩萨的稍许靠前……不胜枚举，以及丁老师反复强调的——柱位的安排，使得在刚入门的位置便可以不被遮挡地看到七尊大佛的面容。

某日碰巧看到一个远道而来的尼姑，双手合十，对殿内工作人员说“一走进这大殿内，立刻就可以感受佛国的世界，已不再是尘世间”，接着对他们多年在此守护神灵的辛苦，多有感谢。而几位讲解员大叔（有一个已经在这工作了 12 年）

的回答也相当直爽："不辛苦，我们这儿是国家重点文物保护单位，是事业单位。"尼姑显然没有听懂什么是事业单位，但却再次双手合十，深鞠了一躬后离去。

宜州与义县　我依然清晰地记得，到达那天坐上的出租车：密集的苞米地飞速掠过，压在视线的中间，留出了上部淡蓝发灰的天空，时而被附带着铁皮棚的砖房或是蔬菜大棚打断。远山的轮廓连绵起伏，线条比南方要硬朗些，却又因距离与天气的缘故若隐若现。奔驰在乡野之间的小路，目所能及之处，已皆是北方农村的印象。

奉国寺外围附近的街区，整齐排布着单层的北方民居。感官上跟粮仓有几分相像，山墙承重由梁架稍许叠起微拱的屋面，上层铺椽子，再铺疑似毛毡的柔性防水和浇筑防水砂浆，最后被有序而稀疏的红砖块布满。而水刷石院墙的纹样透着 20 世纪 80 年代典型北方的审美趣味。

若从南侧走进老城的范围，穿过排排民居，自南向北阅读奉国寺，由于山门—无量殿—大殿的轴线有清晰的递进秩序，天际线中恢宏与低矮的反差尚且不明显；但若是夜晚绕到北面回头看，黑暗中伫立着一个远超民居体量的巨大庑殿屋顶，犹如圣殿，守护着周围连续的矮屋面、电线杆与左右交叉排布的电线。这里的天际线依旧保持着古老的轮廓。

若是用现代生活的指标评价，义县的发展，也像是停滞在了 20 年前。这里没有什么丰富业态可言，也没有人玩手机、刷视频。门前巷口的人们，仅仅是一起坐在墙根儿，或是发呆、或是聊着天，或是沉默地摸着狗。

老大来了 测绘开始没几日，就得到了老大正在购买机票的消息。在尝试了各种路线安排都无法完成“在一天之内从广州飞抵义县”之后，他放弃了“当日达”的执念，决定从大连转机，逗留一晚，而在大连是为了见谁不言而喻。

可惜，最终老大没能把刘老师也带来义县，只身一人飞到锦州湾机场，坐了董老师来时的同一辆黑车，在8月19日傍晚的饭点准时到达了旅店。

收到微信消息时，我们刚在饭堂里坐下。“在房间了”四个字让所有人齐刷刷地弹了起来，扔下筷子跑到院子里，仿佛就要摆出列队欢迎的阵势。正当众人拭目以待地看着楼道的小门，一声呼喊从楼上传来，一齐转头，老大在二楼的窗口招手。

测绘严肃的氛围，被老大的到来短暂地缓解了。工作时间大殿的内外附近，出现了一个小队，讨论柱础纹样、铺地线条、莲花座上彩绘的年代种种；而在饭桌之上，回答“黄震霖，为什么你的土豆丝里有肉”这个问题的难度，丝毫不亚于“张振杰，你不觉得奇怪吗，为什么你有一个咸鸭蛋”。

大家期待的讲座并没有发生，原因之一也许是老大即便远在东北，依然要为了海上丝绸之路的历史学定义与印度人吵架。最后一晚他只在即将散场之时出现在二楼转角，对大家正在讨论的“是否存在比奉国寺大殿更进一步的理想范式”抛出一句精辟的总结：终极问题是没有答案的。

也许可以笑谈，老大来了多少回应了丁老师的调侃：“冯老师是肯定会来的，因为他的把柄们在这。”但我也当即理解了临走前最后一晚他的亲口回应：“来是为了来到这里，不是为了看他们。”

风景无意　如此长时间地待在同一空间里，逐渐建立起对恒定空间的不同深度的感受的同时，也自然地观察到同一空间里每天的不同事件。

譬如，每天固定时间来拿核桃的那只松鼠，又会随机地出现在大殿内外的不同位置；讲解员对到访的人们总是出乎意料地热情，总是主动上前讲述一些真实性有待考证的历史故事；而北方地区特有的“一层秋雨一层凉”中那一场秋雨，刚好下在了 14 天测绘的中点。我们不长的测绘因此横跨了两个季节：第一周还需要在现场绘图时努力寻找树荫或是躲进大殿里冥想，第二周却已经单是站在院子里，便是习习秋风，殿内反而闷热了起来。

尽管季节在切换，在义县的日子里，时间感实则非常模糊。我在这片东北黑土地上似乎真正找到了芬兰人的状态：感受不到时间，只能感受到空间。而所有的事件也失去了时间的计算和定位，纯粹成了我们度量空间的方式。芬兰的无时间感是由非常规的日夜变化所造成的度量衡的失衡，是自然地理的缘由；而义县的无时间感也许更多来自环境的偏远及稳定与事件的单一，更多大概是人文地理的缘由。

很长时间里，我都无法准确地概括关于义县的种种见闻与感想，脑子里出现的词汇总是太过具体。直到回想起院子里那个每天傍晚时分被落日直射的树池，我回忆起自己每天坐在那里等阳光慢慢消失的过程：其实眼前没有什么风景，却也有很多风景。

风景无意，我很难仅仅用文字或图像去记录。在这里，风景不是 Landscape，也不是 Scenery。也许可以是 View，即关于此地的一切，包含远山、建筑、生灵、事件、夕阳西下与漫天星辰。风景关乎地点与瞬间，以及当下所有的情绪。

出发前老大所谓的“修行”和刚来时丁老师说到的“熏染”，彼时还不太理解。直到 14 天的测绘接近尾声，我才恍然感受到这两个词的准确，更突然理解了第一天傍晚，大家聚在院子里讲述自己到达此地的波折过程的重要性。

来之前希望补充中国古建筑知识的愿望，仅仅是象征性地实现了，手绘的功夫也并没有什么技术层面的提升，但真实获得了心态的改变。曾经总以为写生最关键的是美术功底，是手的问题。而现在发现，画不好的问题往往首先是因为思维（脑），然后是观察（眼），最后少数的情况才可能是绘制（手）的欠缺。

最后的最后，如果回到建筑师的视角，这座千年的大殿拨开了一些迷雾，也带来了更多疑问。

还记得自己刚开始学习的时候，觉得做设计很复杂，找不到方法和评价标准，有时没有头绪；过了几年，似乎有些开悟，了解到了很多“技术”与“方法”，因此开始觉得做设计是一件很简单的事情，没有那么多拐弯抹角、故弄玄虚的噱头；再后来，去到了更远的地方，也实地去看过了一些房子，感受了芬兰黄金时代（阿尔托和他的上下各一代人）“细节成大局”的功力，在欧洲大陆看了许多百年前建筑圈风起云涌留下的遗珠，也终于去到了雅典，看到技术的进步在文明的面前是渺小的，而西方建筑师一生所能思考的所有问题，早已能在那片土地上找到原型。

而当下的我站在奉国寺大殿里，确信了中国也拥有最伟大的建筑同时，也重新感受到了做建筑是一件复杂的事情。这种复杂并不是结构、构件、彩绘、空间安排等这些技术问题造成的，也不是经济、政治等外因促使的。做建筑没有方法论，技术也都是简单易懂的，最振奋人心的是，在这个苦闷的夏日里，我站在奉国寺大殿高耸的檐口下，看到了创作本身的复杂性。

三、尾声

最后一天下午，我赶在离开义县的火车发车前的最后一小时，跑去大殿里上了一套签。

从小没有体会过任何拜神习俗的我，起先对于拜佛的姿态感到有些无所适从。但很快，这熟悉却也仍然陌生的大殿给了我超越仪式本身的平静。我并没有什么心愿，不求财富不求平安，只是在过去的这些时日里，借由此地感受到了与遥远世界某处的联结。

关于义县的最后记忆，停止在火车站的月台上。月台没有顶棚，刺眼的阳光让我只能背对铁路而站。回望城市，奉国寺大殿的屋顶已不再能看到，新区的样貌与千万座北方工业城镇无异。透过灿烂的艳阳与飞扬的尘土，我试图辨识老城方向的某些轮廓，直到身后的火车进站轰鸣声淹没了我的视线。坐上列车，窗外的景象依旧是连绵的苞米地和隐约的山脉，与来时一样。

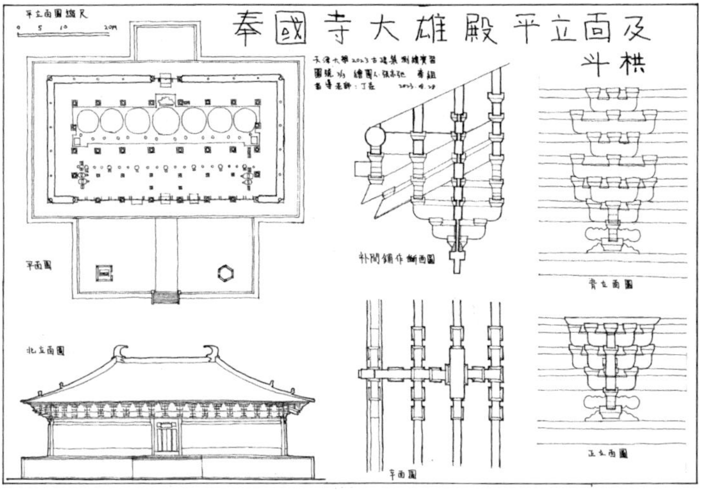
奉國寺大雄殿平立面及斗栱
平立面圖縮尺
0 5 10 20M
天津大學2023古建築測繪實習
指導老師：丁垚
平面圖
补間鋪作斷面圖
背立面圖
北立面圖
平面圖
正立面圖

一场名为华严的梦

张墨润

“看到哪儿，画到哪儿，想到哪儿。画到哪儿，看到哪儿，想到哪儿。想到哪儿，看到哪儿，画到哪儿。看到哪儿，想到哪儿，画到哪儿。”去年正定实习结束后，老师在总结中如是说，彼时的我只能强行理解字面意思，今年有幸身临其中，我想遵循着这个原则，为这个美梦中的华严画一个句号。

来义县之前，内心是十分忐忑且纠结的，这份心情贯穿我测绘实习的始终，尽管整个过程是十分快乐与安心的：义县的人很热情，义县的同学们很好，奉国寺与想象中别无二致，大殿里的松鼠很可爱，我很渺小。如朝圣般，我走遍这处土地的每一个角落，拿起画笔恭敬地描摹。

我很喜欢大殿后的月台，这里有习习的风，安静的阴凉，天气好时还可看到连绵不断的远山，我可以想象这里几百年前、一千年前的样子。杜仙洲先生曾说，这里是通向大殿后药师堂的甬道遗迹。步测总平面时，我发现大殿的进深加上前后月台的长度，与大殿台基面阔是相等的。在大殿后身，我努力画下第一个驼峰与翼形栱，第一个补间铺作的平立剖，与 CAD 软件不同，在笔尖与纸面摩擦的每一次发力中，我都能切实感受到来自心、来自手指的暖意与坚定。这一刻，我觉得，学不学建筑史，好像没有什么不同，因为这些似有奥义的木头，于每个人而言，都是平等的存在。

前面几天我与大家一样在奉国寺中画图，一支铅笔，一个绿本，一顶帽子，一双眼睛。那时，我找到了一种归属感，带给我满满的干劲与安全感。一开始画的是香炉与烛台，我还有些不理解为什么不从建筑本体开始画，当我上手时便明白了，这是一个把握尺度与寻找联系的过程。我盯着眼前的一组，浑然不知其他每一组香炉与烛台都不一样。

后来，我开始画石狮子、胁侍菩萨、主尊，我用极不确定的线条在纸上蹭来蹭去。再后来，我可以画大殿的立面、平面，可以自己去步测总平面，在奉国寺不断走着走着，我似乎发现了一些细微的联系，比如大殿的进深尺寸，在无量殿的模块中被使用了多次，在整个总平面中也多有体现，我很不肯定，内心却十分惊喜，觉得可以体会到一点点匠心所在。再再后来，我开始重新画胁侍、主尊，用尽可能更加肯定的线条去表达它们。现场绘图最后的阶段，我开始努力画斗栱——我最感兴趣的构件，结合着立面与剖面的对位关系，终于画出了第一朵差强人意的斗栱，是真的好开心！如果能再多待几天，我希望可以把无量殿、大殿的横剖面画出来。回想起来，那几天的功课就是画图，其他一切都不需要操心，这让我真的很感激，很满足。我不禁回想起丁老师给我们看的在山东测绘的视频。那时候的测绘条件极为艰苦，但大家都干劲满满，有一种纯然的快乐与不问世事的无畏！

后面几天，我一个人在房间里安静地画图。除了总懊恼在现场时怎么没看得更仔细些，还有对未来的担忧。我总希望时间能长些，再长些，但是，时间真的过得太快了，看着自己画出来的丑丑的图，七扭八歪的，我不住叹气。三张 A3 的图纸，没有画满，有些粗陋，是我对这十天测绘的交待。

说回内心。这几年，我对建筑史有着深深的执念，迫切地希望能够融入其中，造成了对结果的执念——是的，我一直希望能有一个学习、研究建筑史的资格。遗憾的是，不现实的追求时常被现实打败，让我每每面临选择时，又瑟缩一下，退回选择的边缘。心念不纯，执而不得，人便如悬空中，只有心魔不断折磨自己。尽管经常接触爱好者们的圈子，深知即便是专业外的人仍可以做得很好，但我还是想要在一个“安全”的领域学习，什么时候能想清楚呢，我不知；要想清楚吗，我不知；要试着说服自己吗，我不知。

如今，我已经离开义县，在离它 500 公里外的地方写着这些“不知所云”的话语，我调出一首当时每天都在听的歌，倏忽之间，仿佛穿越回去，更精确的，回到了群星闪耀的那一晚。那晚，奉国寺被斑斓的灯光烘托得十分神秘、庄严，澈静明透的夜空下，我绕着大殿一圈一圈地转着，脚下是砌好的砖石，耳边是“摩肩人步履匆匆，多少相遇能有始有终”，眼中，早已蓄满泪水。我默默走着，看着一旁枯槁却依旧挺拔的树木，仰望着一朵一朵硕大的斗栱，隔空摹绘着栱的弧度与昂的棱角斜面，不知道它们还可以存在多久，不知道如此不自信的我，还能坚持多久，我与这座大殿的相遇，是否能有始有终呢？我知道，辽时再盛，亦不可能有这般五彩斑斓的灯光，今时灯光，恰恰是拉远了我们与建筑的距离；而辽时烛火，则可以将这大殿照得灯火通明，普递梵音。

感谢丁老师，感谢同学们！义县，于我而言，像是做了一场名为华严的美梦，离开义县，梦醒了，但是精神得到了慰藉。我相信，这是至死不渝的一场梦。

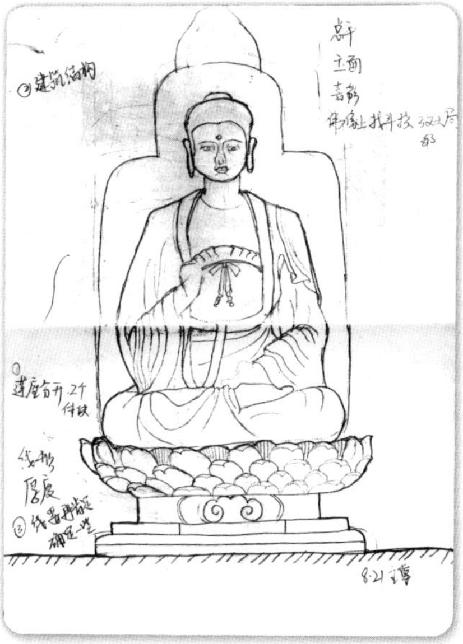

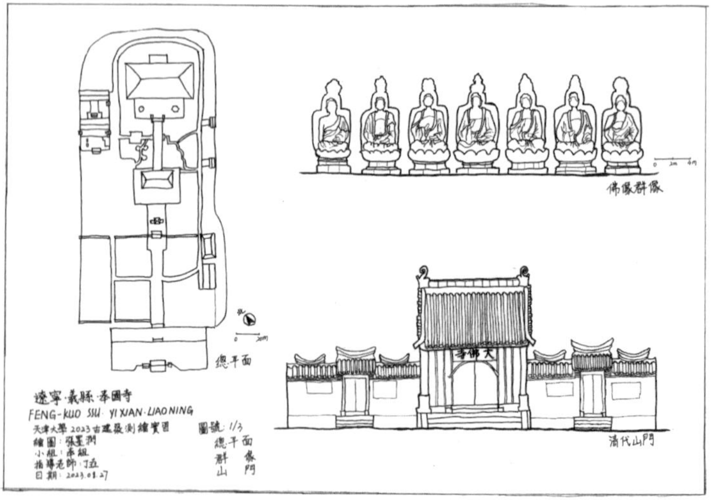
佛像群像
大佛寺
清代山門
總平面
遼寧·義縣·奉國寺
FENG-KUO SSU · YI XIAN · LIAO NING
天津大學2023古建築測繪實習
繪圖：張墨澗
小組：奉組
指導老師：丁垚
日期：2023.08.27
圖號：1/3
總平面
群像
山門

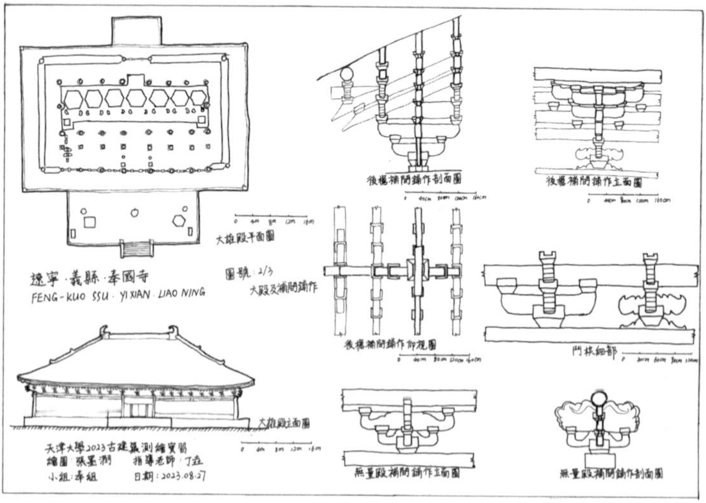
大雄殿平面圖
遼寧·義縣·奉國寺
FENG-KUO SSU · YI XIAN · LIAO NING
圖號：2/3
大殿及補間鋪作
後檐補間鋪作剖面圖
後檐補間鋪作立面圖
後檐補間鋪作仰視圖
門枕細部
大雄殿立面圖
天津大學2023古建築測繪實習
繪圖：張墨澗 指導老師：丁垚
小組：奉組 日期：2023.08.27
無量殿補間鋪作立面圖
無量殿補間鋪作剖面圖

生长

鄢倩倩

我参加本次实习有两个主要目的 —— 学习和接触我想认识的人。现在看来这两项都可以打上 120 分的超高分。

8 月 13 日下午我就迫不及待地进寺了，因为读到过梁先生有关敦煌壁画与独乐寺的文字。站在月台上抬头仰望大殿硕大的斗栱，我联想到莫高窟第 172 窟北壁。我一直很喜欢斗栱，觉得它像思维、像树 —— 人用木材搭起斗栱，继而承载屋顶。大地孕育树木，而后撑起天空。进入殿内，七尊巨大的佛像，令你不得不虔诚。这个时候，你应该转身望向自己来时的路。佛也在看着那个方向。人、佛像、建筑，甚至过往的云与风都合而为一。我更喜欢莫高窟第 334 窟的佛像，五官模糊，应该说是一团漆黑。他看上去很清冷，似乎从不悲悯众生。

我想认识的人，哈哈，是丁老师。我先认识的是老师的声音，接触后第一次很直接地感受到，原来真的有人在一点一点小心地走着前辈们未能走完的路。不论结果如何，只要人还在路上，每一步，都是胜利。这话是我对自己说的。

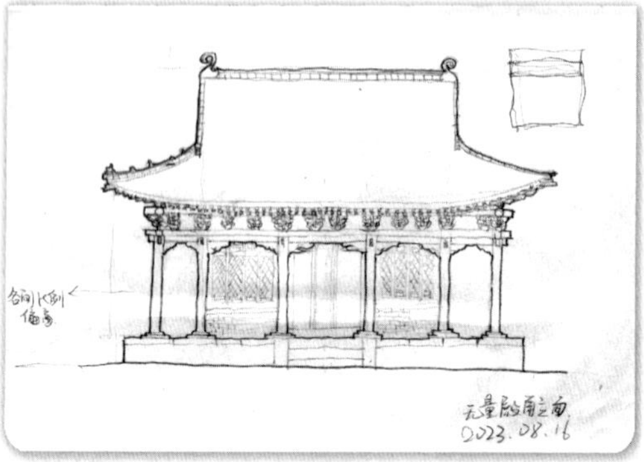

无量殿南立面
2023.08.16

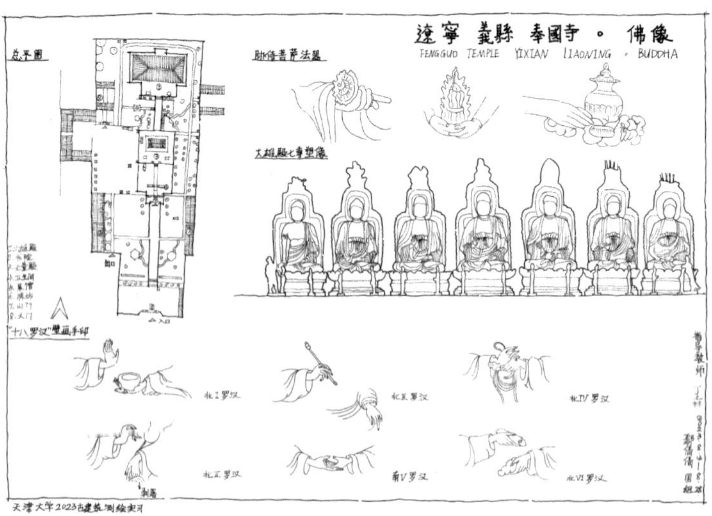

遼寧 義縣 奉國寺 · 佛像
FENGGUO TEMPLE YIXIAN LIAONING · BUDDHA
总平面
胁侍菩萨法器
大雄殿七尊塑像
4.卫生间
7.山门
8.大门
入口
出口
“十八罗汉”壁画手印
北Ⅰ罗汉
北Ⅱ罗汉
北Ⅳ罗汉
南Ⅴ罗汉
北Ⅵ罗汉
指导教师
天津大学2023古建筑测绘实习

一种进入，一个参考系

吴 旻

短短一周，思考了太多，学习了太多，也忘掉了太多，下笔离返京已经过去了一周，“如梦感”明显在身体里消退，思绪被渐渐拉回到现实里来。

几无经验和基础，又错过了第一周现场集体画图、讲解，我总以为我的“进入”会难上加难，然而现场的诸多偶然与意外又使得这次“进入”比想象中要畅快得多。

一、叩开塞北的黑夜

8 月 20 日从深圳来义县，辗转到锦州已是晚上了，这也意味着我在一天之间实现了一个相当大的南北跨度。说是两个世界一点也不为过：一头是深圳灯红酒绿的湿热的不夜城，一头是义县干爽的风和无边的夜，连同气温和湿度都在激烈地提示着这种地理意义上的转换。

车窗外漆黑的夜色被无限延展开去，显得有些虚无和不真切。从锦州北到义县的路很多是不设路灯的，仅凭车灯也难辨周遭的景象，以至于除了无尽的黑没太多印象了。关于这座小城的一切还保持神秘——没有见到大殿。

二、两种画法，两种观法

8 月 21 日早晨突降暴雨，这场如泼如注、来势汹汹的雨而后被证实是整个测绘实习的“好天气”中的唯一例外。

雨后，入口空场上还留有一片相当大的水洼，映射着独属于北方的高远天空，稍一俯身，连同山门、牌坊、天王殿、大殿的四重奏也跌入了这天色里。当然，仅看这四重奏本身也是相当震撼的，林木间影绰的巨大倒三角构图，次第抬升和延展开去的简单几何，原始而质朴的形式力量在此展露无遗。

初到大殿，郭老师向我提示了李桃学姐教的一种更接近于结构素描的衣褶绘制方法。我相信这是一种更成熟的针管笔墨线技法，与工具媒介高度相关。当线条本身无法拥有宽窄、快慢、起落之势，虚线应是极为有效的辅助，但我总觉得三维向平面转译是个更厉害的过程。东方艺术有它自己的智慧，线条本身便足以交代转折、穿插。佛手指节的方圆关系是微妙、暧昧而难以琢磨的，甚至令单纯的轮廓勾画显得有些力不从心。很幸运，大殿残缺的壁画上尚有极为完整精妙的手，它以一种平静委婉的姿态调和着这种方圆的矛盾——圆润的轮廓以及短线刻画的指节。

几天后的某个时刻，我和郭老师讨论如何凭肉眼绘制科学意义上的大佛正视图，困惑于是否应该借助仪器设备去刻意追求一个非常规视角的大佛形象。“要是不画又怎么知道它是如何实现这种效果的呢？这是种文艺复兴式的研究。”终于，被一语点醒。表现和溯源——测绘还真不全是画画。两种画法，两种观法，也实在是深刻的体悟吧。

晚上头一回听丁老师的现场课，即便努力集中精力，面对近乎陌生的佛光寺、应县木塔和奉国寺，依然有些游离，晕头转向之中试图汲取一些只言片语。这时还是忍不住会想，自己恐怕还算不上一个合格的建筑系准毕业生，又如何面对日后的研究生生涯。

三、从佛相“男女”之辨到“乱刻”莲瓣之问

8 月 22 日，可我总要找些什么来安放我的眼睛。

关于佛像开脸的小发现始于一个打算画七佛的预设。首先的困难就是在面相上，要把七张接近的脸画出各自的特点来，这种挑战性倒让我生出几分兴趣来。在得到“男女间隔”的基本观察后，我也试着多角度分要素地去反复验证这个观察，诟病已久的浙江美术联考头像默写技能倒是在此发挥了些许作用。这个观察最后被回溯到了佛像面部塑造的方圆倾向上，即剖面关系上的面颊饱满程度或是正面的面廓方圆及穿插关系。老实说，当听到丁老师把这个问题放到整体艺术的角度来谈论的时候我是心头一怔的，原来它还可以同大佛莲座的方圆相间联系在一起，这才算是对前一晚“华严的美术”这个课题有了点感性的认识。

丁老师叫我去比比外边院子里的香炉兽面同大殿里的有何差别，印象中随后对香炉烛台的持续偏爱是从这天所谓的“乱刻”莲瓣之间开始的——简单地说就是看莲台各面空间大小定莲瓣宽度，再有冗余就间隔一片小瓣。随形就势，拿平日工作里的话来说就是优雅地“消化施工误差”？

七夕夜，大殿灯火通明，目光所及之处彩画、壁画绚烂夺目，跨越一个世纪的色彩被重新唤醒，香炉烛台的影子径直落在大佛的莲座上。此时，除了“盛极辽时”也再难找出一个合适的词来形容眼前所见之景了。

四、一副兽面，千张面孔

8 月 23 日上午的观察始于丁老师提议的香炉兽面“圆桌论坛”。毫无疑问，这是一个密度极高的信息摄入和消化的过程：跑着比，转着看，各式观察法都用上了；讨论分工方式，讨论范式问题，各个层面的线索都试图涉猎。

倘若以香炉正面的兽面为比较对象，七件香炉造型特征总体倾向于中轴对称，即三组左右对称位置上的兽面的组内差异明显小于组间（尤其表现在面部比例、顶部莲瓣、眉毛方向等方面），或同分工方式相关。而明间香炉的正面兽面则迥异于其他，廓形和形体上都更圆，刀法柔和更具肌肉感，神色庄严几乎不露齿（齿线刻于向下折面），面目好似长者，相较其他明显少了几分威猛狰狞；同时，该正面的兽面亦与此香炉其余两兽面存在较大差异，若存在范式一说，则其余六件香炉也许依从明间香炉背面两兽面的样式，而明间香炉正面兽面为一个特例。

午后将目光从兽面逐渐放回到整组香炉烛台及基座上，试图就着“乱刻莲瓣”的问题在刀法方圆上寻到点规律，算作是对丁老师前一日回应佛像开脸特征时提及的“方圆相济”的现学现卖。明间组香炉上下莲座均为方刻，烛台莲座刀法相对偏圆，其余组总体底层莲座方刻偏多——当日臆想出来的一些规律在后一日便被自己否定了。虽暂无从知晓香炉烛台这一层次具体为几时增加，但应该不是辽的“相间平衡术”。

“莲瓣”的方向性对我而言是另一饶有趣味的话题。香炉烛台的上层莲座如同一朵盛放的莲花，下层莲座则好似含苞；而清碑基座上的上层“莲瓣”则外翻成托举状，正好同上层“莲瓣”耷拉下里内裹的图样对称，本是力量感的体现却因纹样的重复性而获得了一种装饰意味，实在有些戏剧化。至于塑像的莲座，又是另一境界，如若再把斗栱这朵“莲”纳入进来，层次无疑是更为丰富了。

那晚见到了大殿的一个普通夜晚。漆黑的大殿前所未有地深邃，看不真切，画不真切，凭着灯光一步步向前探索，不由得心生敬畏。我是大殿里唯一的闲逛者，也有幸见证了丁老师和李桃学姐长久研究工作里的小小片段，隐约觉得“治学”二字又多了些分量。蝙蝠的吱吱声成了寂静的大殿里唯一的背景音，探照灯中的烛台有种意外的神圣感，借着微光我试着涂画下眼前的这一幕。

五、迷人的失误：回到具体的人

8 月 24 日，构思和排版正图是一个系统梳理的过程。我带着仅画几个层次的理想原型就能概括全部的预设，可事实上，一觉醒来再去看昨天若有若无的莲瓣秩序，又全然崩塌了 —— 除却个别极方极圆的，大多是折中状态。

这时再看兽面和莲座就要可爱得多了。前日捕捉到的最西侧香炉底层莲座的小失误（香炉基座应比烛台更高级，此处同烛台）也变得不那么不可容忍了，缺失的几层线脚甚至变得有些迷人，宏大而严整的秩序刹那间在这儿松弛下来，回到一个人身上 —— 好像能在此读到当年那个工匠游离的思绪似的。再看东六间的香炉，竟欣赏起这位“艺术家”来了：全场独一无二的卷眉格外瞩目地出现在这里，上眼皮的刻画削减了眼窝处的空间感，狰狞的面具感显得更为强烈；同样粗犷不羁的刀法出现在了莲座底部的纹样刻画上，倒是可以借此推测是一气呵成地把整个香炉莲座从上到下地做完了。

六、错置的烛台，失落的中心

8 月 25 日看了两天的香炉烛台，直到这天下午突然有了些关于器型的集中发现 ——“视而不见”大概是真实存在的。器型的差异远比纹样和兽面直白和显性得多：我偶然发现明间一个烛台的耳部有多一层次的刻画；几乎同时，董渠成发现香炉的提手分为“有孔无孔”两类。后一个层级的事情则是拿到空间关系里去验证：香炉的秩序无疑是确切的，中央三组“有孔”造型更为立体；而烛台的问题更复杂些，明间组“较高级”耳部的烛台一时间没有找到与它对称的另一半。

通过梳理所有的烛台器型发现，另一对应的烛台被错置于东四间，而结合提手的方圆判断，现明间组东侧烛台应与当前东八间西侧烛台为同一组，据此推测至少有三件烛台相互调换了位置（尚不包括基于圆提手组烛台存在特定空间位置的猜测产生的位置变动；现状两组（四件）圆提手烛台空间位置上不对称）。这一点随后也通过关野贞的照片得到了进一步证实——至少明间组东侧烛台的错置应是发生在20世纪30年代以后的事了，究其原因或与该烛台日后的某次损坏有关。

至此总结起来，香炉烛台大体上至少叠加了两重秩序：一重强调明间主佛，包括香炉兽面（尤其正面足）、炉身腰线、烛台器型，还有最明确的八棱柱石阶；另一重则倾向于强调中央三佛，主要体现在香炉的器型上。

这天的结束也是极具魔幻色彩的。傍晚回程前随几位老师环大殿一周，驻足远眺大殿以北的村庄和不远处的大凌河，是时偶见天际水幕倾泻，虽为喷泉却也实在极具天象之感。晚饭后，穿过夜色犬吠，行至大凌河畔，北斗低垂，苍穹笼罩，星河漫天，手电的光把人的影子打得无限长。

七、真真假假起起落落手：相间还是连续

8 月 26 日午后去看广胜寺塔，阳光有些毒辣，便只稍作远观。找到了极好的观景平台，是附近派出所常年无人使用的外挂消防楼梯，这是近乎可以望见塔之立面全貌的位置。景致旷远得失去了尺度感，不可名状的古老和神秘，雁群冲破天幕的时候真有种“宇宙之大莫过于此”的幻觉。

这天的其他时候好像都陷在一种年代的交叠之中。

前两天夜里潜入二楼翻书时，张榜便注意到了 1955 年测绘图上的佛手同现状存在几处差异。东三佛的右手几乎决定了画面主体的节奏感：现状佛手的“收”势使得整体画面形成一条自由的偏心曲线，呈现出一种时间上的连续性，并在东五佛处达到高潮；1955 年测绘图上的佛手则手指上扬呈现“放”势，更倾向于对称的秩序，且总体构成收放相间的空间关系。我对现状偏心的不稳定的秩序着实心存怀疑，毕竟“平衡”总是大殿构图的主基调。这个缠绵多时的问题到这天早上总算迎来了侦破的契机，我还是鼓起勇气再次向丁老师和李桃学姐表达了这种困惑。直至此时我才知道关野贞当年的这批珍贵影像资料的存在，经同角度现场拍摄对比发现该佛手食指姿势确有变化，系手指断裂造成。就此，平衡被重新拾起，“相间”的整体秩序理所当然地又占据了上风。

诸多有趣的谈论也发生在这日。几乎是拜师以来第一次找师父认真地讨教文物的问题，聊辽金造像的断代问题，聊

龟趺和香炉烛台的底座纹样，如此种种都是先前所完全没有过的。傍晚同拓完碑的修复师在大殿里转悠许久，听她说从粗糙的白色修复物中“扒”出彩色胁侍的故事，谈修复实践的困境——科学论证与艺术气息的失衡，看她日常练习修复技艺的壁画小作。彼时还真萌生过一些转去修复学院深造的念头。

八、建构的“天花”：巨幕何以被展开

8 月 27 日清早起来同张榜一道再访广胜寺塔。砖雕狮子大多看起来是相对新近的补刻，在工法上多是清碑龟趺同款的“扁平系列”，形象是山门边石狮同款“卷毛”，唯有个别严重残损泛碱发白的狮子依稀可辨元碑式圆润饱满的造型意味，兼有着大殿门口石狮的“长发披肩”——我安慰自己有了些许进步，能学着建立兽类参考系了。

视野范围内的塔身上部自然也是极精彩的，简洁的线脚和着砖块分隔层层勾勒出斗栱的“粗线条”，不禁联想到宋画远景层次中以格网概括建筑斗栱大概也是异曲同工，这种轻巧的处理方式实在称得上是种“远观的艺术”，令人称奇。

事实上，自第二天晚上听了丁老师讲座上关于佛光寺与奉国寺的对比分析，我便开始思考这个隐匿的“天花”设计了。带着对“天花”的聚焦，我首先关注到大殿中部斗栱的方向性对空间产生的作用。把铺作层的复杂构件简化为整体的面来看待，每一个出跳的斗栱就是一个三角面，相对地，柱子

自然是更加纤细、均质的线。

以下阐述“巨幕”得以展开的要素：九开间庑殿顶建筑恐怕也只中央三间适于大佛陈列：仅有中央三佛完全对应正脊形成的高空间，七佛两侧各两间均处在两山屋面之下。而实际站在大殿里观看，可以发现前部压低的五跨梁架已然主动遮挡和消隐了稍间上方的坡顶，使得中央五佛空间避免固有高度带来的等级差距而被扁平化；而这一梁架系统并未延续到两侧稍间（东二间、东八间），一方面有结构转换的清晰性和便利性上的考量，另一方面或也有视觉上的控制，将两侧斗栱独立出来构成完整的角部，从而使“幕布”限定到最大宽度。由此，三佛殿到七佛殿的跨越得以实现。与此同时，稍间两侧的一双大小斗栱倒是让原本最为低矮拥塞的空间显得高耸起来，且管它叫作一种藻井状的视觉效果，此或属意外之喜。简言之，这一取代藻井的铺作层设计成了调和九开间庑殿顶结构类型同七佛空间需求之间矛盾的关键，竭尽全力塑造完整均质的“七佛巨幕”，前所未有的属于辽的宏大气象由此展露。结构和空间极限拉扯，那一刻真觉得所谓的古典和当代都在这方头顶的“天花”里了，好像设计本该这样浑然天成。

九、“浸入”以后

8 月 28 日早晨起来去街上买来早餐照例排排坐在院子吃，这是最隆重的一次早餐，而后便登上了返程的车。迎着晨光，感觉旷野无穷大。

过去一周里，我把自己“泡”在大殿里，却真切地感到从未离“纯粹”二字那么近过——一个我企图追求却常常行走在它的反面的目标。大殿里什么都有，看不完的东西；大殿里好像又什么都没有，带着整个的自己进去什么都不用想。

芳花郁于悄然。在奉国寺的一周时间无疑给了我在未来相当长一段时间里面对裹挟、抵抗裹挟继续走下去的更大勇气，它于我而言是一次关键的自我发觉，也是一个新的参考系和立足点，往后再做些什么的时候大概都会带着这种印记。

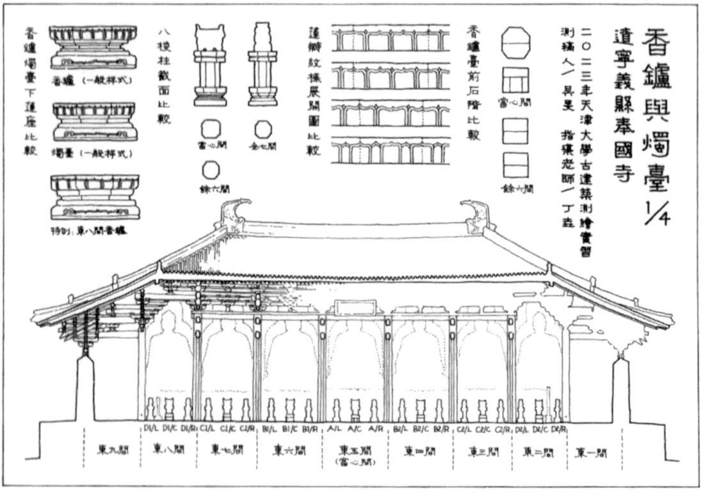
香鑪與燭臺 1/4
遼寧義縣奉國寺
二〇二三年天津大學古建築測繪實習
測稿人/吳旻 指導老師/丁垚
香鑪燭臺下蓮座比較
香鑪（一般樣式）
燭臺（一般樣式）
特例：東八間香鑪
八棱柱截面比較
當心間
全七間
餘六間
蓮瓣紋樣展開圖比較
香鑪臺前石階比較
當心間
餘六間
D1/L D1/C D1/R C1/L C1/C C1/R B1/L B1/C B1/R A/L A/C A/R B2/L B2/C B2/R C2/L C2/C C2/R D2/L D2/C D2/R
東九間
東八間
東七間
東六間
東五間（當心間）
東四間
東三間
東二間
東一間

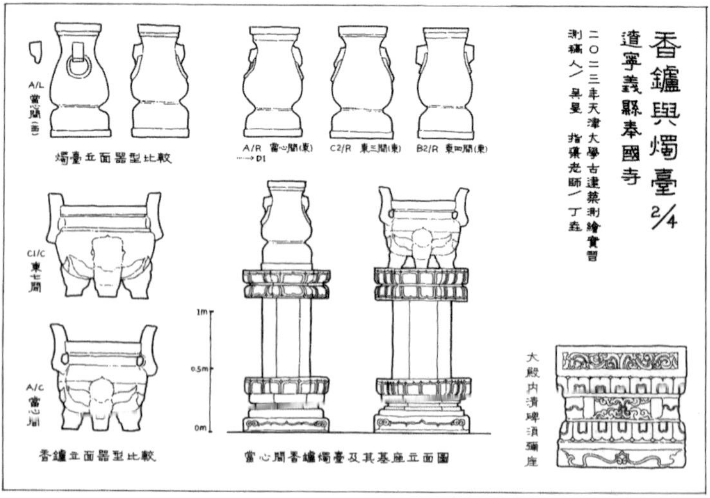
香鑪與燭臺 2/4
遼寧義縣奉國寺
二〇二三年天津大學古建築測繪實習
測稿人/吳旻 指導老師/丁垚
A/L 當心間(西)
A/R 當心間(東) ····→ D1
C2/R 東三間(東)
B2/R 東四間(東)
燭臺立面器型比較
C1/C 東七間
A/C 當心間
香鑪立面器型比較
1m
0.5m
0m
當心間香鑪燭臺及其基座立面圖
大殿內清碑須彌座

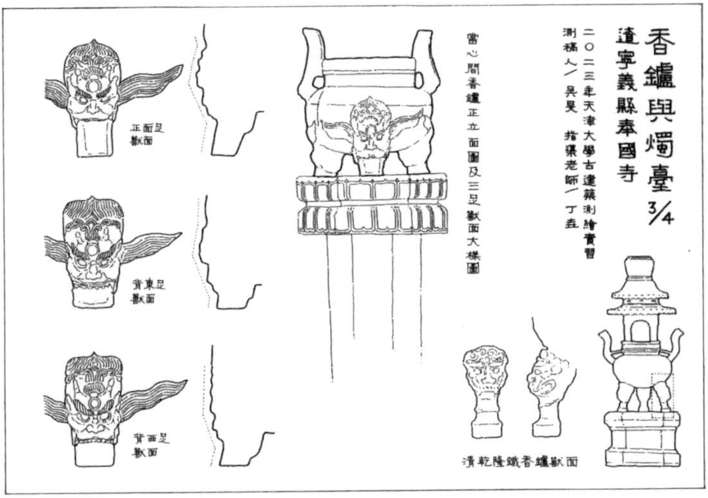
香爐與燭臺 3/4
遼寧義縣奉國寺
二〇二三年天津大學古建築測繪實習
測稿人/吳旻 指導老師/丁垚
當心間香爐正立面圖及三足獸面大樣圖
正面足獸面
背東足獸面
背西足獸面
清乾隆鐵香爐獸面

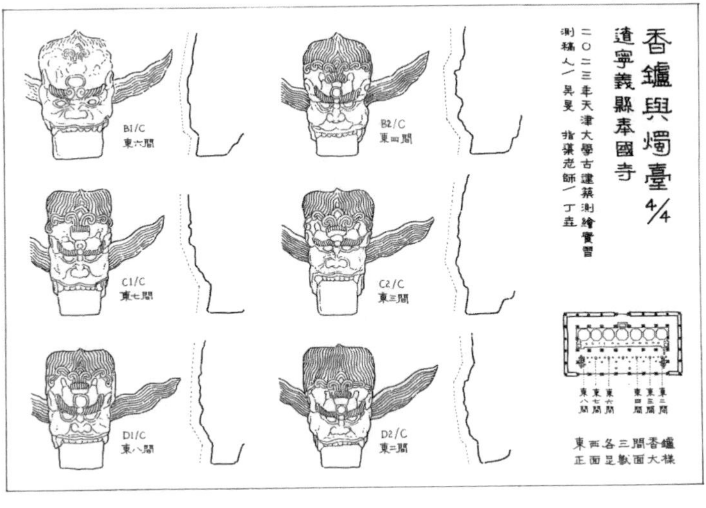
香爐與燭臺 4/4
遼寧義縣奉國寺
二〇二三年天津大學古建築測繪實習
測稿人/吳旻 指導老師/丁垚
B1/C 東六間
B2/C 東四間
C1/C 東七間
C2/C 東三間
D1/C 東八間
D2/C 東二間
東八間 東七間 東六間 東四間 東三間 東二間
東西各三間香爐正面足獸面大樣

“原物”和“在原地”

张诗韵

知道测绘目的地是奉国寺时，我觉得自己可真幸运。坐卧铺一路晃悠着北上，用十个小时翻完了从图书馆借来的两本关于奉国寺的书，又开始心生惶恐、不敢走近了。

不敢走近还是走近了，并且待了两个星期。途中产生了许多问题，拣其中几个记录如下。

一、“原物”和“在原地”，哪个更珍贵？

画牌匾。牌匾一共三块，制于清乾隆五年，高达三米，游龙盘绕，云纹自由饱满不拘一格。牌匾陈列在展厅里。展厅少有人来，观察和画图的条件都相当不错，只要记得在游客拍照时及时让出位置、下午在锁门之前离开就行了。我在这里一连画了两天，突然想起来，牌匾制于清乾隆五年，对奉国寺大殿而言，它们是后来者。

我才后知后觉地跑到大殿前，去看牌匾是怎么挂在屋檐底下的。这下发现挂牌匾是个复杂问题：从无量殿走过甬道到月台前，人视线与牌面的角度不断变化，牌上的字符从树影中显现出来。下昂的尖到哪里，能给牌留出多少位置？铁环钉进了哪一层柱头枋？拉铁的角度多大，怎么受力？受力是不是合理？悬挂角度看似是个小事，其实指向两个重要问题：牌能不能挂得牢固；人能不能看到牌面。尤其对于这三块竖牌，檐下空间更加有限，情况还要复杂一些。要画出相对准确的剖面，首先要画出相对准确的斗栱。带下昂的斗栱可真复杂，照着测绘图看也没完全明白。

牌匾的独特之处在于，它具有极端的二分属性。一套仿制品挂在檐下，真的那一套放在展厅里——一个切断了原有关系的新空间——更近、更方便、更有机会做显微镜式的描述。但是只有那个挂在原地的“假的”，因为保留了“真”的位置，才有更多机会回答和奉国寺相关的问题。

“原物”和“在原地”，哪个更珍贵？

在原地的意义，其实是在现场的意义。一件物品摆在一个位置，形成一种空间格局。随着物品增加，相关关系也呈指数倍增加：佛，胁侍菩萨，石香炉，还有朝拜的人；立柱，斗栱，壁画，飞天和莲花次第展开。直到所有实体要素都处在既定位置，完成对某个空间的界定。高度、深度都成为极其重要的事情。这也是这次测绘大家从天南海北赶到义县的目的：来到现场，进入空间，调动五感，理解面前发生的一切。图片、视频，甚至未来可能还有VR全景，但是再完备的数据，都是“原物”式的数据、博物馆式的展示。在原地是以“人”的方式进入空间的最直接的途径。

我开始理解“当其无有室之用”了，我开始理解“留白”了，我开始理解空格、沉默、时间的停顿了。当我站在佛像前，和一组塑像对峙时，整座建筑包围了我。

二、如果只能保护两座古建筑，你选择谁?

丁老师在现场讲胁侍和佛像的关系，讲碑石龟趺怎样从兽简化成一种符号，也讲了十三座辽代建筑，做了一些比较。奉国寺的形象在比较中渐渐清晰。

应该怎么理解工匠们追求的尽善尽美？我想尽善尽美不应该只存在于某一事、某一物、某一建筑中，而只有可能同时出现在所有个体身上。我不相信“完美个体”。如果只能保护两座古建筑，或许选择佛光寺和释迦塔大概率得到最多支持。但还是得避免这个局面的出现。重要性不是这么算的。其他建筑的消失，只能无限削减前二者的价值，下一次就谁也不用保护了。

在大殿里仰望七佛，七佛并列，身形庞大，要做得森然恐怖并不难，但七佛却面容沉静，神情如此宽容慈悲，与日本观世音寺的佛像大相径庭。它们的价值又该怎么衡量呢？

三、假如有一座古建筑，我们收集它的一切数据，全面到可以直接把它复建出来，那么原建筑的价值又在哪里?

这是有一次我和一位在美国学建筑的同学聊天时，他提出的问题。仔细想想，其实和牌匾的道理一致。如果把历史价值简略成“原物在原地”，就发现实际中留存在原来位置的原物太少太少。“真牌匾”弥足珍贵，“假牌匾”也意义重大。牌匾的意义在于奉国寺的系统，奉国寺的意义又在于更大的系统。单纯讨论一个构件、一座建筑、一个城市、一个朝代，都不够。必须在更大的系统中定位它，在辽构中讨论奉国寺，在唐辽宋金元中讨论辽，则讨论才有价值。

至于“非原物在非原地”，只能叫作模型。用它代替原物，不过是名头上的欺骗。

四、一千年后，奉国寺能够为义县城带来什么？

义县的人行道极不连贯。路上常常能见到几种不同的地砖凑合着把地面补齐，还有建筑废料一类的砂石，就倾倒在路边，把人行道埋起来。有的地方索性没有铺装，就露出灰白的沙子。行人需注意避让水坑、沙堆、树下乘凉的狗，在车和散摊中间穿梭。让人觉得这座城市年龄很小，会趁夜晚迅速生长，伸个懒腰能把新衣服都撑得崩开。

这个小县城有历史古迹和烈士陵园，有博物馆、图书馆、室内游泳馆，有连绵的古玩店和珠宝行，城市功能相对完善，文化属性尤其浓重。同时，它处处显出一个经济水平较低的农业县城的特征。商业步行街早上是个特大型农贸市场，沿街店面中餐饮类商户不多，到处有老人沿街展开一块塑料布，出售自家种植的一点瓜果。此地民风淳朴，在电子支付的年代依然惯常于抹去零头。家家户户都从事种植业，一天三顿在家做饭。一望无际的玉米地包围义县城。野牵牛花的藤蔓纠缠玉米花序直到田埂深处，白的红的紫的，热闹得像丰收。

一千年前，义县成为一座太后的城市。一千年后，奉国寺能够为义县城带来什么？哪些人从哪里来，来看奉国寺？画着奉国寺的帆布包，能为政府带来期望的创收吗？我一直记得测绘的第一天，穿越山门，迈过闸机后抬头看的第一眼，奉国寺的四道屋脊顺次展开，像四道交叠着的平静的波浪。这座泽被乡里一千年的清净道场，该怎么成就新的价值？

在奉国寺画图，下午四五点钟的时候最愉快。这时游客已经很少了，殿内光线幽微，塑像神情晦暗不明。人从殿里退出来站在院子里，只有松鼠还一趟一趟地叼着核桃跑出来。画龙画得久了，抬头一望，漫天云气都成了龙的形状。一时恍惚，不知道今是何世。

在人眼的极限内，奉国寺大于宇宙。

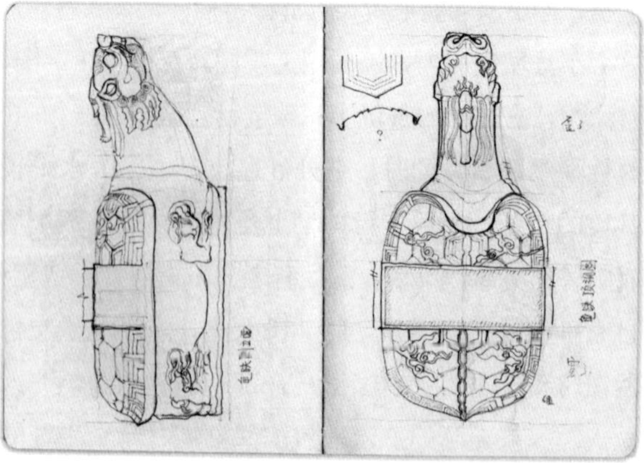

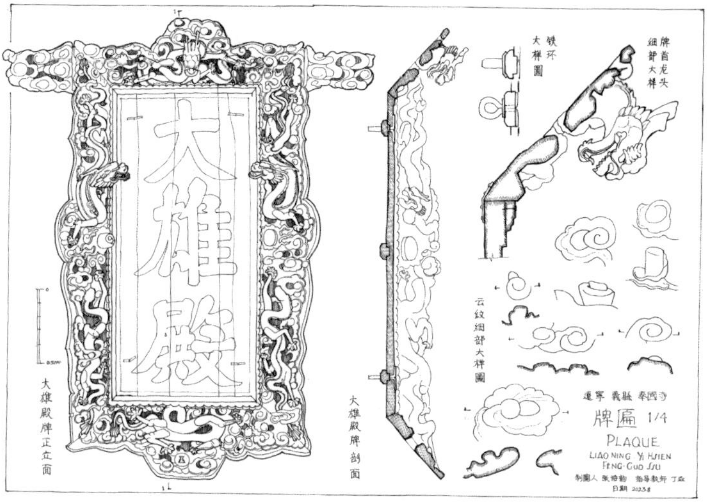
大雄殿
铁环大样圖
牌首龙头细部大样
云纹细部大样圖
大雄殿牌正立面
大雄殿牌剖面
遼寧 義縣 奉國寺
牌匾 1/4
PLAQUE
LIAO NING YI HSIEN
FENG-GUO SSU

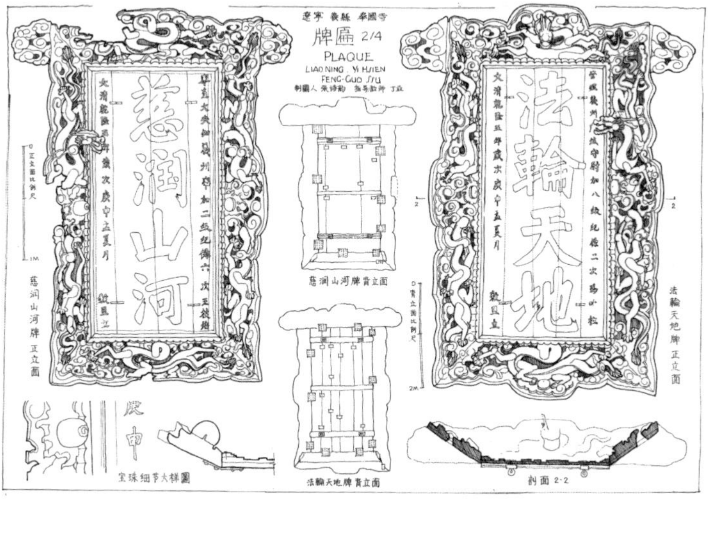
遼寧 義縣 奉國寺
牌匾 2/4
PLAQUE
LIAO NING, YI HSIEN
FENG-GUO SSU
慈润山河
法輪天地
慈润山河牌正立面
慈润山河牌背立面
法輪天地牌背立面
法輪天地牌正立面
宝珠细节大样圖
剖面 2-2

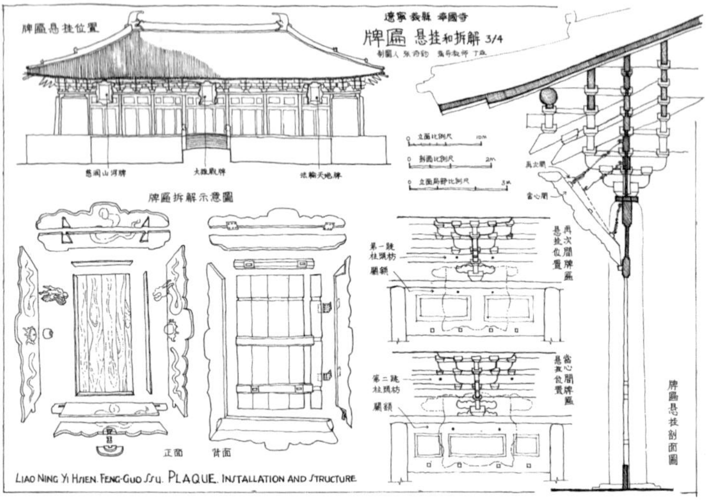
遼寧 義縣 奉國寺
牌匾 悬挂和拆解 3/4
制圖人 张诗韵 指导教师 丁垚
牌匾悬挂位置
慈润山河牌
大雄殿牌
法輪天地牌
牌匾拆解示意圖
立面比例尺 10m
剖面比例尺 2m
立面局部比例尺 3m
第一跳柱頭枋
闌額
第二跳柱頭枋
闌額
两次間牌匾悬挂位置
當心間牌匾悬挂位置
两次間
當心間
牌匾悬挂剖面圖
正面
背面
LIAO NING YI HSIEN. FENG-GUO SSU. PLAQUE. INSTALLATION AND STRUCTURE

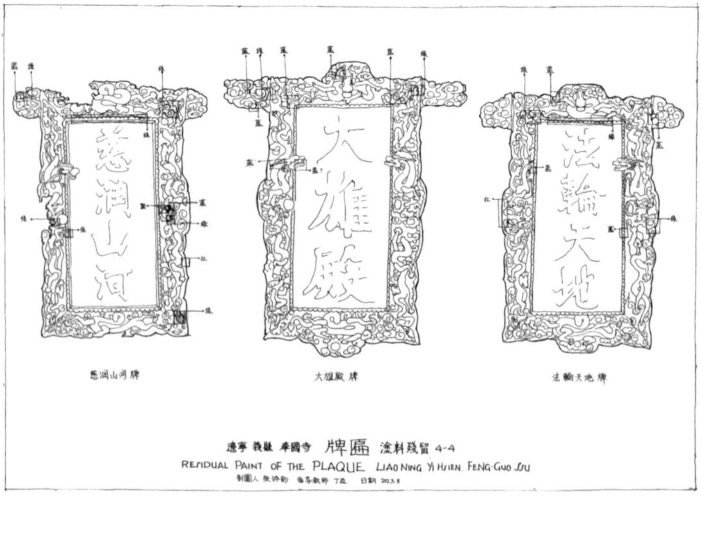
慈润山河牌
大雄殿牌
法輪天地牌
遼寧 義縣 奉國寺 牌匾 涂料殘留 4-4
RESIDUAL PAINT OF THE PLAQUE LIAO NING YI HSIEN. FENG-GUO SSU
制圖人 张诗韵 指导教师 丁垚 日期 2023.8

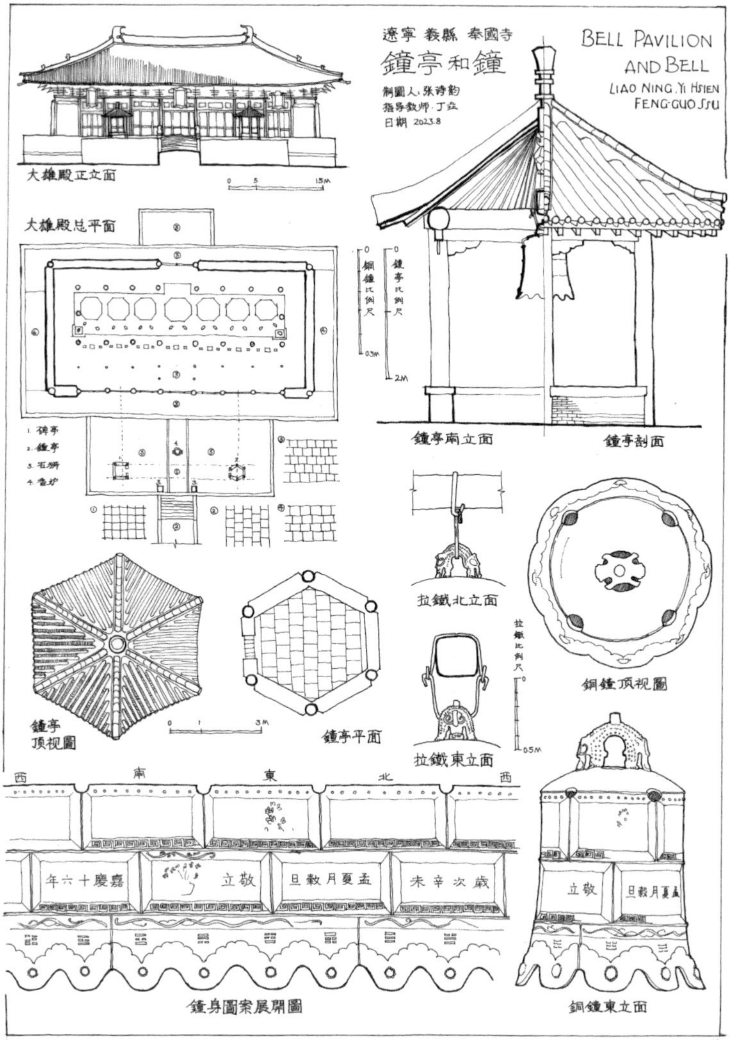
遼寧 義縣 奉國寺
鐘亭和鐘
BELL PAVILION AND BELL
LIAO NING, YI HSIEN
FENG-GUO SSU
制圖人：张诗韵
指导教师：丁垚
日期 2023.8
大雄殿正立面
大雄殿总平面
1. 碑亭
2. 鐘亭
3. 石狮
4. 香炉
銅鐘比例尺
鐘亭比例尺
鐘亭南立面
鐘亭剖面
拉鐵北立面
拉鐵東立面
拉鐵比例尺
銅鐘顶視圖
鐘亭顶視圖
鐘亭平面
西 南 東 北 西
年六十慶嘉
立敬
旦穀月夏孟
未辛次歲
鐘身圖案展開圖
銅鐘東立面

太阳照常升起

陈克溦

8 月 13 日随丁老师与一众同侪前往辽宁义县奉国寺进行为期 14 天的测绘实习，前七天在奉国寺现场临摹，后七天整理资料绘制硫酸纸成图。日常食宿在奉国寺东一百米咸熙旅舍，往来便利，日子充实沉稳。实习期间抽空访西南广胜寺辽塔，北向大凌河，与义县天气一样清朗。

一、东方的旭日

走进外山门，脚步凝滞，视线静止瞬间，内山门、牌坊、无量殿、大殿串成的中轴线瞬间叠压成二维 —— 在前序建筑玲珑剪影的有效衬托下，大殿舒展的屋面如同东北平原上伏地而起的旭日。它是独属于一个崇尚东方的民族的人造太阳，它反射着物理的白昼，投下精神的阴影。

奉国寺大殿的气质无疑是开放自信的，从甬道接近，葳蕤夹道，大殿犹遮半面，被衬托得巨大而神秘，“大雄殿”牌匾如白日俯面凝人，使客逡巡。步上台阶，一步步牵落面纱，直至身叩月台，石狮、钟亭碑亭、大殿两翼徒然铺陈眼前，纵向构图至此拉伸为横向宽屏，四方青空朗照，大殿身影顿感缩小，落下天来，成为人的殿堂。

殿内七尊大佛支撑九间框架，其强大的控制力及背光层层向上的动势终于突破了最迟唐代以来由平闇精致包装出的内敛典雅的水平空间，以躁动不安的底色，塑造了一个宽宏的九开间的整体宇宙。七佛并列，壁画环绕四域，梁架层层架起了头顶的天，仰视之花草霭霭，佛光熠熠，飞天乐舞其间，落英缤纷，整个大殿如天地初开般混沌，如此的凝结统一，又暗涌着开蒙的极大动量，安如泰山而蓄势待发。大殿上层梁架高束于四阿屋面的阴影之下，自大殿建成以来几乎不受日照，似乎引出了一个哲学般的问题，不可能被照见日光之物是不是就是太阳本身。

二、辽阔的乡愁

第二晚的讲座讨论了辽代建筑风格与唐宋的接续问题，辽代建筑风格被精准且信手拈来地比作“熟烂的西瓜”，“熟”与“烂”微妙之间，风格变化跃然席间。其间提到吉迪恩《空间 · 时间 · 建筑》，讲到“乡愁”——“一个新传统的成长”的自信。本科期间浅读过，未能有确切的概括，如今回望，字里行间确实流动着一种隐隐的骄傲。

在奉国寺，乃至在辽代建筑上确实能感受到深深的“乡愁”，却并非惆怅。在物理空间被尽可能贯通放大的北方大地，“乡愁”上扬成一种英雄主义式的守候——北方工匠对唐代风格的回溯，辽代建筑设计者明知不可为而为之的锤炼，舍其小者而成其大的成竹在胸。这种“乡愁”以对故土与历史的眷念为载体，抽象成对“优良的传统”固执与留念。奉国寺、木塔、华严寺、善化寺、观音阁这一批大型辽代木构，往往作为地标建筑承载着具象化的情感，故乡的天际线，或者说，代际性的记忆名片——文化的迭代往往滞后于家国的兴替，这样的滞后是不是同样深刻塑造了辽代建筑的风格与精神。

奉国寺大殿的具象与真实的细节正展现了辽代建筑的辽阔胸怀与深沉情感，理性的烛台上成功点燃了感性的火光，充盈它外向的体量轮廓，雄壮的木构框架，佛像与彩绘壁画疏朗而簇丽，一脚踏进现实，一脚提踵于过去，这是属于巨人的步伐。

三、物质的引力

曾经我总是下意识地将古代建筑或者古典建筑与现代建筑隔离开来，因为现代建筑往往是正在被使用的建筑，它的艺术价值绝大部分来自它的实用价值。而对于古代建筑来说，历史价值在成就其艺术的同时难免造成隔阂，成为深重的累赘，似乎只有成为符号归置到历史的脉络上才能成就它的价值，因而概念就成为古代建筑用来打动世人的说辞，语言上的意境成了弥补对设计理解不足的抹灰，它是佛像低垂的眼睑。我们察觉了慈悲的目光，却模糊了窥视的双眸。

从设计方法上，现代建筑如密斯的巴塞罗那馆，十字形的钢柱、大理石的对切纹路、沙发座椅等，设计师的无穷精力深入到每个细节之中，引人感叹，这是注入建筑师的情感与灵魂的通用模式与宣传。

而在奉国寺，如同现代建筑一样真切的不留余力的设计被一座曾被真实使用的建筑全盘托出。从佛像到空间，从柱础到彩画，设计师试图将大殿整体到细枝末节都串联成一个系统的故事，一个存在逻辑情节的沉浸式空间。

建筑不是盛放一切装饰的展厅，而是通过装饰的伏笔将建筑诉说成一个故事——在真正被使用的时候，使用者可以从任何一个局部开启不同的章节，最后殊途同归，汇合到建筑师为读者设计的最终结局与情节的升华。

以这样的逻辑理解现代建筑是顺理成章的，而对于理解古代建筑来说则需要更努力的思考。以今人之心照古人之心，靠近古代设计者用真实的物质塑造出的独立而强大的引力场，古代建筑被作为一个独立的真实的“房子”而被珍视。

四、幕后的夏夜

义县测绘实习匆匆开始也匆匆结束了，这是一场虚假的实习，但它确实发生了，就像奉国寺是一个虚假的建筑，但它确实存在了。咸熙旅舍二楼的沙龙或许也曾以另一种方式发生在千年前奉国寺大殿的基地上，义县则是这场场戏剧紧锣密鼓的幕后，兼顾着时代的漠然与乡土的温情。

东北是一块习惯沉默的土地，在踏足义县之前我对东北小城的印象全部来自萧红的《呼兰河传》，一个默默隐忍的城，在贯穿的抑郁中又有着明亮的对生活的热情。出乎意料的，在义县的两周里我深切感受到它与 20 世纪萧红笔下的那个小城有着强烈的感情传承，尽管城镇的风貌已经颠覆，东北的辉煌与落寞如尘土般积累在义县密织的网上，那种惊喜后的失望，然后侥幸地挣扎，迷惘的未来成为义县与“呼兰”时间—空间—物质的共同基因。

十多天里我没能更多地走进这座城，但义县的命运应该早与奉国寺紧紧联系在一起。在夜游奉国寺的那个晚上，大殿内光影错落，渐渐穿梭到一片宗教的迷梦之中。信仰是大殿的根基，如同文化是建筑的根基。义县的精神与奉国寺的精神交织在一起，讲述了我们为什么研究中国建筑。

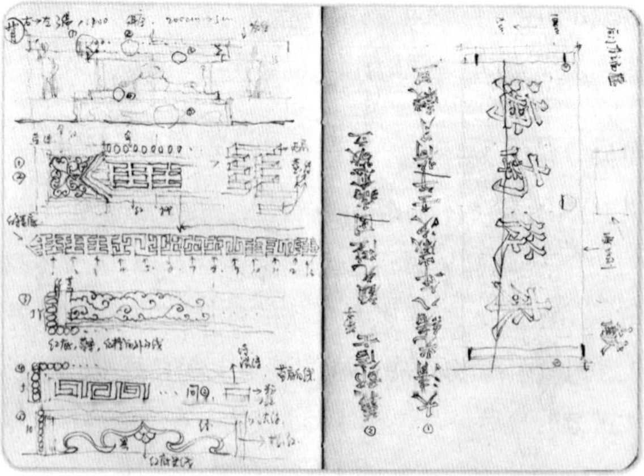

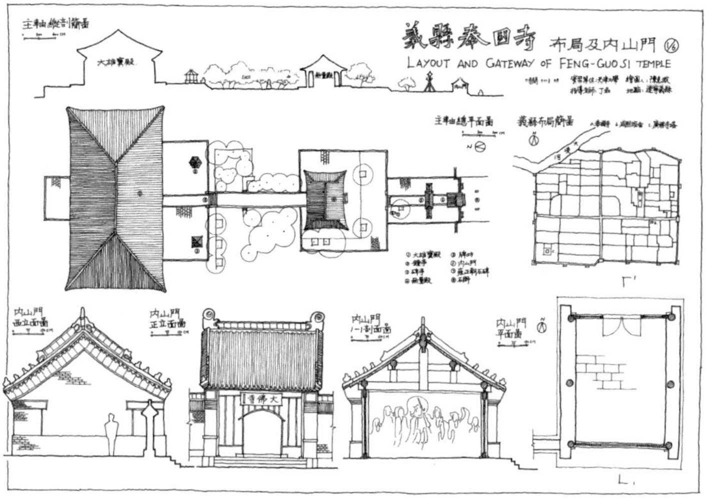
義縣奉國寺 布局及內山門 1/6
LAYOUT AND GATEWAY OF FENG-GUO SI TEMPLE
大佛寺

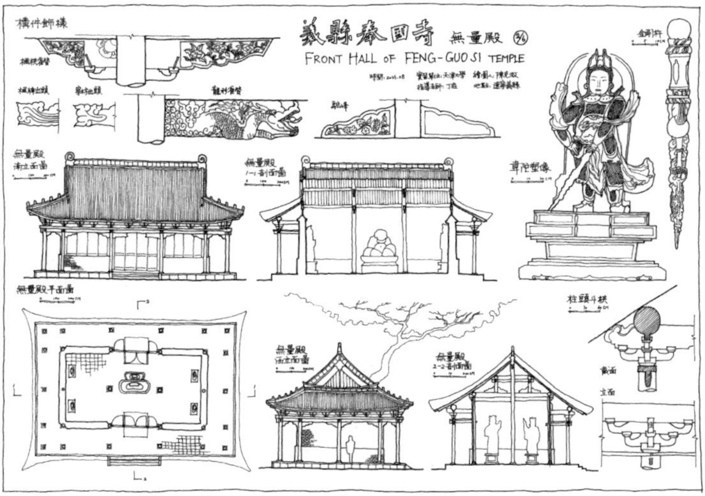
義縣奉國寺 無量殿 3/6
FRONT HALL OF FENG-GUO SI TEMPLE

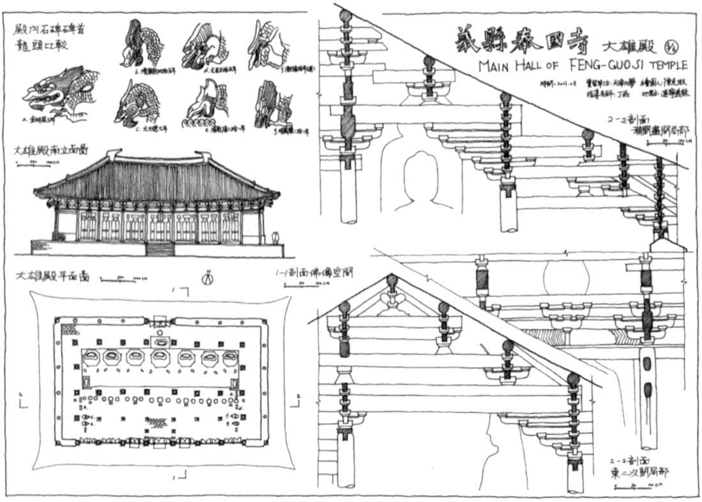
義縣奉國寺 大雄殿 3/6
MAIN HALL OF FENG-GUOSI TEMPLE
殿内石碑碑首
龍頭比較
大雄殿南立面圖
大雄殿平面圖
1-1剖面佛像空間
2-2剖面
梢間盡間局部
2-2剖面
東二次間局部

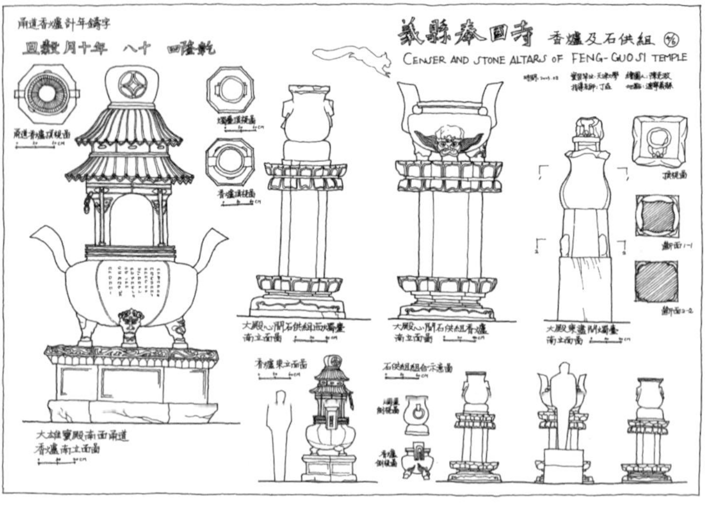
義縣奉國寺 香爐及石供組 5/6
CENSER AND STONE ALTARS OF FENG-GUOSI TEMPLE
甬道香爐計年鑄字
甬道香爐頂視面
燭臺頂視面
香爐頂視面
大殿心間石供組西燭臺
南立面圖
大殿心間石供組香爐
南立面圖
大殿東盡間燭臺
南立面圖
頂視面
斷面1-1
斷面2-2
香爐東立面圖
石供組組合示意圖
大雄寶殿南面甬道
香爐南立面圖

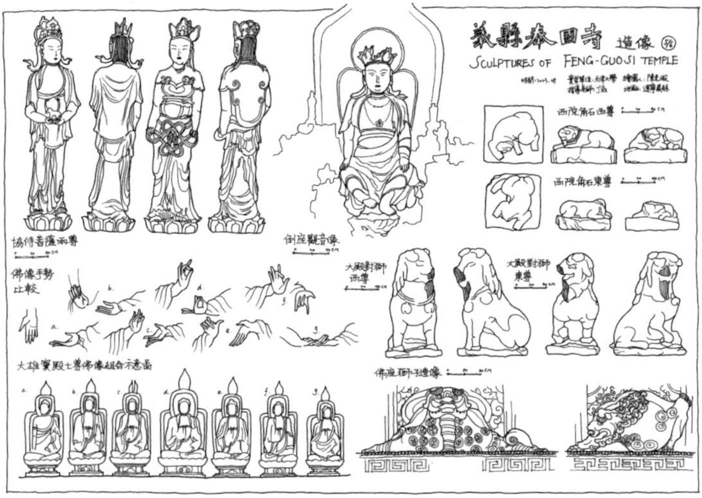
義縣奉國寺 造像 5/6
SCULPTURES OF FENG-GUO SI TEMPLE
西院角石西尊
西院角石東尊
協侍菩薩兩尊
倒座觀音像
佛像手勢比較
大殿對獅西尊
大殿對獅東尊
大雄寶殿七尊佛像組合示意圖
佛座獅子造像

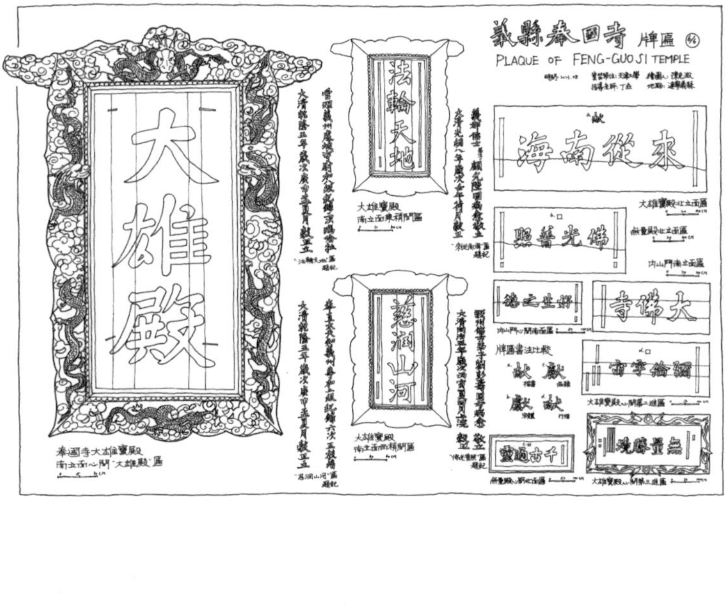
義縣奉國寺 牌匾 6/6
PLAQUE OF FENG-GUO SI TEMPLE
大雄殿
奉國寺大雄寶殿
南立面心間"大雄殿"匾
法輪天地
大雄寶殿
南立面東梢間匾
慈潤山河
大雄寶殿
南立面西梢間匾
來從南海
佛光普照
大佛寺
牌匾書法比較

走走、看看、画画、想想

陈舜杰

一、行程

立秋后不过四天，我终于离开了四季如夏的岭表，迎上关外的秋风。早上九点乘机自穗抵津，已过日中，又转乘下午三点的动车至锦州南。榆关外的天空压得很低，铁道两旁还有无尽的玉米地，长城与远山似乎也能看到一些。车内祷告的人念念有词，穿梭的人舒缓着久坐的疲倦，入睡的人确实是横七竖八，迨列车跨越山海关后，旁人皆喜悦说道：终于到东北了。

甫一下车，我便马不停蹄地赶往锦州火车站，挤上晌午自天津始发经义县至通辽的普快。登车已近晚上七点，日已西沉，至义县天已黢黑，街道亦半入眠。此时距早上七点启程已历时十二个半小时了。旅舍是原妇幼保健院改造而成的，中间是院子，东、南、北皆修有楼，西墙之外是天主堂，墙上还有未撕尽的诊室路标。晚饭吃了奉国寺山门前的清真烧烤，味道还是偏咸了一些。

次日清晨八点半进寺，踏过新修的外山门，可见内山门、牌坊、无量殿与大殿层叠展开。即便图景压缩如此，最远处的大殿仍是宽广而高耸。外山门后有两层的平台与若干下行的台阶，地坪高度下降，通向内山门的道路两侧皆新植之树，估计未过百年。过一开间的内山门、维修中的牌坊、雍正碑，便开始登台了，台上是无量殿，这些都是清代的建筑。无量殿虽斗栱矮小，但外观上还算是一座规矩的歇山小殿，无奈殿内原有的陈设早已湮灭，大肚弥勒是新近补塑，后侧的韦陀也不知是否为迁移之物。

无量殿与后侧的甬道齐平，两侧皆是约四百年的松树，大殿只得“犹抱琵琶半遮面”，直至登上月台才得见殿堂之美。九开间的大殿雄壮古劲而又舒展，相比之下月台上的钟亭与碑亭显得尤为卑隘。其殿身斗栱雄大，出檐深远，柱头铺作与补间铺作的形式已经接近，加上两跳斜昂，赫然有冲出之势。跨入殿内便可见七佛并立，法相庄严，佛前各胁侍二，佛坛东西端各有天王一，佛坛后还有明代倒座观音塑像。七佛之中位于正中的佛像是最大的，也是最突出的，其余依次缩小与后退。有趣的是，西数第二尊佛的头部微向西偏，至西数第一尊佛的头部已明显扭向西侧。佛坛两侧的碑刻几与柱子紧贴。大殿梁栿、斗栱之上还画有飞天、佛光纹、柿蒂纹等，佛光纹的内部尚有一圆形似花瓣状图案，大殿的柱础也雕刻有莲花、宝相花等。回想辽代初建时室内之场景，应该是七佛稳坐中央而大放光明，鲜花满地而漫天撒花的感受，是绚烂的极乐世界。

每尊佛前都设置有一香炉二烛台，两侧最末处还有小石质文物各一，其上还残留烧结之物。佛坛东西端的前面各有一列碑刻，自金到清，这大半天我将碑文通读了一遍。碑文也是有趣的，碑上的施主从早期高官将相、元代贵族，至明清时期基本变成了县民与士绅，甚至在光绪朝出现了各行各店，私以为这也是奉国寺在义县历史发展中所处社会结构位置变迁的一个反映。

8 月 14 日至 20 日是寺内绘图阶段，17 日下午前往广胜寺塔参观学习。我们三人与老师同行，穿梭在义县城的大街小巷，途中丁老师还对东北西部的民居做了一定的讲解，夜晚继续协助佛像拍摄的工作。入夜后，当手提射灯投影在大殿上，场景是梦幻的，殿身的红与灯光的橙黄是一个极好的搭配，可惜星光点点算不上璀璨。听说七夕夜间开放的那日北斗西垂，许是无缘而错过，只能再看看同学拍回来的照片。

8 月 21 日至 27 日是室内制图阶段，每日两点一线来回于房间与饭堂，争分夺秒地赶图。但在深夜时也可以在院中看看群星闪耀，在早晨时聆听赞美天主的圣诗。

8 月 28 日是实习的最后一天，我们经奉国寺的侧巷至北城门，沿途得见屋顶微拱的单层平房与体量巨大、四坡屋顶的大殿之间极其鲜明的反差，大殿的台基之高已经接近民房房顶。北城门上也能看到类似的景色，但部分民房已被拆平，盖了楼房，反而没有了奉国寺侧巷之震撼。向北望去是群山逐渐向东入地，而远处有一山孤立突出。沿大凌河东行，河水不急，河面宽敞，复而南折，经小得可怜的北清真寺，在清真菜馆中饱餐一顿烤羊腿、糖醋肉段后回到了旅舍。下午两点半，拖着行李抱着仪器自义县乘出租车出发，至锦州体验非遗烧烤，准时抵达锦州南站，晚上七点的高铁返回天津。

二、实习内容

8 月 14 日上午画了西院的乾统七年幢、天庆十年幢与辽代石棺。乾统幢整体是八角柱体，上部的屋盖似一顶大帽子，屋盖之下的椽子、角梁与出一跳的斗栱雕得比较清晰，幢座顶面的莲瓣十分扁平，幢座八个侧面分别是金刚杵与云纹交替排列。天庆幢也是八角的，显得更粗壮一些。其上部雕刻四只披头的狮子，面目风化不清。而幢座的莲瓣是立体饱满、鼓起来的，幢座的八个侧面相互间隔雕刻着三四种花纹，可惜皆有残缺而风化，部分无法辨认。

下午我选择了东一佛前的石供具组。石供具的每个构件之间有一定的错位，显得很随意。底座上的莲花瓣也显得有点随意，它的雕刻不立体，大小不一。香炉底座的莲瓣小而烛台底座的莲瓣大，烛台每面中心的莲瓣大而两面相接处的莲瓣小，但香炉又是相反。凡此种种，我感觉这莲瓣做得一般。于是便快速画完，去研究那根石头柱体去了。它中部略微鼓起，整体形态颇似石钩阑的望柱，可能也是烛台，上面留有烧结物的痕迹。托着烛台的似是两个背靠的小人，北侧的已经漫灭不清，南侧的还能看到双手抱腿而坐的姿势。大殿东侧的这根还能稍微看出其形态，而西侧那根的大部分已经缺失，变成普通石墩的样子！

8 月 15 日的上午在展厅内画罗汉与牌匾。十八罗汉的手部显胖，有一些手部肉肉的，指甲比较尖锐，法器也多种多样。壁画已经比立体的事物容易画了，但是成图之后还是被冯江老师锐评为“无骨鸡爪”。佛像的手部需要站在殿门处才比较容易观察，其比例似乎与人手有一定的出入，东三佛的手十分夸张，手指偏长。在老师提醒之下，我终于看到了各佛之间手部存在的高差变化。

从 8 月 15 日下午起至 8 月 17 日，我们三个研究生对奉国寺内的石质文物做了元素的分析。有柱础、碑刻、石供、石狮、经幢等等。元素分析需要思考选点位置。同一块石头有不一样的颜色，如大殿的柱础有黄色的石皮或是破损处黑色的内里，但分析出来的成分却是相差无几的。一些红石却有差异，如某处有一条红色的纹理，那么测出来大概铁的含量会比别处高一些。红、深青色的石块铁含量会相对较高。总之，近距离观察不仅能看到雕刻的深浅，还能分辨岩石的纹路。

8 月 18 日，我分别画了大殿外檐三种斗栱的平立剖，还尝试挑战转角铺作的 45 度剖面。斗栱有很多的细节需要控制，大至昂的斜度、构件的对位关系，小至翼形栱的曲线走势、栱身隐约刻出栱眼，等等，至转角处还有角神、风铎、套兽。檐下的“护殿檐雀眼网”已经模糊了斗栱的细节，加上眩光的影响，我只得慢下笔来认真地辨认。下午便去画大殿的北立面与平面。透视变形大，后期与测绘图核对便发现屋盖偏低了。斗栱需要进行简化的处理，我便参考《图像中国建筑史》，尝试了几种勾画斗栱轮廓的方法。而平面也有很多的内容需要注意，如佛像的大小与凸出程度不一，心间的胁侍距离最大而且向前凸出，某几尊佛像的香炉与佛像的中线不对位，柱础如何与佛坛交接，等等。

8 月 19 日，我便开始踏勘全寺的总平面。奉国寺很大，还需要靠步伐丈量。我决定先确定大殿大小与比例，然后以其为基准，寻找各个建筑与大殿的对位关系与距离。接着我重点画了大殿月台至内山门这一段的放大图，统计了松树、槐树的分布位置，细化了高差的位置，并适当示意了地砖的铺设与甬道的位置。

8 月 20 日早上，我画了无量殿之平立剖与斗栱。无量殿殿内中柱的一侧被削平，可能是暗示着原有墙或屏风。斗栱的对位关系不难，更需要的是画准其曲线花纹的走向。其栱眼处像力士的肌肉手臂，但与大殿相较确实是小得可怜。下午最后画了大殿的剖面。强烈的眩光使人难以看清梁架的细节。我偶得一妙法，即站在柱子、香炉或碑刻的后面，身子微倾，来回摆头，利用这些物体挡住眩光。梁架的细节很多，斗栱与梁栿并不是整比的对应关系，因此加入了许多半个栱高的木头调整细节。

8 月 21 日至 27 日便是室内制图阶段，每日两点一线，可以沉下心来安静思考。重新制图不是重拓，需要思考。我觉得自己不太擅长手绘，每次下笔都有一些犹豫，生怕画得不准、画不像，画图便慢了下来，日后还需多画画写写，多加练习。

三、总结

义县的集中学习与半封闭式的生活，使我们花半个月的时间对着同一个学习对象，得以更细致地去了解这座建筑，这种方式在当下显得十分奢侈，我们更需要珍惜，给自己时间体会优秀的设计，尝试回到过去的情境，感受艺术的伟大。

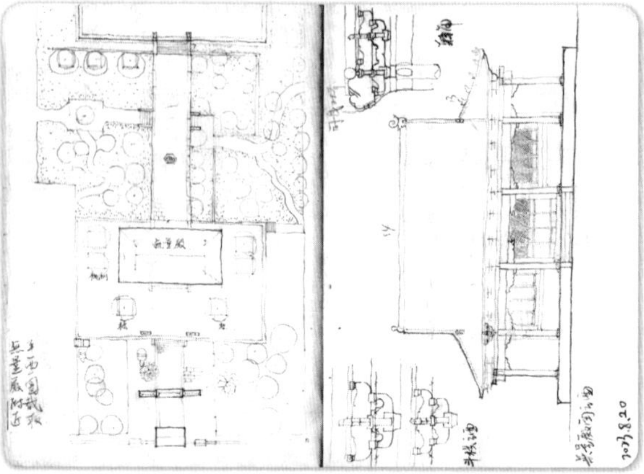

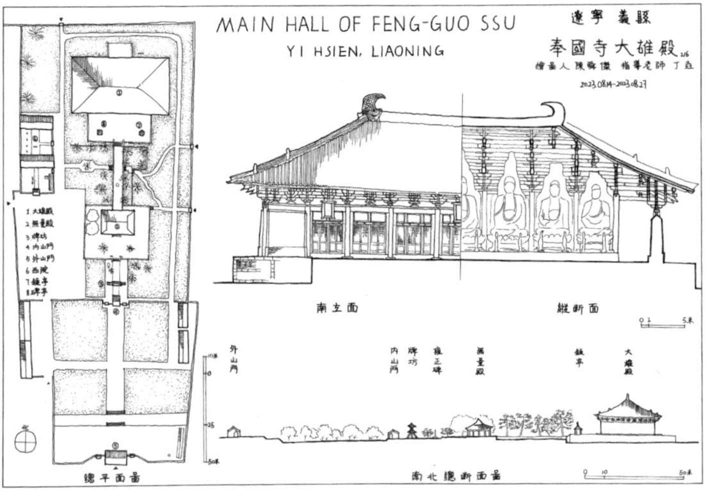
MAIN HALL OF FENG-GUO SSU
YI HSIEN, LIAONING
遼寧 義縣
奉國寺大雄殿 1/6
繪圖人 陳舜傑 指導老師 丁垚
2023.08.14-2023.08.27
1 大雄殿
2 無量殿
3 牌坊
4 内山門
5 外山門
6 西院
7 鐘亭
8 碑亭
總平面圖
南立面
縱斷面
外山門
内山門
牌坊
無量殿
鐘亭
大雄殿
南北總斷面圖

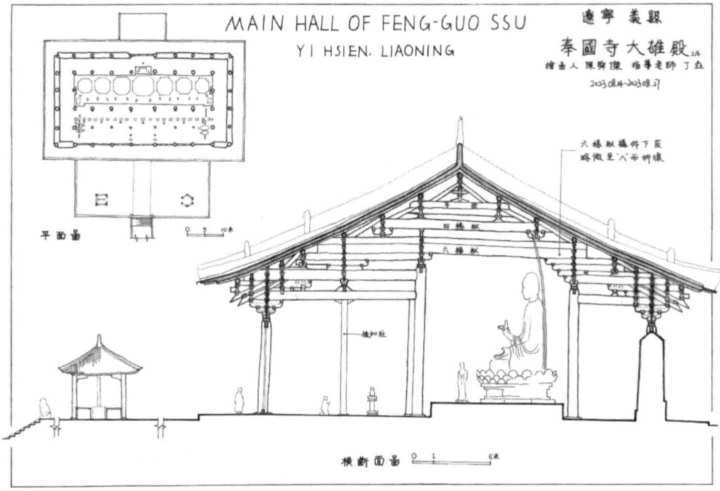
MAIN HALL OF FENG-GUO SSU
YI HSIEN, LIAONING
遼寧 義縣
奉國寺大雄殿 2/6
繪圖人 陳舜傑 指導老師 丁垚
2023.08.14-2023.08.27
平面圖
六椽栿構件下皮
略微呈"八"字折線
四椽栿
六椽栿
後加柱
橫斷面圖

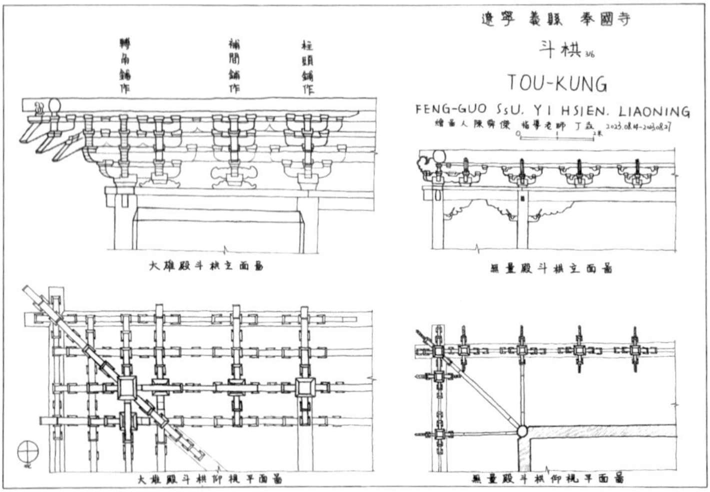
遼寧 義縣 奉國寺
斗栱 3/6
TOU-KUNG
FENG-GUO SsU. YI HSIEN. LIAONING
繪圖人 陳舜傑 指導老師 丁垚 2023.08.14–2023.08.27
0 1 2米
轉角鋪作
補間鋪作
柱頭鋪作
大雄殿斗栱立面圖
無量殿斗栱立面圖
大雄殿斗栱仰視平面圖
無量殿斗栱仰視平面圖

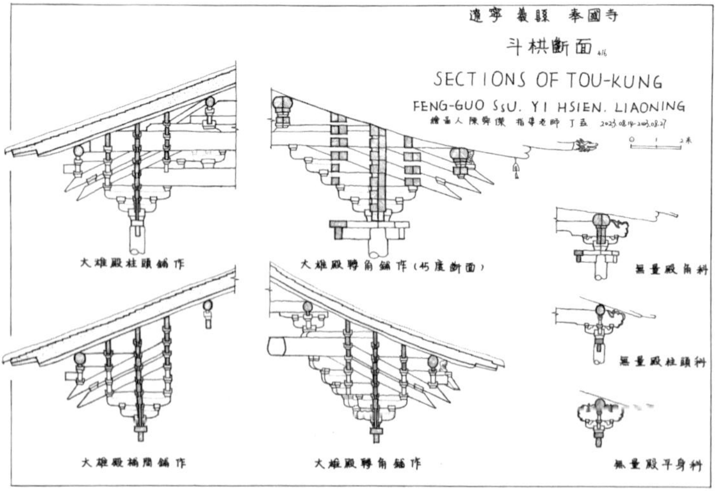
遼寧 義縣 奉國寺
斗栱斷面 4/6
SECTIONS OF TOU-KUNG
FENG-GUO SsU. YI HSIEN. LIAONING
繪圖人 陳舜傑 指導老師 丁垚 2023.08.14–2023.08.27
0 1 2米
大雄殿柱頭鋪作
大雄殿轉角鋪作（45度斷面）
無量殿角科
無量殿柱頭科
大雄殿補間鋪作
大雄殿轉角鋪作
無量殿平身科

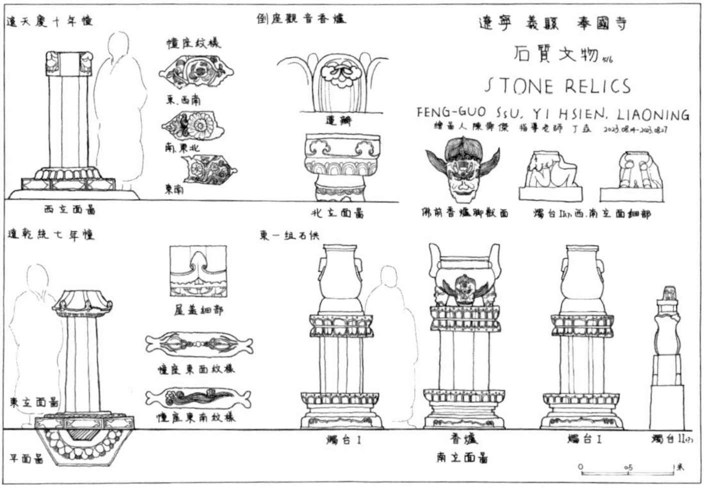
遼寧 義縣 奉國寺
石質文物 5/6
STONE RELICS
FENG-GUO SSU, YI HSIEN, LIAONING
繪圖人 陳御傑 指導老師 丁垚 2023.08.14-2023.08.27
遼天慶十年幢
幢座紋樣
東、西南
南、東北
東南
西立面圖
倒座觀音香爐
蓮瓣
北立面圖
佛前香爐腳獸面
燭台II(?)西、南立面細部
遼乾統七年幢
屋蓋細部
幢座東面紋樣
幢座東南紋樣
東立面圖
平面圖
東一組石供
燭台I
香爐
燭台I
燭台II(?)
南立面圖
0 0.5 1米

遼寧 義縣 奉國寺
佛像及羅漢 6/6
BUDDHA & ARHATS
FENG-GUO SSU, YI HSIEN, LIAONING
繪圖人 陳御傑 指導老師 丁垚 2023.08.14-2023.08.27 羅漢按展覽方位排序
毗婆尸佛
南十八
南十七
南十三
南十二
南十一
南九
南十
南十六
南十五
南八
南六
南五
南十四
南七
南一
南三
南四
南二羅漢壁畫

咸熙旅舍宿管的记录

李 桃

一、义县第一晚

8 月 13 日晚上，同学们在义县咸熙旅舍集合，丁老师让大家讲讲如何到达义县，才得知原来大家折腾来义的种种，于是更切身地体会到东北之于华北乃至华南的遥远位置。

二、任职宿管的日日夜夜

到义县之前其实有个漫长的过程。首先测绘地点的选择就颇费思量，每年都要机动地根据天时地利与人事的具体情况，多线并行，最终确认一个可能性并努力让它变成最合适的地方，而这种努力仰赖各个层级的人的支持，非常不易。于是乎最终，我们数十来人就全体入住了咸熙旅舍。在这里，同样忙成陀螺的刘经理、陈叔、姚姨、年轻的小杜等数人，在顾着奉国寺众多接待事宜的同时，还要照顾大家的饮食起居，而我有幸参与、见证了这一切，真是非常地感谢。

咸熙旅舍是原县妇幼保健院改造而成，房间非常多，分布在不同位置，承奉国寺于主任等各级领导人员支持，已经紧急拾掇出桌椅布置成餐厅，而丁老师百忙之中，仍要一个一个地将同学们安排进合适的房间，又征用教学组成员房间里的小柜子，买来三块大白板，将二楼的过厅幻化成会客讲学的讨论室，一切空间组织的思量自不必多提。

在旅舍的时候，白天收发各种快递，打印铭牌，做图版排版“盛极辽时”小黑本，登记人员信息，收退住宿费，处理学生的应急事件，晚上进大殿做工作，深夜听丁老师讲课探讨到两点半，早上再爬起来吃早饭，以免辜负陈叔阿姨的辛劳。好像每天都没有做什么有所产出的事，又好像每天都是事，但这确是支撑测绘教学活动的重要的杂事。

现场宝贵，而我却困于制作图版等事，没能沉浸式地泡在现场很久，于是记忆中更多的还是每天工作结束后，丁老师在二楼的讲课兼讨论会。讲《发现独乐寺》前言，讲辽代建筑的设计，讲盛极辽时的袋子的设计，讲礼器，讲做人，讲过很多次。当然每一次的讲法都会有更新，于是我进而在听的同时，关注于如何理解身边的人。我提到了越是好学生越容易需要获得长辈或老师的认可，提到了教育若是只以分数为导向的可怕，在丁老师讲“忠信”的时候，我问：“主体性可以被唤醒，但忠信是可被教的吗？”类似的问题后来又问了一遍，才想起来同样的回答：人不是只活一个瞬间。

三、宝贵的现场时间

真正意义上的工作其实是没有办法同时保有沉浸式观

察的，所以其实我曾以为的现场工作实际上是丁老师提供的优越的学习条件，是单纯的输入，谈不上半分的贡献。工作之后经历了身份转换，一方面要注意学生安全、注意学习状态、注意不影响游客、注意不让没有经验的摄影师破坏文物，一方面要当一个工具人，成为场务、灯光师、设备组、司机、会计、宿管种种，需要锻炼自己多线程工作能力，最后也是最重要的，还是想尽可能地多看看，在夹缝中保留着点输入。

于是乎，在紧张的关注摄影师工作的同时，我的目光瞥向了香炉烛台，看着看着看到了好几种瓣型，这在 2017 年的测绘图上已经反映了出来，但是瓣型的立体感没能被进一步表达。接着我又看到七个香炉上兽面五官做法差别，收集了一波信息暂存脑海。

之后某天在旅舍二层，我听丁老师和付逸凝说起对香炉烛台的看法，丁老师问圆瓣和方瓣的区别是时代差异还是工匠差异，我和付各据一词切磋半天。丁老师按捺不住要加入战局，于是急赴现场确认信息。

进入大殿，正好碰到正在殿里画画的昊旻，我们开始讨论莲瓣的分型，讨论哪些做法是做错了，讨论有个匠师特别有个性、爱自由发挥不服管，讨论兽面的眼睛眉毛鼻子的好与不好、说明是几个人做的、每个匠人厉害程度、有什么特点……丁老师边听边来回看，说：“感觉特征点都被你们找完了呀。”又说，“还有一个事你们肯定没观察过，那就是兽面有几颗牙！”接着说，“这个你们不能管，放着我来！”

四、大殿建筑师是“INFP”的由来

丁老师体会大殿的设计很久了，经常自问自答大殿的建筑师是一个什么样的人，经我总结的话可能有这么几条：一定是高僧大德，有强烈的愿力，也就是有坚定的价值观且有主动性；一定是有逻辑，条理清楚，有整体秩序的把控力；一定是善于运用一切视知觉效果、一切修辞来表达理想世界。

某天吃午饭的时候，丁老师正说着大殿的设计，说着说着出来一句“大殿建筑师一定是个哲学博士”，我的脑海里嗖嗖嗖闪过一些线索，然后脱口而出“那他是个‘INFP’啊”，这个念头强烈到直接转化成说出口的断语，没有疑问。

把“MBTI”说给丁老师听是个晚近的事，也不知道怎么就在义县的时候提到了这个话头。丁老师学习能力非常强，前一天晚上还在批评“MBTI”测试是对人看法的固化，满心满眼地看不上，转头第二天就拿着链接到处找人做测试，还抓着吃早饭的冯老师督促答题，迅速了解四对字母的含义，开始实操。

实际上，我了解的“MBTI”是个复杂系统，不是纯靠四对字母的排列组合。所以哪怕有“INTJ”建筑师人格，“INTP”学者人格，“ISFP”艺术家人格，都可以部分地对应大殿建筑师的特点，能最准确描述的，应该还是“INFP”，“充满着理

想主义和利他主义的特质”，“能自如地使用明喻和暗喻，理解和创造象征符号来分享看法”。而同为理想主义者的“INFJ”尽管煽动力强，但是修辞力不够。

后来，丁老师提到中国经典的学科分类与西学不同，分门别类都只是工具性的，重要的还是使用这工具的人的主体性。我想，“MBTI”当然也只是一个新鲜的工具，对人性的洞察、分类与总结，孔子时代未必就没有，经过丁老师的译解，我们知道肯定有，只是长时间以来目光不看向那里，那个时代的利器放久了不用，就都钝了罢。

五、最后一个晚上

走前要收拾各种设备，在大殿里碰到了来最后看一眼的郭廖辉工作室几人，他们说还是要拜一拜，我推托几句最后也还是加入了。从东至西，面向每尊巨佛，站上石阶，鞠三次躬，插上木签，退回，拿下一根签再拜。头几拜还是很机械的流程，等到了第六尊，尤其是第七尊，不知为何，突然被无法形容的情绪一圈覆一圈地淹没，俯身拜的刹那整个头颅都在震颤，不敢直视它的眼睛，于是突然理解了在说法之外，宗教的另一重面相——是人把自己无法处理的魂灵投出自身以外，寻了一个他者容纳，赋予其超自然的威力，以求人生中无解的或无名的种种之解脱。

前一晚的总结会上，董晋瑄同学表达了持续不自信和持续受挫的艰难感受，我借用丁老师说的轮回的概念鼓励他，只要一遍遍地做，一定比前一遍做得更好，四时的运行是轮回着的，人群意义上，从出生到死亡也是轮回着的，所以可以试错，可以重来，不要紧，不要慌。

后　记

我们天津大学的古建筑测绘实习是特别有文化内涵的金牌课程。几十年来，参加测绘实习的师生数以千计，都有很多收获、经历和感想，都是个人的宝贵记忆。这本小书就是以 2023 年暑期的义县实习总结编辑而成。

当时距疫情未远，我们全体师生都住在东街咸熙旅舍，离奉国寺很近。那是之前权宜改造用于隔离的地儿，同学们来到之后，分别住在大小悬殊的房间，既惊又喜，惊的是有的房间特别大，喜的是每人一个房间。旅舍专为我们开张，还专门为我们开伙做饭，实在是东北招待客人的郑重方式。当然，这都是义县诸位领导、同事和父老的深情厚谊。多年来在义县结识的新老朋友，蒋立新、郭廓、王惟、郭维东、于凤雷、康海鹰、闻辉、高岚、刘剑、孙剑、杜丙政、刘丽、陶立军、徐浩洋等，感谢诸位热诚帮助，就像王飞先生在序里娓娓讲述的，我们这些年来已经处出了感情，希望这本小书继续成为我们友谊的见证。

书中已提到七夕的奉国寺特别开放，两年过去了，现在想来还是很感慨，因为那晚的七佛殿内外都让人震撼。碧空如洗，在东北的夏夜并不少见，小时候也常常出去看北斗，但七佛、七夕和七星的叠合，实在是冲击力巨大，不仅是视觉上而且是文化上的，前所未有，难以忘怀。

除了这本实习的总结，奉国寺的调查和研究也是多年来大家都很关注的，我们也力争早日出版详细的科学调查报告，以飨海内外的读者。

今年是天津大学建校 130 周年，我们在实习过去两年之后出版这本纪念册，让更多的校友、读者了解我们的学习经历，为校庆献礼。感谢学校社会科学文库的支持，感谢郭颖一如既往地提供各方面的帮助，李桃不厌其烦地校阅，推敲书的形式，精益求精，才有这本书的面世。

丁 垚

2025 年 7 月

图书在版编目（CIP）数据

义县奉国寺 / 丁垚编著 . -- 天津：天津大学出版社，2025. 5 --（中国古建筑测绘实习实录 / 丁垚主编）
. -- ISBN 978-7-5618-8009-8

I. K928. 75；TU198

中国国家版本馆 CIP 数据核字第 202508KJ18 号

YI XIAN FENGGUOSI

天津大学社会科学文库

策划编辑　郭　颖
责任编辑　郭　颖

GUANCHENG
观城工作室

出版发行　天津大学出版社
地　　址　天津市卫津路 92 号天津大学内（邮编：300072）
电　　话　发行部：022-27403647
网　　址　www.tjupress.com.cn
印　　刷　北京盛通印刷股份有限公司
经　　销　全国各地新华书店
开　　本　787mm ×1092mm　1/32
印　　张　12.875
字　　数　223 千
版　　次　2025 年 5 月第 1 版
印　　次　2025 年 5 月第 1 次
定　　价　72.00 元